शिमला डायरीज़ 1945

डॉ हरमीत कौर भल्ला

Become Shakespeare.com

First Published in 2026

Becomeshakespeare.com

One Point Six Technologies Private Limited
Unit No.26, Ground Floor
A1, Shram Safalya, Wadala Truck Terminal Road
Near Post Office, Antop Hill
Mumbai 400037

ISBN - 978-93-6263-573-0

विषय सूची

अध्याय 1. शिमला 1945 — 7

अध्याय 2. ब्लैक एंड व्हाइट — 26

अध्याय 3. हाउस नंबर 23 — 48

अध्याय 4. एकल सुराग — 62

अध्याय 5. विंटर हिल — 72

अध्याय 6. चिंगारी — 88

अध्याय 7. विद्रोह — 104

अध्याय 8. रिज — 121

अध्याय 9. कोठरी — 138

अध्याय 10. स्वतंत्रता — 156

अध्याय 11. बंदी — 166

अध्याय 12. चंडीगढ़ 1970 — 186

अध्याय 13 आशीर्वाद 1992 — 197

अध्याय 1. शिमला 1945

टॉय ट्रेन पहाड़ियों के बीच मंथर गति से चल रही थी जबकि मिरांडा क्लेमेंस अपने गंतव्य तक पहुंचने के लिए व्याकुल थी। बाग पहाड़ियों और ढलानों पर बस एक हाथ की दूरी पर थे। ट्रेन को हर मोड़ पर रुकते हुए देखना सुखद था। यात्री आसानी से उतर सकते थे और पेड़ों पर लदे पके फलों को पकड़ सकते थे। वह आराम से और चुपचाप दूसरे यात्रियों को हँसी से लबरेज देखती रही। चार महीने की लंबी यात्रा ने उसे थका दिया था। उसे इस नए प्रोजेक्ट को जल्द से जल्द पूरा करना है क्योंकि उसके पास बहुत ही कम समय बचा था। वह अपने जीवन में कभी असफल नहीं हुई थी।

ट्रेन ने मिरांडा को 4 बजे उतारा। शिमला के छोटे से रेलवे स्टेशन पर कुलियों, फेरीवालों और रिक्शा चालकों की काफी चहल-पहल थी। वह बीस साल की एक नीली आंखों, काले लंबे बालों वाली - जिसे एक नजर देखने के लिए हर कोई एक बारगी ठिठक जाएगा। काले स्लिंगबैक शूज़ और स्टॉकिंग्स के साथ एक लंबी स्ट्रेट फुल-स्लीव वाली गहरी नीली ड्रेस में वह बहुत खूबसूरत, लाखों में एक दिख रही थी। ट्रेन यात्रियों से लगभग खचाखच भरी हुई थी क्योंकि जून आगंतुकों के लिए एक आदर्श महीना था। अंग्रेज मैदानों की चिलचिलाती गर्मी से बचना चाहते थे।

दो सिपाहियों ने उसके पास आकार सलाम किया और उसका नाम पूछा, ''गुड इवनिंग मैडम, क्या आप, लेडी मिरांडा हैं?''

''हाँ......मैं लंदन से मिरांडा हूँ।''

''कृपया हमारे पीछे-पीछे आईए मैडम। हमें हेरोल्ड क्लेमेंस सर ने भेजा है, आशा है कि आपकी यात्रा सुखद रही होगी,'' उनमें से एक ने मिरांडा से कहा।

''हाँ सफर आरामदायक था।'' उसने कोमलता और लज्जा के साथ जवाब दिया। उन्होंने उसका सामान उठाया और कार में रख दिया। उनमें से एक ने लाल कार का पिछला दरवाजा खोला और वह अंदर बैठ गई।

यह इस देश और पहाड़ियों की रानी की उनकी पहली यात्रा थी। उसके पिता श्री हेरोल्ड क्लेमेंस को हाल ही में दिल्ली में लेफ्टिनेंट के रूप में नियुक्त किया गया था। तीन साल पहले तपेदिक से अपनी मां को खोने के बाद वह अपने पिता के साथ रहना चाहती थी। उसने अपनी मां की मृत्यु के बाद भारत की अपनी यात्रा की योजना बनाई और आखिरकार एक साल के नियमित पत्राचार के बाद उसे मंजूरी मिल गई। लंदन से उसकी यात्रा मार्च के मध्य में शुरू हुई और वह जून के अंतिम सप्ताह में मुंबई पहुंची। उसके चाचा उसे लेने आए और दो दिनों तक उनके स्थान पर रही। उसने ग्रीष्मकालीन राजधानी में रहने की अपनी योजना के बारे में अपने पिता को लिखा था। उसने उसके व्यवसाय में दिलचस्पी ली थी और उसके शिमला में रहने की सभी व्यवस्थाएँ कीं। वे दिल्ली आ गए और आखिरकार दो दिन बाद वह शिमला पहुंचने के लिए ट्रेन में बैठ गई।

यह जून 1945 का सप्ताहांत था, और शिमला की सड़कों पर कुछ भारतीयों और अधिक अंग्रेजों की भीड़ थी। पिछले कुछ दशकों से यह अँग्रेज़ों के लिए घूमने का पसंदीदा स्थान बन गया था और यह इलाका बहुत तेजी से बढ़ रहा था। सड़क पर चलते हुए मिरांडा को विभिन्न प्रकार की दुकानें देखते हुए चलना अच्छा लग रहा था और तिब्बतियों को बहुरंगी ऊनी मफलर, शॉल और कार्डिगन बेचते देखा जा सकता है। पंक्ति में एक प्रमुख अंग्रेजी कॉफी हाउस और एक भारतीय मिठाई की दुकान थी। संभ्रांत अंग्रेज पुरुषों और महिलाओं को बेहतरीन पोशाक में सड़क पर टहलते देखा जा सकता था।

उन्हें किराए के मौसम में मंथर गति से चलते देखा जा सकता है। पहाड़ी ढलानों और ग्रीष्मकालीन राजधानी की सात पहाड़ियों का अपना आकर्षण और विशेषज्ञता थी।

ब्रिटिश उपनिवेशवाद समाप्त होने वाला था और मिरांडा को बढ़ते संघर्षों के बारे में पता था। अपनी यात्रा शुरू करने से पहले, उसने अंग्रेजों और भारतीयों के बीच बढ़ती अशांति के बारे में पूछताछ की थी। देश जल रहा था और अंग्रेज पीछे हटने लगे थे। स्वतंत्रता संग्राम अपने चरम पर था जिसमें कई भारतीय नेताओं ने अंग्रेजों के हाथों अपने प्राणों की आहुति दी थी। पूरे देश में रक्तपात और अराजकता थी।

वह अपने काम से सुरक्षित रूप से जुड़ना चाहती थी। उसकी उपस्थिति उसके काम में आवश्यक थी और इसके लिए पूर्ण समर्पण की आवश्यकता थी। वह जानती थी कि अगर उसे अनुकूल परिणाम चाहिए तो उसे जल्दी करना होगा।

वह हवेली जो मि. क्लेमेंस ने अपनी बेटी के लिए व्यवस्था की थी वह विशिष्ट ब्रिटिश वास्तुकला का नमूना था। यह एलीसियम पहाड़ी पर स्थित था। यह बंगला हाल ही में बनाया गया था और लंदन में उसके छोटे से घर की तुलना में यह बहुत बड़ा था। पृष्ठभूमि में पहाड़ियों के साथ बंगले और फूलों की असंख्य श्रृंखलाओं के साथ स्वागत करने वाले बगीचे को देखकर वह चकित रह गई।

मिरांडा का उसके पिता ने गर्मजोशी से स्वागत किया। वह इतने लंबे समय के बाद अपनी बेटी से मिलकर बहुत खुश थे। उसकी नौकरानी जेनी घनी भौंहों वाली अठारह साल की एक आकर्षक लड़की थी। वह दो साल पहले ब्रिटिश अधिकारियों द्वारा बेरोजगारी योजना के तहत भारत लाई गई एक अनाथ थी।

''क्या मैं आपके लिए चाय परोसूं, सर,'' जेनी ने हेरोल्ड से कहा क्योंकि वे गहरी बातचीत में व्यस्त थे।

अपने पिता का हाथ पकडे हुए मिरांडा बोली ''हाँ, जेनी।''

शाम की चाय के बाद, वह जेनी के साथ सीधे ऊपर अपने कमरे में चली गई। यह एक छोटा सा कमरा था जिसमें सागौन की लकड़ी का डबल बेड, दो आरामदेह कुर्सियाँ, एक गोल सेंटर टेबल और एक अलमारी थी। वहाँ एक बड़ी खिड़की थी जो खुली हुई थी और सफेद जाली का पर्दा खींचा हुआ था। ऊँचे-ऊँचे पेड़ों वाली हरी-भरी पहाड़ियाँ और बर्फ से लदी पहाड़ की चोटियाँ उसके कमरे से साफ-साफ दिखाई दे रही थीं। पहाड़ों की ताजी हवा में सांस लेने के लिए वह एक मिनट के लिए खिड़की पर खड़ी रही।

उसने खुद को तरोताजा किया और अपने बैग खोल दिए। उसने अलमारी में अपने कपड़े ठीक किए और अपने खूबसूरत कशीदाकारी किए हैंडबैग से दो लिफाफे निकाले। वह आरामकुर्सी पर बैठ गई और पहला अक्षर पढ़ने लगी।

7 जुलाई 1944

मिरांडा,

आशा है कि यह पत्र प्राप्त करेंगी तब आपकी सेहत बेहतर होगी। मैं जून के पहले सप्ताह में बंबई पहुंची। बंदरगाह पर एक अंग्रेज जोड़े ने मेरा स्वागत किया। वे मुझे छावनी क्षेत्र में अपने घर ले गए। मैंने उन्हें अपने आने का कारण बताया। उन्होंने मुझे मेरे पिता का सामान भी नहीं दिया। मुझे एक सप्ताह के लिए उनके घर में रहना पड़ा । उनका व्यवहार अजीब था और मुझे फिर से अपना बैग पैक करने के लिए कहा गया। मुझे दो ब्रिटिश सैनिकों के साथ ट्रेन में बिठाया गया। मुझे पता चला कि उन्होंने मुझे दिल्ली भेज दिया है। मैं अपनी उम्र की कुछ युवा लड़कियों के साथ सेना मुख्यालय में तीन दिनों तक रही।

मैं उनसे उनके यहां आने का कारण पूछती रही लेकिन उनके पास कोई जवाब नहीं था। अंग्रेज लोग हम सभी को एक बस में ले गए। कल मैं एक अनजान जगह पर पहुंची जहाँ कई भारतीय और अंग्रेज़ महिलाएँ यहाँ की सड़कों पर घूमती देखी जा सकती थीं। रास्ते में मैं कई पहाड़ियों, पहाड़ों और गहरी घाटियों को देख सकती थी। जगह अजीब और ठंडी है। मैं अपनी नई

नौकरी के बारे में कुछ नहीं जानती। मैं आपको जल्द ही इस नई जगह के बारे में लिखूँगी।

लव यू ऐलिस कैब्रल

उसने दूसरा लिफाफा खोला

17 अक्टूबर 1944

मिरांडा

मुझे यकीन नहीं है कि यह पत्र आप तक पहुंचेगा या नहीं। हो सकता है जब तक यह पत्र आप तक पहुंचे मैं यहां से जा चुकी हूं। मैं इसे गुप्त रूप से भेज रही हूं क्योंकि हम अंदर बंद हैं। जीवन ने एक भयानक मोड़ ले लिया है और ये अंग्रेज बस सभी लड़कियों से गंदे काम करवा रहे हैं। जितनी जल्दी हो सके आओ। मकान नंबर 23, बेकर स्ट्रीट, शिमला।

प्यार

एलिस कैबरल

पत्र हड़बड़ी में लिखा गया था। यह लेखन से समझ सकती थी। जिस दिन से मिरांडा ने इसे प्राप्त किया, उस दिन से यह पत्र उसे मतिभ्रम और उसकी रातों की नींद हराम कर रहा था। उसे पिछले साल अक्टूबर में पत्र मिला था। इन आठ महीनों का एक-एक दिन नरक के समान था। वह ऐलिस तक पहुंचकर उसे बचाना चाहती थी लेकिन दूरी और मील जो उसे तय करनी थी वह मायने रखता था।

वह जानती थी कि इसमें समय लगेगा और एलिस भी इस तथ्य से अच्छी तरह वाकिफ होगी। वे बहुत अच्छे दोस्त थे।

एलिस लंदन में अपनी माँ के साथ रहती थी। उसने दो साल पहले जहाज़ के भारी नुक्सान में अपने पिता को खो दिया था। उसके पिता श्री रोडरिक कैबरल मुंबई में ब्रिटिश सेना में एक कमांडर के रूप में तैनात थे। उनका निजी सामान अभी भी मुंबई में पड़ा हुआ था और ऐलिस उन्हें किसी भी तरह

वापस लाना चाहती थी। उसने अधिकारियों से विशेष अनुमति ली और अकेले भारत जाने का फैसला किया। जाने से पहले वह मिरांडा से मिलने गई थी और वह उसे अलविदा कहने बंदरगाह भी आई थी।

मिरांडा पूरी रात जागती रही और बिस्तर पर करवटें बदलती रही। अपरिचित लोगों के साथ एक नई जगह और एक गुप्त मिशन। वह नहीं चाहती थी कि उसके पिता को उसके भारत में होने के दोहरे कारण के बारे में पता चले। वह अभी भी असमंजस में थी कि उसके पिता एलिस के बारे में सब कुछ जानते हैं या नहीं। उसे अगली सुबह खोज शुरू करनी थी लेकिन यह रेगिस्तान में पानी खोजने जैसा था।

अगली सुबह नाश्ते पर उसके पिता ने उससे पूछा कि ''मुझे आशा है कि तुम आज 'रेशम और शहतूत के पेड़' पर अपनी नई परियोजना की शुरुआत करोगी।'' करीब 20 साल का एक जवान गार्ड के साथ अंदर आया और कोने में खड़ा हो गया। श्री क्लेमेंस ने सिर हिलाकर उनका अभिवादन किया। उन्होंने नाश्ते की मेज पर अभी भी बैठे योगेश्वर की ओर इशारा करते हुए मिरांडा से कहा, ''मैंने श्री योगेश्वर को आपका सहयोगी और मार्गदर्शक नियुक्त किया है। वह इस परियोजना में आपकी सहायता करेंगे।''

मिरांडा को रेशम से विशेष लगाव था। जब भी वह इस नरम, चिकने और कोमल कपड़े पहनती, तो उसे अपना शरीर बहुत हल्का महसूस होता।

अंग्रेजी शासन के दौरान, भारत में विभिन्न पोशाक सामग्री का निर्माण होता था। कारखाने लगाए गए और अंग्रेजी ने रेशम की अवधारणा को पेश करने की कोशिश की। इससे पहले सामग्री फैक्टरी में बनती थी- लेकिन मिरांडा रेशम कीडों की खेती को विकसित करना चाहती थी और उन्हें शहतूत के पेड़ों पर कैसे पाला जाए। अंग्रेजी महिलायें नए विचारों और उद्यमों के साथ आगे आ रही थी।

मिरांडा का वास्ता कभी भारतीय पुरुषों से नहीं पडा था, लेकिन यह लंबा, बडी काली आँखों वाले युवक के पास कुछ खास है। सफेद शर्ट और काला पतलून पहने, तेल लगे बालों में बीच से माँग निकाले वास्तव में वह शरीफ

आदमी लग रहा था। हो सकता है कि दोनों परियोजनाओं में वह उसकी मदद कर सकता था।

उसने एक सम्मानजनक लय में स्वागत किया, ''मैडम, मैं आपका इस नए उद्यम में मदद करूंगा,''

मिरांडा ने उदारता के साथ उत्तर दिया,'' धन्यवाद, मैं पहले राज्यपाल द्वारा परियोजना के लिए आवंटित भूमि पर एक नजर डाल लूँ। मैं इस स्थान से भली-भांति परिचित नहीं हूँ।''

मिरांडा को एक योजना के बारे में सोचना पड़ा ताकि वह एलिस की खोजबीन भी कर सके। इस रहस्य का खुलासा नहीं किया गया था।

''मैडम क्या हम चल सकते हैं, जगह देखने के लिए हम कार से चलेंगे। यह शायद यहाँ से दस किलोमीटर है। श्री क्लेमेंट्स ने मुझे फार्म की चाबी जरूरी दस्तावेज के साथ प्रदान किया है,'' योगेश्वर ने कहा। मिरांडा पीछे की सीट और योगेश्वर ड्राईवर के बगल में आगे की सीट पर बैठे।

मिरांडा की दिलचस्पी सामने दिख रही पहाड़ी की सुंदरता और मौसम में नहीं थी, लेकिन उसकी आँखें किसी गुमशुदा को खोज रही थी, उसे वापस लाने के लिए उसकी प्रबल इच्छा नरक तक ले जा सकती है।

ऐसा लगता था कि जैसे ऊंचाई और गहराई उससे बात कर रहे थे। वे एलिस के चमत्कारिक रूप से लापता होने के अंतहीन खोज के संकेत भेज रहे थे।

वह मिजाज में सुधार करना चाहती थी इसलिए, रास्ते में उसने योगेश्वर से पूछा, "क्या आप मुझे इस जगह के बारे में कुछ बता सकते हैं? मैंने सुना है यह जगह अंग्रेजों की काफी पसंदीदा है। वो इस जगह के विकास के लिए खासा ध्यान दे रहे हैं। योगेश्वर ने प्रसन्नतापूर्वक जवाब दिया, धीरे से अपने हाथ फैलाते हुए, ''मैडम ये शिमला है 1847 से ग्रीष्मकालीन राजधानी। मैं यहीं पैदा हुआ और पला-बढ़ा। शिमला मेरे माँस और खून में समाहित है। सात पहाडियों से घिरी यह एक अद्भुत जगह है। पिछले कुछ दशकों में यह जगह तेजी से बढी है। अंग्रेज यहाँ मैदानों की झुलसाने वाली गर्मी से छुट्टी

लेकर यहाँ आते हैं। सड़के बन रही हैं, अच्छे स्कूलों का निर्माण किया जा रहा है, मॉल रोड और रिज पसंदीदा स्पॉट और शॉपिंग गंतव्य हैं। मैडम, आप लोगों ने इस जगह की खूबसूरती को बढ़ाया है।''

मिरांडा ने बेचैनी के भाव से असंगत गलियों को देखा। इस विदेशी धरती पर वह उसे कहाँ तलाशेगी? वह मुस्कुराई और उससे पूछा, ''मिस्टर योगेश्वर, मैंने अपने दोस्तों से बेकर स्ट्रीट नाम की एक मशहूर जगह के बारे में सुना है। क्या संयोग से वह जगह हमें रास्ते में मिलेगी?''

सामने की सीट पर बैठकर उसने ध्यान से सुना और पुष्टि की, ''बेकर स्ट्रीट.... मैडम क्या आप बेकर स्ट्रीट के बारे में पूछ रही हैं?'' पिछली सीट पर बैठी मिरांडा जोर से चिल्ला पड़ी ''हाँ.... हाँ।''

उसने कुछ सेकंड सोचा फिर जवाब दिया, ''नही मैडम, हम वहाँ जा सकते हैं लेकिन पहले फार्म हाऊस चलेंगे जो विपरीत रास्ते में है।''

सड़क अच्छी तरह से निर्माण नहीं हुई थी और फार्म हाउस तक पहुंचने के लिए एक घंटे लग गए। पहुंचने पर, योगेश्वर कार के दरवाजे खोलने के लिए बाहर निकला और चाबियाँ ले ली। फार्म हाउस समर हिल पर स्थित था, यह शहतूत के पेड़ों को रोपण करने के लिए आवंटित पचास एकड़ जमीन थी। उसने पास पहाड़ियों में फैले विशाल क्षेत्र पर एक नजर डाली और ये अनुमान लगाया कि इस जगह में कितने पेड लगाए जा सकते हैं। कुछ निर्माण कार्य भी किया जाना था। सेट-अप बनाने के लिए दो कमरे भी बनाए जाने थे। उन्हें जितनी जल्दी हो सके काम शुरू करना था।

समर हिल पर मिरांडा सहज नहीं थी और वह जितनी जल्दी हो सके बेकर स्ट्रीट तक पहुंचना चाहती थी। इस व्यक्त शाम के लगभग पाँच बजे थे और पहाड़ियों का मौसम हमेशा अनिश्चित होता है। बेकर स्ट्रीट पहुंचने पर वह कार से नीचे उतरी और इत्मीनान से चलना चाहती थी, लेकिन योगेश्वर ने उसे रोक दिया, ''मैडम अंधेरा हो रहा है, अगर हम कल आते हैं तो बेहतर होगा। आधा इलाका प्रतिबंधित है।''

मिरांडा ने उसके आदेश पर ध्यान नहीं दिया उसने देखा कि यह एक गली थी जिसके दोनों साईड लाल और सफेद घर बने हुए थे, एक तरफ कोने में बेकरी शाप थी। ये पता उसके दिल पर लिख गया था और जब तक वह ऐलिस को ढूंढ नहीं लेती मिट नहीं सकता था। सड़क के एक कोने पर लिखे गए घर की संख्या 10 बेकर स्ट्रीट थी। वह जानती थी कि जिस मकान की उसे बेसब्री से तलाश है वह आस पास होना चाहिए, लेकिन अचानक भारी बारिश शुरू हो गई। योगेश्वर एक छाता लिए उसकी तरफ दौड़ आया। वह वापस जाकर कार में बैठ गई। किसी भी सुराग के बिना एक और असफल दिन बीत गया।

देर शाम जब वो वापस लौटे मौसम का मिजाज बिगड़ा था। उसके पिता बैठक में उसका इंतजार कर रहे थे। वह सफेद पतलून के साथ एक काली शर्ट पहने हुए थे, अपने बालों के छोटे और काले रंग के साथ। वह अपने खुले बालों, लगभग थके चेहरे पर हल्की मुस्कान लिए बैठक में दाखिल हुई। योगेश्वर कुर्सी पर बैठे और गलियारे में बाहर इंतजार कर रहे थे। उन्हें परियोजना शुरू करने के बारे में श्री क्लेम्स को रिपोर्ट करना था।

''गुड इवनिंग, मेरे बच्चे। मुझे उम्मीद है कि इस नए शहर में तुम्हारा पहला दिन तुम्हारी उम्मीद से कहीं बेहतर होगा,'' उसके पिता ने जानकारी ली।

''बेशक, पिताजी ... मुझे घाटी, घने एल्म....पहाडियाँ, यहाँ का मौसम बहुत प्यारे लगे। यहाँ का मौसम....अप्रत्याशित बारिश....लंदन के समान हैं ... डैडी यह बहुत बढ़िया है।'' उनके बगल में कुर्सी पर बैठते हुए उसने आराम से कहा।

''एकमात्र बडी समस्या जो आपके सामने आएगी, वह भाषा है .... लेकिन योगेश्वर आपकी मदद करने के लिए मौजूद है,'' उन्होंने चिमनी में राड डालते हुए कहा।

उसने अचानक आवाज लगाकर कहा ''जेनी तीन कप चाय ले आओ'' और वह यह देखने के लिए बाहर निकलती है कि क्या वह अभी भी गलियारे में बैठे थे। योगेश्वर बेंच पर बैठे थे और फाइलों पर सरसरी निगाह डाल रहे थे। उसने एक परिष्कृत तरीके से उसे बुलाया,'' श्री योगेश्वर ... आप आकर चाय

पीजिए... पिताजी आपका इंतजार कर रहे हैं। उसने फाइलों को रखा और कहा, ''हाँ मैडम'' और उसके पीछे चल दिया। ''योगेश्वर आओ ... मुझे आशा है कि जेनी इस जगह से संतुष्ट है... हमें परियोजना के लिए इस जगह को आवंटित करने के लिए अधिकारियों का आभारी होना चाहिए ... आपको गंभीर होना चाहिए ताकि काम समय पर निर्दिष्ट किया जा सके,'' हारोल्ड ने प्रशंसात्मक शिष्टाचार के रूप में बात की।

चाय के बाद वह चला गया और मिरांडा दिन के हालात पर गौर फरमाने के लिए ऊपर कमरे में चढ़ गई। गुनगुने पानी से नहाने के पश्चात काला पजामा और शर्ट पहनी। बालों में कंघी करने के बाद नीचे उतर आयी। अपने डैडी से वह ढाई साल बाद मिली थी। उसे पिता के प्रेम की सख्त जरूरत थी।

उसके पिता सागौन की लकडी की छोटी सी पट्टी के पास खडे थे, जिसमें शराब की कुछ बोतलें और गिलास सलीके से सजे थे। उन्होंने गिलास में थोडी शराब उँडेली और मिरांडा की तरफ बढाया लेकिन उसने शालीनतापूर्वक मना कर दिया। उसके पिता कुर्सी पर बैठ गए और वह भी बगल में कुर्सी पर बैठ गई।

उसके साथ बैठने के लिए उनके पास समय नहीं था, उन्होंने धीरे से उससे कहा ''मुझे आशा है कि आपकी यात्रा सुखद रही होगी.... मुझे आपकी चिंता हो रही थी .... आप कितनी निराश होंगी .... अकेली .... अपनी माँ को खोने के बाद.... लेकिन अब आशावादी बनो....अपनी परियोजना पूरी करो और फिर हम साथ में वापस जा सकते हैं।''

''हाँ मेरे हाथ में यह प्रोजेक्ट है।। पापा मैं आपसे बेहद प्यार करती हूँ मैंने आपको बहुत मिस किया, वह अपनी कुर्सी से उठी और उनके पीछे खडी हो गई। उसने अपनी दोनों बाहें पीछे से उनकी गर्दन में डाल दीं और अपनी ठुड्डी उनके कंधों पर टिका दी। ''मैं आपसे बहुत प्यार करती हूँ, माँ हमें इतनी जल्दी छोडकर चली गई हैं। उन्होंने हमारी परवाह की पर अब हम और आप ही रह गए हैं, भगवान हमारे साथ है।'' हैरोल्ड ने अपने आँसू पोंछने शुरू कर दिए ''मेरा भी इस दुनिया में तुम्हारे अलावा कोई नहीं है।। मैं भी तुमसे उतना ही प्यार करता हूँ।''

इस बीच जेनी ने मेज रखी और उन्होंने सलाद के साथ स्वादिष्ट चावल और चिकन का आनंद लिया। वह और आगे नहीं बैठना चाहती थी क्योंकि वह व्यस्त दिन के बाद थकी हुई थी इसलिए वह अपने कमरे में चली गई।

सारी रात को वह ऐलिस की यादों के साथ बिस्तर पर करवटें बदलती रही। जीवंत, युवा, हँसी से भरी वह शिष्टता की प्रतिमूर्ति थीं। वह वर्तमान हालात को लेकर असमंजस में थी।

अगली सुबह, उसे कार्यक्रम में थोड़ा बदलाव करना पड़ा। सुनहरी ऊन की उसकी तलाश शुरू हो गई थी।

उसने किसी तरह योगेश्वर को संभाला और उससे कहा, ''मुझे लगता है कि आपको परियोजना की रूपरेखा तैयार करनी चाहिए। आज मैं खरीदारी के लिए जाना पसंद करूंगी। मैं तिब्बती बाजार जाना चाहती हूं। मुझे उनसे कुछ ऊनी कपड़े खरीदना अच्छा लगेगा।''

मिरांडा जल्दी चली गई ताकि वह अंधेरा होने से पहले वापस आ सके। उसने ड्राइवर को बुलाया और कार में बैठ गई।

''सोहनलाल, मुझे बेकर स्ट्रीट ले चलो।''

योगेश्वर उनके साथ जाना चाहते थे लेकिन आदेश के विरुद्ध नहीं जा सकते थे। तीस मिनट में मिरांडा बेकर स्ट्रीट पहुंच गई। थोड़ी धूप और चोटियों को छुपाने वाले स्लेटी बादलों के साथ मौसम काफी सुहावना था। वह गली के एक कोने में उतर गई और सोहनलाल को वहीं रुकने का आदेश दिया। अपनी आरामदायक लाल पोशाक, भूरे रंग के ऑक्सफ़ोर्ड जूते और एक टाइट जूड़ा बांधे वह गली में चलने लगी। सड़क पर इत्मीनान से बैठे कुछ पुरुषों और महिलाओं को छोड़कर बहुत कम लोग थे जो बेकरी के अंदर कॉफी की चुस्की ले रहे थे। मकान नंबर बीस पर पहुँचने के बाद उसने अपने कदम धीमे कर लिए।

छ ही मिनटों में, वह रोमांच और खौफ की मिली-जुली भावनाओं के साथ मकान नंबर 23 के बाहर खड़ी थी। यह एक विशाल घर था जिसमें दो लम्बे

ब्रिटिश गार्ड अपनी वर्दी में बाहर खड़े थे। मिरांडा को घर की ओर आते देख वे अचानक आगे आ गए। उनके अचानक सामने आने पर वह चौंक गई।

''मैडम, क्या हम आपकी मदद कर सकते हैं?'' उन्होंने उससे पूछा। मिरांडा को जल्दी से एक उत्तर के बारे में सोचना पड़ा, ''मैं इस जगह के लिए नई हूँ और ऐसा लगता है कि मैं घर का नंबर भूल गई हूँ, क्या आप मेरी मदद कर सकते हैं?''

''क्यों नहीं?'' उनमें से एक भारी मूंछों वाले ने कहा। उन्होंने आगे कहा, ''मैडम यह मकान नंबर 23 एक गर्ल्स हॉस्टल है और यह ब्रिटिश सेना के स्वामित्व में है। हाउस नंबर 21 एक अस्पताल है और 22 एक रेस्ट हाउस है। मुझे आशा है कि आप इन्हें नहीं ढूंढ रही थीं क्योंकि आप इन तीन घरों में प्रवेश नहीं कर सकती बिना अनुमति के। मुख्यालय के पास विशेष अधिकार है। मिरांडा को आवश्यक जानकारी मिली लेकिन स्थिति और जटिल हो गई क्योंकि अंदर पहुंचना मुश्किल था। उसने विदा लिया और भारी कदमों से आगे बढ़ी।

लगभग पचास कदम आगे बढने पर, उसने यह देखने के लिए अपना सिर घुमाया कि दोनों पहरेदार उस पर नज़र रख रहे हैं। वह थोड़ा आगे बढ़ी और गली में मुड़ गई जब तक कि वह दोनों आँखों से ओझल नहीं हो गए। वह उस जगह पर खड़ी थी जहां हाउस नंबर 21 की बाउंड्री वॉल खत्म हुई थी, तभी अचानक उसने देखा कि सेना का एक बड़ा ट्रक इस घर में घुस रहा है। वह ट्रक को देखने के लिए एक पेड़ के तने के पीछे छिपकर खड़ी रही। कम से कम तीस युवा भारतीय और अंग्रेज़ लड़कियाँ थीं, जिनके आधे चेहरे ढके हुए थे।

इनके चेहरे अभी नजर नहीं आ रहे थे लेकिन वे लडकियां एक समझौता ना करने वाली स्थिति में लग रही थी। प्रिय ऐलिस की एक झलक पाने के लिए उसकी आँखें खोज रही थीं और तरस रही थीं।

मिरांडा ने एक कदम पीछे लिया और एक निचली चारदीवारी ढूंढ़ने लगी ताकि वह परिसर में प्रवेश कर सके। उसकी कोशिशें नाकाम रहीं, लेकिन

घर के पिछले हिस्से में लकड़ी का एक छोटा-सा दरवाजा था, जो थोड़ा सा टूटा हुआ था, लेकिन अंदर से कुंडी लगी हुई थी। उसने दरवाजे को जोर से धक्का दिया और छोटी सी जगह से हाथ डालकर उसे खोलने की कोशिश की। वह सन्नाटे में दरवाजे की चरमराहट सुन सकती थी लेकिन वह चाहती थी कि कोई और उसे न सुने।

वह दबे पाँव घर में दाखिल हुई और घर के अंदर पहुँचने के लिए उसे पिछवाड़े में उगी विशाल घास में अपना रास्ता खोजना पड़ा। उसके जूते और यहां तक कि ड्रेस भी कीचड़ से सने हुए थे। उसने रसोई में दो रसोइयों को सब्जी काटते हुए देखा। रसोई के बगल में एक मंद रोशनी वाला संकरा रास्ता था। प्रतिबंधित क्षेत्र में प्रवेश करने के कारण उसे डर सता रहा था। वह पकड़े जाने से डरती थी क्योंकि उसने कभी ऐसी भयानक स्थिति का सामना नहीं किया था। प्रवेश द्वार पर एक हरे रंग का पर्दा लटका हुआ था।

वह दो पुरुष डॉक्टरों की बातचीत सुन सकती थी।

पहले डॉक्टर ने कहा, ''श्रीमान रोनाल्ड मुझे डर है कि इनमें से अधिकांश अप्रवासी ठीक नहीं हैं ... वे बिल्कुल सहयोग नहीं कर रहे हैं।''

मिस्टर रोनाल्ड ने चिंतित स्वर में उत्तर दिया, ''उन्हें उचित इलाज और तहकीकात चाहिए।''

मिरांडा पर्दे के पीछे छिपी थी। वह गलियारे की ओर आने वाले दो डॉक्टरों के कदमों की आहट सुन सकती थी। वह पिछले दरवाजे की ओर भागी लेकिन उसे लंबी हरी झाड़ियों में छिपना पड़ा। कहीं से एक रूखा सा पहरेदार आया और पिछले दरवाजे के पास खड़ा हो गया।

शाम के करीब चार बज रहे थे। आसमान काले बादलों से ढका हुआ था और ऐसा लगता था कि निश्चित तौर पर बारिश होगी। वह गीली जमीन पर नहीं बैठ सकती थी। अचानक तेज बारिश होने लगी और उसकी ड्रेस पानी में पूरी तरह भीग गई। उसके बालों से पानी टपक रहा था और वह काँपने लगी। तेज बारिश के कारण पहरेदार अपनी जगह छोड़कर अंदर चला गया। वह किसी

तरह गेट तक पहुंची और उसे खोलने की कोशिश की। बड़ी मुश्किल से उसने उसे खींचा और दरवाजा लगभग उस पर गिर पड़ा।

गार्ड ने जोरदार शोर सुना और वह ऊंची आवाज में चिल्लाते हुए दौड़ा, ''कौन है?''

मिरांडा जितनी तेजी से दौड़ सकती थी उतनी तेज दौड़ी। वह अपने पीछे उसके भारी कदमों की आहट सुन सकती थी। बाहर की सड़क भी बारिश के कारण फिसलन भरी थी। बहुत कम रोशनी के साथ बाहर अंधेरा था। वह गिर पड़ी लेकिन अचानक उसने महसूस किया कि एक पुरुष की दो मजबूत भुजाएँ उसे घेर रही हैं। हल्की रोशनी में चेहरा नजर नहीं आ रहा था। उसने संघर्ष किया और उसे फेंकने की कोशिश की लेकिन आखिरकार उसने उसे पकड़ लिया और बेहोश हो गई।

अगली सुबह सूर्योदय देर से हुआ। पिछले दिन की घटनाओं से अंजान मिरांडा नौ बजे तक गहरी नींद में लेटी रही। अगली सुबह वह सिर में तेज दर्द के साथ उठी। उसके पिता डॉक्टर के साथ उसके बिस्तर के पास बैठे थे। उसने बैठने की कोशिश की लेकिन अपना दाहिना हाथ नहीं हिला सकी; यह बेजान लग रहा था। उनके बाएं टखने में भी तेज दर्द हो रहा था।

डॉक्टर ने उसके दाहिने हाथ की जांच की। उसने उसे धीरे से उठाया और वह चिल्लाई, ''ओह प्लीज डॉक्टर... प्लीज... छोड़ो, दर्द हो रहा है...मुझे याद भी नहीं है। यह कैसे हो गया?

डॉक्टर ने उसे सख्ती से कहा, ''सुश्री मिरांडा यहाँ का मौसम अस्थिर है।

ये शहर आपके लिए नया है। बेहतर होगा कि आप चीजों को अपने आप मैनेज न करें। कोई आपके साथ आए-जाए तो अच्छा है। दवाएं समय पर लेनी होती हैं और आपको एक हफ्ते के आराम की सलाह दी जाती है।''

मिरांडा का दिल डूब गया और उसने डॉक्टर से पूछा, ''क्या मैं एक या दो दिन बाद कार में अपने काम के लिए बाहर जा सकती हूं। मैं यहाँ के बदलते

मौसम से संबंधित सभी हिदायतों को ध्यान में रखूंगी और समय पर अपनी दवाइयां ले लूंगी। प्लीज डॉक्टर... प्लीज।''

डाक्टर मान गए और चले गए। मिस्टर क्लेमेंस उसके बगल में बैठे और धीरे से उसका हाथ पकड़ लिया और उससे कहा, ''मिरांडा मेरी प्यारी बेटी, तुम्हारी माँ की मृत्यु के बाद मैं हमेशा तुम्हारी ओर देखता हूँ। तुम्हें अकेले नहीं जाना चाहिए था। अगर तुम चाहो, तो मैं योगेश्वर की जगह ले लूँगा लेकिन मुझे लगता है कि आप इस सच्चाई से वाकिफ नहीं हैं कि वह वही शख्स था जो आपको वापस लाया था। तुम अदूर्ध चेतन थीं ... दयनीय अवस्था में... गीली... तुम्हारे घुटनों से खून बह रहा था ... बड़बड़ा रही थीं। तुम्हारा इस कडवी सच्चाई से अभी तक आमना-सामना नहीं हुआ है कि वह तुम्हारा रक्षक है।''

अजनबी के बाहों की मजबूत पकड़ और गीली गंध उसके नथुनों में पहले ही धँस चुकी थी। उसने पिछली शाम की घटनाओं को याद करने की कोशिश की, लेकिन इसने उसकी रीढ़ में सिहरन पैदा कर दी। उसने समझदारी से महसूस किया कि उसने खुद को खतरे में डाल लिया है। बीस साल की एक खिलखिलाती हुई जवान लड़कियों के पास अभी भी संजोने के लिए असंख्य सपने थे। पुरुषों की दुनिया से बहुत दूर, उसने इस जमीन से जुड़े आदमी में शराफत का प्रभामंडल पाया।

उसने कोमल स्वर में उत्तर दिया, ''नहीं पिताजी, वह मेरे साथ जाने के लिए तैयार था लेकिन मैंने उसे कुछ काम दिया था। यह मेरी गलती है। उसे बाहर निकालने की कोई जरूरत नहीं है।''

''ठीक है...बेहतर होगा पहाड़ी शहर है, होशियार रहा करो आईंदा से तुम अकले बाहर नहीं जाओगी।''

मिस्टर क्लेमेंस कमरे से बाहर चले गए और मिरांडा ने अपनी नौकरानी जेनी को बुलाया ताकि वह ठीक से बैठ सके और नाश्ते के बाद अपनी दवा ले सके। वह जल्द ही सो गई और जब वह उठी तो शाम के पाँच बज रहे थे। उसकी नौकरानी जेनी उसके पास बैठी थी और उसका हाथ मल रही थी।

उसने धीमी आवाज में उससे पूछा, ''मैडम क्या आप कुछ चाय और बिस्कुट लेना चाहेंगी?''

''हाँ, जेनी'' उसने फीकी आवाज़ में सिर हिलाते हुए कहा।

जेनी एक ट्रे में चाय और बिस्कुट लेकर आई और उससे बोली, ''मैडम, मिस्टर योगेश्वर आपसे मिलना चाहते हैं, वह सुबह से इंतजार कर रहे हैं। क्या मैं उन्हें बुलाऊं?'' मिरांडा ने जेनी से कहा कि वह उसे बिस्तर पर आराम से बिठाने में मदद करे। उसने अपनी पोशाक ठीक की, अपने आप को कंबल से अच्छी तरह ढक लिया, और अपने बालों को कानों के पीछे दबा लिया।

उसने जेनी से धीरे से कहा, ''उसे अंदर बुलाओ, उसे इंतज़ार मत कराओ...

उसे धन्यवाद देने की जरूरत है... उसे बुलाओ।''

योगेश्वर ने अपनी ठोड़ी को गर्दन से लगभग छूआते हुए कमरे में प्रवेश किया, क्योंकि उसने कभी मिरांडा से आँख नहीं मिलाई। वह लाल शर्ट और नीले रंग की पैंट में आकर्षक लग रहे थे। मिरांडा बेसब्री से उसका इंतजार कर रही थी। उसे उसकी सुगठित बाहें याद आईं और इस सांवले, सुंदर आदमी की नज़र ने उसके दिल के तारों को झनझना दिया।

मिरांडा ने जेनी को जाने का आदेश दिया और योगेश्वर से कहा, ''कृपया आराम से रहिए'' वह बेड के पास रखी कुर्सी पर बैठ गया, वह अभी भी मिरांडा को सीधे नहीं देख रहा था। योगेश्वर सान्याल अपनी हैसियत के बारे में भली-भांति अवगत था।

वह अंग्रेजों की सेवा करने वाला एक भारतीय था। वे मालिक थे और वह बस एक बेकार गुलाम था.

उसने धीमी आवाज में पूछा। ''मैडम मुझे आशा है कि आप बेहतर महसूस कर रही हैं।''

मिरांडा ने जवाब दिया। ''मैंने सोचा था कि कल मेरे जीवन का आखिरी दिन था... मुझे याद है कि पतझड़ की बारिश... बेरंग शाम... लेकिन पापा ने

आज सुबह मुझे बताया कि आप मुझे बचाकर घर वापस ले आए। मेरे पास शब्द बेहद कम हैं।''

योगेश्वर को इस उत्तर की उम्मीद नहीं थी और उन्होंने अपने चेहरे पर चिंतित अभिव्यक्ति के साथ उत्तर दिया। ''कल जो कुछ भी हुआ उसके लिए मुझे खेद है, लेकिन कोई अन्य विकल्प नहीं बचा था। मौसम बहुत खराब था और मैंने शाम चार बजे तक आपका इंतजार किया, मैंने ड्राइवर के साथ आपकी बातचीत सुन ली थी। मैं बेकर स्ट्रीट पहुंचा और पाया ड्राइवर कार में अपनी सांस रोक कर बैठा था। वह आपके ठिकाने के बारे में कुछ नहीं जानता था। उसने आपको गली में आपको चलते हुए देखा था। उसने कई लोगों से पूछताछ की, लेकिन उनके पास कोई जवाब नहीं था। फिर मुझे कार में एक लिफाफा मिला। मैंने आपकी अनुमति के बिना इसे खोला। मैं मकान नंबर 23 पर पहुंचा लेकिन आप कहीं नहीं दिखी। मैंने गार्ड से भी पूछताछ की लेकिन उन्होंने संतोषजनक जवाब नहीं दिया। मैं गली से नीचे जाने लगा तब अचानक मैंने आपको कार की ओर दौड़ते देखा। आप लड़खड़ा गयीं और मेरी बाँहों में गिर गयीं। आपने कड़ा संघर्ष किया लेकिन फिर बेहोश हो गई और मुझे तुम्हें कार के पास ले जाना पड़ा। अगर आपको लगता है कि मैंने कोई गलती की है तो आप मुझे सज़ा देने के लिए आज़ाद हैं।''

मिरांडा बैठी थी और उसे ध्यान से सुन रही थी। उसने बहुत धीमी आवाज में जवाब दिया, ''मिस्टर योगेश्वर, अगर आप नहीं होते, तो मैं पहले ही दिन अपने मिशन में विफल हो जाती। अब जब आप उन पत्रों को पढ़ चुके हैं, तो मुझे यकीन है कि आप अच्छी तरह से जानते हैं बेकर स्ट्रीट में मेरे बार-बार आने का कारण। मेरे पिताजी अभी भी इन नतीजों से अनजान हैं। मैंने अभी तक उनके साथ कुछ भी चर्चा नहीं की है। मैं एक नई-नई ब्रिटिश उद्यमी हूं जो रेशम बनाने की आड़ में अपनी मित्र एलिस को बचाने के गुप्त अभियान के तहत भारत आई हूँ। मैं चाहती हूं कि आप इसे गुप्त रखें।''

योगेश्वर ने देखा कि मिरांडा की आकर्षक नीली आंखें आंसुओं से भरी हुई थीं। उन्हें पहले से ही अपनी माँ के रूप में महिलाओं के साथ एक बहुत ही भयानक अनुभव था। यह उसके जीवन की दूसरी महिला थी और उसे नहीं

पता था कि स्थिति को कैसे संभालना है। वह कोई मौका नहीं लेना चाहता था। वह एक भारतीय था और दूसरी एक अंग्रेज, दोनों अलग-अलग ध्रुव थे। वे कभी नहीं मिल सकते थे वह अच्छी तरह जानता था।

''मैडम कृपया मुझ पर पूरा विश्वास रखें, आपका रहस्य कभी भी प्रकट नहीं होगा। हालांकि मैं रहस्य और रोमांच का विशेषज्ञ नहीं हूं अगर मैं किसी भी तरह की मदद कर सकता हूं तो मैं हमेशा वहां हूं'' योगेश्वर लगभग हंसे लेकिन वह मिरांडा को मुस्कुराते हुए देखकर खुश थे। उसकी झिलमिल मुस्कान ने उसे और अधिक आकर्षक बना दिया। वह चुपचाप उसे देखता रहा।

उसने अपने आप से कहा, ''उसमें कुछ असाधारण है जो मुझे उसकी निर्विवाद ... अनुत्तरित ... पिछले जन्म के संबंध की ओर खींच रहा है, एक पुनर्जन्म....हे भगवान हकीकत से दूर अजीबोगरीब हरकतों में मुझे लिप्त ना होने दो....मुझे जीने दो....अंधकारमय वर्तमान ... मुझे कर्तव्यपरायण होने दो।''

मिरांडा कॉलेज में एक मेधावी छात्रा थी। शिक्षकों पर उसका बहुत अच्छा प्रभाव पड़ा। वह अपने सहायक और परोपकारी आचरण के लिए जानी जाती थीं। जिस दिन से उसके पिता भारत के लिए रवाना हुए। वह भी इस देश की यात्रा करना चाहती थी। उन्हें भारतीय भाषा हिंदी सीखने की इच्छा थी। वह कुछ सामान्य शब्दों की आदी होना चाहती थी ताकि इस नए देश में उसके लिए चीज़ें आसान हो जाएँ।

उसने जेनी को बुलाया जिसने उसे बिस्तर पर अधिक आसानी से बैठा दिया। उसने योगेश्वर को बताया। ''चूंकि मेरी तबीयत खराब है, मैं बाहर नहीं जा पाऊँगी। आप कल सोहनलाल के साथ फील्ड में जा सकते हैं और उन जगहों को चिह्नित कर सकते हैं जहां पेड़ लगाए जाने हैं। आवश्यक व्यवस्था के रूप में अगले सप्ताह निर्माण कार्य शुरू किया जा सकता है। अभी बाकी हैं। हमें अगले सप्ताह तक पांच सौ पौधे लगाने हैं। इस बीच, क्या आप एक शिक्षक नियुक्त कर सकते हैं जो भारतीय भाषा सीखने में मेरी मदद कर सके... भाषा बाधाओं को तोड़ती है। यह मुझे इसे समझने में मदद करेगी ... अगर संयोग

से! किसी अजीब स्थिति में पड़ जाती हूँ.. तो मैं अपनी मदद कर सकती हूं।'' हालाँकि अपने दिल की गहराई में वह चाहती थी कि वह उसे पढ़ाए क्योंकि वह उसके साथ अधिक सहज थी।

योगेश्वर ने पहले से ही अपने स्कूल के एक शिक्षक के बारे में सोचा था जो आकर उसे हिंदी पढ़ा सकता था, अगर मिरांडा हिंदी सीख लेती तो उसके लिए इस परियोजना को पूरा करना आसान हो जाता। खेतों में काम करने वाले मजदूर गरीब भारतीय थे जो केवल अपनी मातृभाषा जानते थे।

अंत में, वह खुद पर काबू नहीं रख सकी और सीधे बोल पड़ी। ''यदि आपको कोई आपत्ति नहीं है तो आप मुझे अपनी भाषा के केवल कुछ सरल शब्द सिखा सकते हैं। इतने सुंदर देश में आना और उसके वास्तविक सार को आत्मसात किए बिना वापस जाना मेरे लिए अच्छा नहीं होगा।''

योगेश्वर ने उसके आदेश से सहमत होते हुए आत्मविश्वास के साथ बहुत खुश होते हुए अचानक कहा ''यह मेरी खुशी होगी यदि आप बेहतर महसूस करती हैं, हम कल या परसों शुरू कर सकते हैं।''

उसने उसके अनुरोध को स्वीकार कर लिया और आज्ञा लेकर चला गया। बातचीत और दिलचस्प हो गई थी। उसे शायद ही पता हो कि वह एक ऐसे व्यक्ति के साथ लगातार बात कर रही थी जो सप्ताह पहले तक अनजान था। एक अजीब सा संबंध विकसित हो रहा था और उनमें से दोनों को इसके बारे में थोड़ा-बहुत पता था। दोनों दो अलग-अलग रास्तों पर चल रहे थे और कोई नहीं जानता था कि वे मिलेंगे या नहीं। किस्मत को उनके लिए कुछ और ही मंजूर था।

अध्याय 2. ब्लैक एंड व्हाइट

योगेश्वर सान्याल तेईस वर्ष के थे जब उन्होंने घर छोड़ा। उनके पिता श्री जवाहर सान्याल पेशे से वकील थे। वह एलीसियम हिल में एक महलनुमा घर में रहते थे। उन्होंने शिमला में अंग्रेजों के खिलाफ नए आने वाले मुकदमों में भारतीयों के साथ काम किया। उन्होंने अपनी पत्नी मृदुला को तब खो दिया जब योगेश्वर केवल बारह वर्ष के थे। एक साल बाद उनकी शादी कालका की एक गरीब लड़की संयोगिता से हुई।

उनके मतभेद दिन-ब-दिन बढ़ते गए और अंत में एक दिन वह अपने पिता के पास गया और कहा, ''बाबूजी, अब मुझे लगता है कि माँ मुझे और बर्दाश्त नहीं कर सकती, बेहतर है कि मैं घर छोडकर चला जाऊँ। मैं आपका आज्ञाकारी बेटा बना रहूँगा और हमेशा आपके लिए रहूँगा। मैं महेश के साथ रहूँगा, मैं अपना पता भेज दूँगा। मैं रहने की जगह और नौकरी ढूंढ लूँगा।''

''क्या? यह सही फैसला नहीं है। यह इस तरह की परेशानी का समाधान नहीं है ... मुझे तुम्हारे बिना रहने की आदत नहीं है ... फिर से सोचो मेरे बेटे,'' जवाहर ने योगेश्वर के कंधे पर अपने दोनों हाथ रखते हुए कहा.... वह भावनाओं के मिश्रण को प्रदर्शित करते हुए अपने चेहरे के साथ स्थिर खड़ा रहा।

योगेश्वर ने पहले ही अपना मन बना लिया था इसलिए उन्होंने विचारों की निडरता से बात की। ''बाऊजी, इतने साल हो गए... यह एक दिन की बात नहीं है... यहां मेरा भविष्य अनिश्चित है... मुझे कोई आपत्ति नहीं है। बेहतर है कि मैं बाहर निकल जाऊं, अगर मैं यहाँ रुका तो चीजें और खराब हो जाएंगी।

जवाहर की आंखें आंसुओं से भीग गईं और भारी मन से उन्होंने अपने बेटे से कहा। ''योग, तुम मेरी ज़िंदगी हो। मैं आपके जीवन के इस मुश्किल चरण को देख रहा हूं। अपनी बेहतर समझ से तुम अपनी मां को सबसे अच्छे तरीके से खुश करने की कोशिश कर रहे हो, जो कुछ भी मेरा है वह आपका है लेकिन मुझे पता है कि चीजें फिर से अच्छी हो जाएंगी।'' ... उसे एक दिन एहसास होगा कि वह एक परोपकारी इंसान के साथ तालमेल बिठाने में विफल रही। तुम किसी भी समय आ सकते हो; मेरा दिल और घर आपका है।

योगेश्वर ने अपने दो थैले लिए एक काला और दूसरा लाल। उसके पास जो थोड़े से पैसे थे, उसने लिए और उनके पैर छूने चला गया। उसकी सौतेली माँ ने उसे अपने पैर छूने की भी अनुमति नहीं दी और बस मुंह मोडकर चली गई। जवाहर ने अपने बेटे को कसकर गले लगा लिया। वह अपने बेटे को प्यार करता था और चाहता था कि वह बाकी लोगों से अलग दिखे। उसने अपना रास्ता नहीं रोका। सौतेली मां उसकी अहमियत समझने में असफल रही थी और वह चाहता था कि जो कुछ हो चुका है उसके लिए वह खेद या दुख महसूस करे। योग को लेकर माँ ने गलत अनुमान लगाया था, उसे हमेशा माँ की ममता से वंचित रखा। जब उसने इस दहलीज में प्रवेश किया तो वह कई आकांक्षाओं वाला एक मासूम बच्चा था। अब समय आ गया था कि वह बाहर जाए और दुनिया के बारे में जाने।

बाहर जाना ही एकमात्र विकल्प था। वह उस दिन लौटेगा जब उसकी अपनी एक पहचान बन जाएगी, माँ को अपनी गलती का एहसास हो जाएगा, वह उसका खुले दिल से स्वागत करेंगी। एक साल हो गया था और उसने अपने पिता से ऐसा कुछ नहीं सुना था।

पुनर्विवाह हमेशा समझौते पर आधारित होते हैं। पति को जीवनसाथी से ज्यादा रखवालेकी जरूरत होती है। पहले साल उसने योगेश्वर और अपने पति के प्रति चौकस रहने की कोशिश की। धीरे-धीरे जब उसने उन पर पकड़ बनानी शुरू की तो उसके विचार बदल गए। जवाहर के साथ उसका नियमित झगड़ा होता था क्योंकि वो अपनी औलाद चाहती थी।

शादी के दस साल बाद भी वह निःसंतान रही। वह योगेश्वर को बर्दाश्त नहीं कर सकी और नतीजा यह हुआ कि तीनों के बीच रिश्ते तनावपूर्ण हो गए।

योगेश्वर ने अपनी स्कूली शिक्षा एक मिशनरी स्कूल में की और फिर सिटी कॉलेज, शिमला से स्नातक की उपाधि प्राप्त की। वह पहले से ही नौकरी की तलाश में था जब एक दिन उसका दोस्त महेश जो पहले से ही अंग्रेजों के साथ काम कर रहा था, उसे मिस्टर क्लेमेंस के पास ले गया। उन्होंने उसे अपनी बेटी मिरांडा के लिए एक कार्यवाहक के रूप में नियुक्त किया, जो भारत में रेशम का व्यवसाय स्थापित करने के लिए लंदन से आई थी। अधिकारियों ने उसे बंगले में रहने के लिए एक छोटा सा कमरा तक दे दिया।

मिरांडा के साथ काम करना योगेश्वर के लिए सबसे शानदार बात थी। एक विदेशी भूमि में कुछ नया स्थापित करने के लिए यह सपने देखने वाली ईमानदार लड़की तारीफ के काबिल थी। वह उसकी सोहबत का आदी हो रहा था लेकिन उसने महसूस किया कि मिरांडा को अपने गुप्त मिशन में उसकी सख्त मदद की जरूरत थी।

एक दिन के आराम के बाद तीसरे दिन खुले बालों और पीली पोशाक में वह पहले से ज्यादा फुर्तीली और चुस्त दिखी।

नाश्ता करते समय मिस्टर हेरोल्ड क्लेमेंस ने मिरांडा से पूछा। ''आशा है कि तुम्हारे हाथ और टखने का दर्द कम हो गया होगा... अगर तुम चाहो तो, मैं कुछ दिनों की छुट्टी ले सकता हूं।''

उसने अपना हाथ और टखना धीरे से उठाया यह दिखाने के लिए कि अब दर्द नहीं हो रहा है। हरकत धीमी थी लेकिन दर्द रहित। अचानक योगेश्वर वहाँ शामिल हो गया और वह उसे देखकर लगभग शरमा गई। वह सफेद शर्ट और नीले रंग की पैंट में था। उसने हाथ से बुना हुआ पूरी बाजू का लाल कार्डिगन पहना था।

''नहीं डैड... आप अपनी ड्यूटी जॉइन कर सकते हैं... हालांकि इन पहाड़ियों में सब कुछ अजीब है लेकिन वह वहां है,'' उसने उसकी ओर इशारा करते हुए कहा।

''मैं आज दिल्ली के लिए रवाना हो रहा हूं। मुझे आशा है कि अब तुम चीजों को संभाल सकती हो। यदि कोई समस्या उत्पन्न होती है और तुम अति आवश्यक संदेश भेजना चाहती हो तो तुम मुख्यालय को कॉल कर सकती हो। योगेश्वर बगीचे के बगल में स्थित एक अतिथि कक्ष में रहेंगे।''

मिरांडा भावरहित थी। पिता के साथ उसे हर कदम सावधानी से आगे बढ़ाना होगा। वह अब गंभीर योजनाएँ बना सकती थी और आसानी से अपनी खोज जारी रख सकती थी क्योंकि कोई स्पष्टीकरण नहीं दिया जाना था। वह मुख्य द्वार तक गई और अपने पिता को अलविदा कहा। उसका दिमाग भविष्य की योजनाओं को लेकर चकरा रहा था। केवल एक व्यक्ति ने उसके दिमाग पर कब्जा कर लिया। यह ऐलिस थी और उसकी खातिर सक्रिय और जीवित रहना था। उसने योजना को आगे बढ़ाने के लिए योगेश्वर को बुलाया।

अभी भी गेट पर ही खड़े योगेश्वर से उसने पूछा, ''क्या आप गाड़ी चला सकते हैं?''

उसने बस सिर हिलाया और जवाब दिया। ''मैडम क्या आप प्रोजेक्ट के सिलसिले में घूमने जाने की योजना बना रही हैं... फिर मैं आपके ठीक होने तक एक या दो दिन के लिए इसे संभाल सकता हूं!''

वह उदास स्वर में बोली, ''हालाँकि मैं अपने आप को पहले की तरह फिट नहीं महसूस कर रही हूँ ... लेकिन अगर मुझे ज़रूरत हो तो आप मेरा साथ दे सकते हैं, मैं वापस नहीं बैठ सकती। मैं अपनी योजनाओं का खुलासा नहीं कर रही हूँ क्योंकि दीवारों के भी कान हैं।''

''मैडम, आप साथ आ सकती हैं लेकिन आज आपकी पहली हिंदी क्लास है। हम आज आधे घंटे के लिए शुरू कर सकते हैं और आप कुछ सरल शब्द सीखें।

वे दोनों अंदर बैठक की ओर चले गए और वह उसके बगल पडी कुर्सी पर बैठ गई।

हालांकि वह कभी भी शिक्षण पेशे में नहीं था लेकिन मौखिक कक्षाओं को आसानी से संचालित कर सकता था। उन्हें सरल शब्दों और व्यापक रूप से उपयोग किए जाने वाले शब्दों से शुरुआत करनी थी। उसने कहा, ''नमस्ते अभिवादन का भारतीय तरीका है। हम हाथों को इस तरह से फोल्ड करते हैं।''

उसने अपने दोनों हाथ जोड़कर कहा, ''नमस्ते'' उसने उसकी नकल की और बड़ी मुश्किल से उच्चारण किया।''

''नमासती ... या यह नमास्ते है।'' उसने कई बार दोहराया। '' नमासती नमासती... क्या यह सही है क्या मैं इसका सही उच्चारण कर रही हूँ?''

''मैडम आपको इसे कई बार अभ्यास करने की आवश्यकता है। अगला शब्द 'आओ' यानि 'कम' और 'जाओ' यानि 'गो' है।''

''मैं इन शब्दों से प्यार करती हूँ... यह है... मैं भूल गयी... क्या आप दोहरा सकते हैं?'' उसने बिंदास अंदाज में कहा।

''ये आओ... आओ और जाओ...जाओ। मुझे उम्मीद है तुम ये समझ गई,'' उसे अच्छा लगा और उसने शब्द आओ... आओ...जाओ ...जाओ ... को दोहराया। यह अब बेहतर है मुझे लगता है, है ना?''

मिरांडा ने शब्दों को क्रियाओं के साथ बोला ताकि वह उन्हें बेहतर ढंग से समझ सके। सीखने के दौरान शब्दों को बोलने का अंदाज इतना मज़ाकिया था कि वे दोनों खूब हँसे। इसमें लगभग एक घंटा लग गया और उसे यह थोड़ा कठिन लगा। उसने कहा, ''मैं अब और नहीं बोल सकती... हम कल जारी रखेंगे।''

''ठीक है मैडम, जैसा आप चाहें, आप कुछ और सीखने की कोशिश कर सकती हैं।''

''ग्यारह बज गए हैं और मौसम बिल्कुल साफ है। मुझे वैसे भी बारिश से डर लगता है। मुझे लगता है कि हम जा सकते हैं और आज कुछ काम कर सकते हैं, सोहनलाल यहीं रुकेगा,'' उसने उत्साह से कहा। वह नहीं चाहती थी

शुरुआत में ही किसी तीसरे व्यक्ति को उनकी योजना के बारे में भनक लग जाए। मिरांडा अकेले खोज करना चाहती थी क्योंकि वह कभी भी अजनबियों पर भरोसा नहीं कर सकती थी। योगेश्वर ने खतों को पढ़ लिया था सारी घटनाएँ एक खुली किताब की तरह थीं इसलिए मिरांडा अब उसकी मदद लेने के लिए मजबूर थी।

वह उसके साथ आगे की सीट पर बैठ गई और वे दोपहर तक बेकर स्ट्रीट पहुंच गए। उसे पिछले हफ्ते की घटनाएँ याद आ गईं। गली दोनों तरफ चिराबेल, देवदार और चीड़ के पेड़ों और उसकी पत्तियों से झाँकती धूप के साथ शानदार लग रही थी। मौसम खुशनुमा था और बारिश का कोई नामोनिशान नहीं था। वह अधिक संतुष्ट थी क्योंकि वह उसके साथ था। इंसान का प्रभाव खुद बोलता है। उसने कार कॉफी हाउस के बाहर खड़ी कर दी। मिरांडा के लिए हाउस नंबर 23 पर नजर रखने के लिए यह सही जगह थी।

उसने उस गली के ठीक सामने दो कुर्सियों वाली एक मेज चुनी जहाँ ये तीन घर स्थित थे। मिरांडा के साथ बैठे योगेश्वर असहज महसूस कर रहे थे।

''कृपया दो कॉफी,'' उसने वेटर को आदेश दिया।

''मैं हाउस नंबर 21 से परिचित हूं। मुझे नहीं पता इन तीनों घरों में से किस घर में उन्होंने उसे कैद कर रखा है लेकिन इन तीनों घरों में एक अजीब सा संबंध है। मैं फिर से घर के अंदर जाने की कोशिश करूंगी और आपको अधिकतम तीन से चार घंटे इंतजार करना होगा या हो सकता है कि मुझे प्रवेश करने का बिल्कुल मौका न मिले।''

''मैडम कृपया अपनी जान जोखिम में न डालें... आप पहले ही मुश्किल का सामना कर चुकी हैं... आप अपने पिता की मदद ले सकती हैं।''

उसने गुस्से में अपनी भौहें उठाईं क्योंकि वह हमेशा अपने करीबी लोगों के लिए जिद्दी हो सकती थी और बोली। ''मिस्टर योगेश्वर मैं आपको केवल सूचित कर रही हूं ... मैं एलिस को सुरक्षित और सुरक्षित चाहती हूं ... आप एक सभ्य व्यक्ति हैं ... मेरे शुभचिंतक लेकिन क्या आपके पास वही बयान

होते अगर यह आपकी बहन होती ... नहीं बिल्कुल नहीं ... स्वार्थी मत बनो... यह एक निर्दोष इंसान के जीवन और मृत्यु का मामला है।''

''मैं अपने मित्र के प्रति आपके स्नेह की तह तक बहुत अच्छी तरह से पहुँच सकता हूँ ... लेकिन मैं कर्तव्य पर हूँ।''

''अपने कर्तव्य के प्रति निष्ठावान होने से पहले आप एक इंसान हैं ... और मुझे पता है कि आप इंकार नहीं करेंगे।''

मिरांडा ने धीरे से अपना कप नीचे रखा और कॉफी शॉप से निकल गई। उसने उसे नहीं रोका क्योंकि वह जानता था कि वह ऐसा नहीं करेगी। गली से जाते हुए देख वह उसे एकटक निहारता रहा। उस दोपहर बहने वाली कोमल हवा के साथ उसकी पीली पोशाक लहरा रही थी । वह उसे छोड़कर चली गई थी। उसके दाहिने हाथ में चोट के कारण बाल खुले हुए थे।

वह मकान नंबर 21 पहुंची लेकिन लकड़ी का दरवाजा पिछले हफ्ते से टूटा हुआ पड़ा था। वह अंदर चली गई और मार्ग तक पहुँचने के लिए लंबी घास को पार कर गई। वही हरा पर्दा खींचा हुआ था और वह पर्दे से झाँकने लगी। डॉक्टर कहीं नजर नहीं आए इसलिए वह कमरे में घुस गई और दरवाजे के पीछे छिप गई। सामने के गलियारे में उसने दो भारतीय महिलाओं को नीले रंग की पोशाक और सफेद नर्स की टोपी पहने एक बेंच पर बैठे हुए देखा। वे किसी गंभीर बात में मग्न थे। गलियारे के दूर अंत में एक कमरा था जहाँ वह भारतीय और अंग्रेजी की एक पंक्ति देख सकती थी।

उसके चेहरे के भाव बदल गए क्योंकि उसके टखने में दर्द होने लगा था। मोच अभी ठीक नहीं हुई थी। उसने दरवाजे को पकड़ लिया और सोचा कि उसका दर्द तो एलिस से कम है।

अचानक उसने कदमों की आहट सुनी और कोने में स्थित छोटे से शौचालय की ओर दौड़ने की कोशिश की। वह अपनी धड़कने सुन सकती थी और कमरे में प्रवेश करने वाले दो लोगों की बातचीत को सुनने की कोशिश कर रही थी।

''डॉ ग्रीन यह उन लड़कियों की सूची है जिनकी जांच की गई है। पूरी तरह से जांच के बाद, हम कह सकते हैं कि उनमें से केवल आधी ही आज रात छावनी में सप्लाई के लिए फिट हैं। भारतीय लड़कियों को अब उनके रंग के कारण नापसंद किया जा रहा है और वे फ्रेश यूरोपियन से संतुष्ट हैं। बड़ों को कल तक सीधे अस्पताल से घर भेज देना चाहिए उन्हें अभी तेरह-चौदह साल की पकी हुई लड़कियां चाहिए, खासकर कुंवारी। आज ही उनका लाइसेंस कैंसिल करें। बाकी को गंभीर बीमारी हो गई है और जब तक वे ठीक नहीं हो जाती तब तक उन्हें नहीं भेजा जाएगा। हम बीमार लोगों को डिस्चार्ज भी कर सकते हैं यदि वे सिफलिस से पीड़ित हैं। हमारे पास उनका कोई इलाज नहीं है।''

यह सुनकर मिरांडा को अपने कानों के पीछे पसीने की बूंदें गिरती महसूस हुईं। उसके हाथ-पैर सुन्न हो गए और उसने अपने दोनों हाथों से अपना सिर पकड़ लिया।

''यह सब क्या था?'' उसने शौचालय में नल पकड़ लिया उसने खुद को डूबता हुआ पाया ''क्या अंग्रेज लड़कियों की आपूर्ति कर रहे थे, क्या मौज-मस्ती के लिए वे उन्हें गुलाम बना रहे थे और उनसे घर का काम करवा रहे थे?''

वह एक हाथ बाल्टी और दूसरा हाथ नल पर रखकर बाथरूम के फर्श पर बैठ गई।

वहाँ असहनीय बदबू आ रही थी और वह अब वहां नहीं बैठ सकती थी।

ऐसे ही कई सवाल उसके मन में बार-बार उठ रहे थे। ''क्या ऐलिस उनमें से एक थी? क्या ऐलिस वेश्या बन गई थी! क्या वह भी इस बीमारी से पीड़ित थी? वह कहाँ छिपी थी?''

वह अपने आँसुओं पर काबू नहीं रख सकी। एक बेदाग स्पष्ट छवि, निर्दोष, कुंवारी ने उसके मन को घेर लिया। वह यहां एक अलग उद्देश्य के लिए थी और उसकी माँ एक प्रतिक्रिया का बेसब्री से इंतज़ार कर रही थी। उसने उसकी मां से वादा किया था कि वह ऐलिस को सुरक्षित वापस लाएगी।

दस मिनट बाद दोनों डॉक्टर चले गए। उसने दरवाजे से झांक कर देखा तो मेज पर कुछ रजिस्टर पड़े थे। वे दोनों एक सूची पर चर्चा कर रहे थे और शायद रजिस्टरों में आवश्यक विवरण थे। वह किसी भी तरह सूची देखना चाहती थी। उसने शौचालय का दरवाजा धीरे से खोला और कमरे के मुख्य दरवाजे की ओर चल दी। उसने दरवाजा आधा बंद कर दिया ताकि कोई उसे देख न सके। वह रजिस्टर देखने के लिए दौड़ी। कांपते हाथों से वह लिस्ट चेक करने लगी। दाहिने कोने पर हर पन्ने पर तारीख और महीना लिखा हुआ था।

उसने जो रजिस्टर उठाया वह 10 जनवरी 1944 का था। उसने उस महीने को याद करने की कोशिश की जिसमें एलिस भारत पहुंची थी। पहला पत्र जो उसे मिला वह जुलाई 1944 का था और अब लगभग एक वर्ष बीत चुका था। ऐलिस एक भयानक हालात से गुज़र रही होगी और वह कल्पना कर सकती थी कि इन सेक्स के भूखे मर्दों द्वारा उसके दोस्त के शरीर को लाखों बार काटा और चोट पहुँचाई जा रही होगी। प्रत्येक नाम के साथ विवरण देखने पर उसकी हालत और खराब होने लगी।

उसके हाथ जो पहला रजिस्टर लगा लगा उस पर बड़े अक्षरों में स्लेव हॉस्पिटल लिखा हुआ था। प्रत्येक पृष्ठ को दो खंडों में विभाजित किया गया था, सफेद गुलाम और काले गुलाम पृष्ठ में, वह रानी देवी साधना, रूपा और कई अन्य नामों को पढ़ सकती थी, जिससे यह स्पष्ट हो गया कि वे भारतीय थे। गोरे लोग सुसान, जेन, कैरोलिन, मार्गरेट और कई अन्य अंग्रेजी लड़कियां थीं। उसने जल्दी से कुछ पन्ने पलटे लेकिन जो नाम उसके दिल के करीब था एलिस वह कहीं दिखाई नहीं दे रहा था। उसने कुछ रजिस्टरों को पकड़ा और मंद रोशनी में मेज के नीचे बैठ गई और उन्हें पढ़ने की कोशिश करने लगी। काम बड़ा था और इसके लिए समय चाहिए था।

वह व्यावहारिक रूप से उन सभी से गुजरी। उसका दिल डूब रहा था क्योंकि उसके प्रयास व्यर्थ साबित हो रहे थे। दो घंटे बीत गए और वह बड़ी खिड़कियों से देख सकती थी कि बाहर अंधेरा हो रहा था। उसे जाना पड़ा क्योंकि योगेश्वर उसका इंतजार कर रहा होगा। उसने उससे ऐसा वादा किया था।

अचानक दरवाजा चरमराया और उसे कमरे में किसी के आने की आहट सुनाई दी। जैसे ही उसने मेज के किनारे से झाँका तो देखा कि दो अंग्रेज लड़कियाँ हाथ में झाड़ू और पोछा लिए खड़ी हैं। वह अजीब से कपड़े पहने दो सुंदर अंग्रेजी लड़कियों को देखकर चौंक गई, वे एक अंग्रेजी गाना गुनगुना रही थीं।

''मैं दुनिया को आग नहीं लगाना चाहती''

मैं बस आपके दिल में एक लौ शुरू करना चाहती हूं'' और फर्श की सफाई करना चाहती हूं।'' मिरांडा को उनके पसंदीदा गीतों में कोई दिलचस्पी नहीं थी, लेकिन उसने सोचा। ''शायद उन्हें भी सफेद गुलाम के रूप में काम पर रखा गया है।''

मिरांडा ने छिपने की पूरी कोशिश की लेकिन टेबल के नीचे की छोटी जगह बहुत घुटन भरी थी। जैसे ही वे टेबल के पास पहुंची उनमें से एक चिल्लायी, ''बचाओ, बचाओ, अंदर एक अजनबी है।''

दूसरी लड़की भी चिल्लाने ही वाली थी कि मिरांडा बाहर निकलीं और उन्हें पकड़ लिया। उसका दाहिना हाथ बुरी तरह दर्द कर रहा था। बड़ी मुश्किल से उसने उन्हें अपनी ओर खींचा। वह उनके दिलों को नरम करने के लिए सिसकते हुए कहने लगी लेकिन वे बिल्कुल भी द्रवित नहीं हुए। उसने अपने पोशाक की आस्तीन से अपने आँसू पोंछते हुए उनसे कहा, ''मुझे तुम्हारी मदद चाहिए, कृपया किसी को मत बुलाओ। तुम किसी की जान बचा सकती हो।'' ''हम नहीं जानते कि आप सच कह रही हैं या नहीं। हम ड्यूटी पर हैं और आप इस प्रतिबंधित जगह में कैसे प्रवेश कर सकती हैं?''

मिरांडा हक्का-बक्का रह गई, ''मैं इस जगह के लिए अनजान हूं। लेकिन मैं किसी तरह प्रवेश कर गयी... मैं इन सभी चीजों को अपने पास रखूंगी ... कृपया मेरी मदद करें। मैं यहां किसी को नुकसान नहीं पहुंचाऊंगी।''

दूसरी थोड़ी परिपक्व थी और उसने मिरांडा से पूछा ''हालांकि हम अजनबी हैं लेकिन फिर भी, मैं किसी को भी नहीं बताऊंगी तुम एक श्वेत हो। मुझे लगता है कि हम एक ही देश के हैं।

अचानक दरवाजा खुला और दो गार्ड कमरे में दाखिल हुए ''हमने कमरे से कुछ आवाज़ सुनी क्या सब ठीक है सोफिया?'' दो हिरन के दांतों वाली लंबी युवती ने उत्तर दिया, ''यस सर... यहाँ कुछ भी नहीं है। यह सिर्फ एक बिल्ली थी।'' गार्डों ने कमरे का मुआयना किया और निकल गए।

मिरांडा दो अजनबियों के साथ खड़ी थी जो उसे आसानी से दो गार्डों के सामने फेंक सकती थी लेकिन वह काफी शुक्रगुजार थी कि उन्होंने उसे परदे के पीछे छिपाकर बचा लिया था।

''क्या हम बात कर सकते हैं? मैं लंदन से मिरांडा हूं।'' उसने छिपने की जगह से बाहर आने के बाद कहा। दो लड़कियां जो मुश्किल से चौदह साल की थीं, उन्होंने कोई दिलचस्पी नहीं दिखाई। लेकिन मिरांडा को पता था कि वे भविष्य में बहुत मदद कर सकती हैं।

उसने उनका हाथ पकड़ लिया और उन्हें फिर से खुश करने की कोशिश की। ''मैं यहां अपने खोए हुए दोस्त एलिस की तलाश में हूं। वह पिछले साल अपने मृत पिता का सामान लेने भारत आई थी। वह किसी के जाल में फंस गई है। अगर आप कृपया मेरी मदद करें तो मैं आभारी रहूंगी।''

सोफिया के इशारों से पता चला कि वह कुछ मदद कर सकती है इसलिए उसने दूसरे से पूछा, ''तुम्हारी क्या राय है, मारिया?'' उसने मिरांडा को सिर से पाँव तक देखा और जवाब दिया, ''चलो कल देखते हैं'' मिरांडा ने उसकी आँखों से खुशी के आँसू बहते हुए उनके हाथों को चूमा और कहा ''मुझे पता है कि यह कार्य आसान नहीं हो सकता है लेकिन जो जानकारी आप प्रदान कर सकती हैं वह कोई और नहीं दे सकता। मैं वापस जाती हूं और कृपया मुझे समय बताएं ताकि हम कल मिल सकें, पिछला दरवाजा टूटा हुआ है और मैं वहाँ से आसानी से प्रवेश कर सकती हूँ।''

सोफिया और मारिया ने उसे अजीब तरह से देखा। वे हर दिन 1 बजे कमरे की सफाई करती थी इसलिए उन्होंने अगले दिन उसी समय मिरांडा से मिलने का फैसला किया। मिरांडा कमरे से निकलकर गलियारे में पहुंच गई। टखने में दर्द होने के कारण वह लंगड़ा रही थी। उसकी पोशाक कई जगह से फट गई

थी और उसके बाल बिखरे हुए थे। तापमान में मामूली गिरावट के साथ बाहर अंधेरा था। वह अपने नंगे हाथों और पैरों पर गिरती बारिश की ठंडी बूंदों को महसूस कर सकती थी। मिरांडा पीछे के आँगन को धीरे-धीरे पार करने की कोशिश कर रही थी कि तभी उसका पैर गीली जमीन में फंस गया। उसने अपने पैरों को खींचने की कोशिश की लेकिन वह और अधिक धँसने लगा।

जैसे ही उसने कदमों की आहट सुनी वह बैठ गई और अपने आप को पीछे धकेल दिया ताकि वह घनी घास में छिप सके। उसे फिर से खड़े होने के लिए काफी मशक्कत करनी पड़ी। वह सावधानी से गेट की ओर चल पडी। पीछे का दरवाजा घास के तिनकों से दिखाई दे रहा था और गेट के पास कोई नहीं था। उसने कीचड़ से बाहर निकलने के लिए खुद को ऊपर खींच लिया। गेट से कुछ ही दूरी पर उसने योगेश्वर को एक शाहबलूत के पेड़ के नीचे खड़ा देखा।

उसने उसे देखा और लालसा की भावना से भर गई।

''कितना ईमानदार...धीरज...उदार...और निश्चित रूप से प्यार करने वाला' उसने सोचा। वह अपने दोनों हाथों से घुटनों से पैर पकड़ कर लंगड़ा रही थी। उसने उसके पास पहुँचने की कोशिश की लेकिन वह जल्दी से उसके पास आ गया। ऐसा लग रहा था जैसे कि वह जानता था कि वह चल नहीं पाएगी।

''ओह ओह, मेरे टखने में दर्द हो रहा है... मैं कार तक चलने की स्थिति में नहीं हूं।'' वह बैठना चाहती थी लेकिन उसने उसका हाथ पकड़ लिया। मिरांडा ने दयनीय लहजे में उसका हाथ पकड़ते हुए कहा, ''बेहतर होगा कि आप या तो इस जगह पर कार चलाएं या वहां पहुंचने में मेरी मदद करें।''

''मैडम, मुझे खेद है कि हम कार को लेन से नीचे नहीं ला सकते हैं प्रतिबंधित क्षेत्र है, तो आपको कॉफी हाउस तक पैदल चलना होगा। अगर आपको कोई आपत्ति नहीं है, तो मैं आपकी मदद कर सकता हूं,'' योगेश्वर ने कहा।

''आप मेरा हाथ पकड़ कर रख सकते हैं और मुझे धीरे-धीरे ले चलिए क्योंकि मेरे टखने मुझे फिर से परेशान कर रहे हैं।''

मिरांडा को कीचड़ से भरे हाथों से बेचैनी महसूस हुई। उसके पास कोई और रास्ता नहीं था इसलिए उसने अपनी पोशाक से अपना हाथ पोंछ लिया। उसने उसका दाहिना हाथ पकड़ लिया और बायाँ हाथ उसके गले में डाल दिया ताकि वह आसानी से चल सके।

वह दर्द से कराह रही थी और वह उसे समझाता रहा। उसने धीरे से उसे कार में बिठाया।

उसने गौर किया कि वह बहुत दर्द में है, इसलिए रास्ते में उसने उसे बताया। "मैडम मुझे लगता है कि आप सही रास्ते पर जा रही हैं... जोखिम उठा रही हैं... फिर भी आपका मिशन आसान नहीं है। कोई दूसरा उपाय नहीं है आपको अपने स्वास्थ्य का बराबर ध्यान रखना होगा।

मिरांडा ने जवाब दिया, "मुझे कल दोपहर फिर जाना है, इसलिए बेहतर है कि मैं घर पहुँचते ही अपनी दवाइयाँ ले लूँ। इतना ध्यान रखने के लिए धन्यवाद"

वह चुप रहना ठीक समझा करती थी, और दिन की घटनाओं पर विचार करने लगी। दो अंग्रेज लड़कियों की छवि ने उसे व्यथित कर दिया बार - बार।

घर पहुंचते-पहुंचते करीब 9 बज गए। जेनी कार से नीचे उतरने में उसकी मदद करने आई और उसने उसे स्नान के लिए गरम पानी तैयार करने के लिए कहा। योगेश्वर के कपड़े भी कीचड़ में सन गए थे। बैठक में पहुँच कर मिरांडा ने अपने हाथों को आपस में रगडकर कीचड छुडाते हुए कहा, "मुझे लगता है कि हम रात के खाने पर मिल सकते हैं और परियोजना पर चर्चा कर सकते हैं।"

योगेश्वर ने जल्दी से कहा, "मैडम, मुझे लगता है कि आपको आराम की ज़रूरत है, मैं आपके साथ डिनर करने में सहज महसूस नहीं करूंगा, अगर संभव हो, तो मैं किसी और दिन रात के खाने में शामिल हो सकता हूं।" उसने सीढ़ियों की ओर बढ़ते हुए अधिकारपूर्ण स्वर में कहा।

उसने बस सिर हिलाया और अतिथि कक्ष के लिए निकल गया। कमरा छोटा था जिसमें एक पलंग, एक अलमारी और एक बाथरूम संलग्न था। उसके पास एक काला और एक लाल रंग का कपडों का बैग उसके साथ उस दिन से था जब से उसने अपने पिता का घर छोड़ा था।

दो महीने महेश के साथ किराए के कमरे में रहने के बाद अब वह मिस्टर हेरोल्ड क्लेमेंस के घर में पुनःस्थापित हो गया था। दो अन्य कमरों में जेनी और एक सुरक्षा गार्ड का कब्जा था।

योगेश्वर ने जिस दिन से घर बदला था, उसके बाद से उन्हें पैकिंग के लिए पर्याप्त समय नहीं मिला। उसने काला बैग उठाया, अपने कपड़े उतारे और गर्म पानी से नहाने चला गया। स्नान करने के बाद उसने छोटी लाल थैली खोली और कृष्ण और राधा की सुंदर चांदी की मूर्तियाँ निकालीं और उसे पलंग की बगल की मेज पर रख दिया। यह उनकी मां द्वारा दिया गया बेशकीमती तोहफा था। उसने छोटा लाल साटन का कपड़ा निकाला और मूर्ति के नीचे रख दिया। दो हार और एक मोरपंख वाले मुकुट ने उनके भगवान को और अधिक मोहक कर दिया। वह आराम से रहना चाहता था इसलिए उन्होंने एक सफेद कुर्ता पायजामा पहना और एक सादा काला शाल लपेटा।

जुलाई के महीने में पहाड़ों पर अचानक बारिश होती है। भोर से सांझ तक जगमगाती सूनी-सूनी सड़कें, देवदार और चीड़ के पत्तों से लटकती हुई ओस की बूँदें मनमोहक लगती थीं। हल्की बूंदाबांदी में योगेश्वर को बगीचे से गलियारे तक पहुँचने के लिए दौड़ लगानी पडी। उसने फाइलों को शाल से ढक दिया। करीब 9.30 बज रहे थे और वह सीधे लिविंग रूम में चले गए। मिरांडा नहाने का गाउन पहने बैठी थी और उसके पैर गर्म नमकीन पानी में डूबे हुए थे क्योंकि डॉक्टर ने उसे दिन में दो बार ऐसा करने की सलाह दी थी। जेनी ने उसके पैर बाहर निकाले, उन्हें तौलिये पर रखा और थपथपाया। उसने मरहम लगाया और अपने पैर नीचे कर लिए। उसने उसे पारंपरिक भारतीय पोशाक में सीधे खड़ा नहीं देखा था।

''आओ और यहाँ बैठो जब तक जेनी मेज लगातीं है। मैं पाँच मिनट में वापस आ जाऊँगी,'' उसने अपनी बगल वाली कुर्सी की ओर इशारा करते हुए कहा।

वह धीरे से उठी, चप्पल पहनी और अपने कमरे में चली गई। उसने अपने पास रखी फाइलें मेज पर रख दीं और उन्हें देखने लगा। वह अपने काम में मग्न था तभी जेनी ने उसे बुलाया। ''सर मैडम डाइनिंग रूम में आपका इंतजार कर रही हैं।''

वह अपना काम छोड़कर सीधे डाइनिंग रूम में गया। उसने अंग्रेजों के साथ कभी रात का खाना नहीं खाया था। यह पहली बार था, वह भी किसी अंग्रेज महिला के साथ डिनर करते हुए। उन्हें आश्चर्य हुआ कि अंग्रेज इतनी कटलरी का उपयोग क्यों करते हैं जबकि भारतीय अपनी उंगलियों का उपयोग करना पसंद करते हैं। उनके खान-पान और रहन-सहन में काफी अंतर था।

जब वह डाइनिंग रूम में दाखिल हुआ तो वह टेबल की व्यवस्था कर रही थी। एक भारतीय जिसे काँटे और छुरी के इस्तेमाल का व्यावहारिक रूप से बहुत कम ज्ञान था, वह झिझकते हुए बोला। ''मैडम, हो सकता है मैं टेबल शिष्टाचार से बहुत पसरीचित ना हूँ लेकिन मैं कोशिश करूंगा।''

उसने चाकू नीचे रखते हुए कहा, ''मुझे कोई आपत्ति नहीं है, जल्दी आओ मुझे बहुत तेज भूख लगी है।''

मिरांडा अपनी काली शर्ट और पायजामे में मंत्रमुग्ध लग रही थी। उनकी आँखें एक सेकंड के अंश के लिए मिलीं लेकिन उन्होंने कुर्सी खींचकर ध्यान भंग कर दिया। मेज सुरुचिपूर्ण ढंग से रखी गई थी और चार-कोर्स (चार-कोर्स के रात्रिभोज में एक ऐपेटाइज़र, मुख्य पकवान और मिठाई शामिल होगी, लेकिन एक चौथा कोर्स - ऐपेटाइज़र से पहले परोसा जाएगा) का रात्रिभोज स्वादिष्ट था। जब उसे पता चला कि वह शाकाहारी है तो उसे आश्चर्य नहीं हुआ। उसके पिता ने उसे बताया था सत्तर प्रतिशत से अधिक भारतीय शाकाहारी थे। वह समझ सकती थी कि वह थोड़ा असहज था। रात के खाने के बाद वे बैठक में चले गए।

वह उसके बगल वाली कुर्सी पर बैठ गई और फाइलें देखने लगी। वह उस दिन की घटनाओं को उसके सामने रखना चाहती थी। उसके पास बात करने के लिए कोई नहीं था। वह जानती थी कि साझा करने से परेशानी आधी हो जाती है।

भले ही उसने पहला कदम न उठाया हो, वह एक कदम उठा सकती थी। उसे रोने के लिए एक कंधा चाहिए था।

दिन भर की घटनाओं के बाद वह थकी हुई थी। ऐलिस अभी भी पर्दे के पीछे छिपी हुई थी और कोई नहीं जानता था कि वे कब खींचे जाएंगे। वह मर चुकी थी या जिंदा थी यह अभी भी एक रहस्य था। उसका शिकार तब तक जारी रहेगा जब तक वह अपने हाथ से उसका हाथ नहीं पकड़ लेती।

उसके दिमाग में यादें कौंध गईं और उसे वह दिन याद आ गया जब वे एक शाम नाव की सवारी के लिए थेम्स नदी पर गए थे। जून के गर्मियों के महीने में, नदी के उस पार बहने वाली हवा ताज़ा होती थी और लोग इधर-उधर घूमना पसंद करते थे। छोटी-छोटी हास्य-व्यंग्यात्मक बातों पर उसे खिलखिलाते देखना उसे अच्छा लगता था। उसने उसे कभी रोते हुए नहीं देखा था। उन्होंने खुशी और दुख के पल साझा किए थे।

वह निराश बैठी थी और उसके साथ चर्चा शुरू की ताकि वह दूसरी राय भी ले सके। ''आज मैंने खुद को लगभग खतरे में डाल लिया था जब अचानक दो लड़कियाँ अजनबी ... विचित्र... अजीब अंग्रेजी वाली... कहीं से आ गईं। मैंने उनसे संक्षेप में एलिस के गायब होने पर चर्चा करने का आग्रह किया... उन्होंने कल मेरी मदद करने का वादा किया है'' मिरांडा ने कहा। उसके गालों पर आँसू बह रहे थे। उसने जारी रखा, ''शायद कुछ उम्मीद है या कोई उम्मीद नहीं है...यह सब धुंधला है।''

उसने उसके चेहरे के भावों को ध्यान से सुना, और उत्तेजित महसूस किया। वह चुपचाप और शक्तिहीन बैठी रही, उसके पास बहुत कम या व्यावहारिक रूप से कोई शक्ति नहीं थी। विपरीत लिंग के साथ उनका कभी घनिष्ठ संबंध

नहीं था, हालांकि उन्हें कमजोर माना जाता था। उसकी दुर्दशा देखकर उसका दिल पसीज गया।

वह जानता था कि वह उसके लिए वरदान साबित हो सकता है वास्तव में, वह उसकी जटिलताओं का समाधान खोजना चाहता था। वह उसे यह अहसास कराना चाहता था कि दिखावे भ्रामक होते हैं।

''मैडम मुझे लगता है कि उन पर इतनी जल्दी भरोसा नहीं करना बेहतर है। वे आपके लिए अज्ञात हैं। क्या आपने ऐलिस के बारे में कुछ महत्वपूर्ण जानकारी एकत्र की है? मुझे उम्मीद है कि कुछ भी गंभीर नहीं है!''

''जिस घर में मैं आज गई वह एक गुलामों के लिए अस्पताल है जिसमें युवा भारतीय और अंग्रेज बीमार लड़कियां हैं जिन्हें वेश्यावृत्ति के इस गंदे काम में फेंक दिया जाता है। मेरी ऐलिस, इतनी मासूम और पवित्र, भगवान जाने उन्होंने उसके साथ क्या किया है'' मिरांडा सुबकने लगी और उसका गला लगभग भर गया।

वह अपने आँसुओं पर काबू नहीं रख सकी और दिल खोलकर रोई, ''ओ ऐलिस! मैं तुम्हारी मदद करना चाहती हूँ....किसी भी कीमत पर.... आसमान की हद तक जाकर .... तुम्हारे लिए मैं सारी हदें पार कर जाऊँगी .... मेरी सखी....हमसफ़र.... उम्मीद करते हैं कि तुम्हें इन भूखे... बीमार ने इस्तेमाल नहीं किया होगा अगर हाँ तो सब ख़त्म... हो गया अंत... शायद... एक शुरुआत।'' उसकी रक्त-लाल अश्रुपूर्ण आँखें और सूजे हुए गाल। वह और भी आकर्षक लग रही थी।

वह अपने आप को रोक नहीं सका, इसलिए वह अपनी कुर्सी से उठा और मेज पर रखे जग से एक गिलास में पानी डाला। उसने उसे गिलास देने की कोशिश की लेकिन वह असांतवनीय थी। उसने एक हाथ से उसका कुर्ता पकड़ लिया। वह उसके साथ कोई शारीरिक संपर्क नहीं रखना चाहता था। उसने गिलास उसके होठों पर रखकर उसे पानी पिलाया। गिलास रखते-रखते उसने उसके हाथों को पकड़ लिया और अपना गीला चेहरा उस पर रख

दिया। उसने उन्हें वापस खींचने के बारे में सोचा लेकिन उसकी दयनीय स्थिति को देखते हुए नहीं किया।

''इस शहर में आपके अलावा कोई नहीं है जिसके साथ मैं इस गंदे रहस्य को साझा कर सकती हूं। मेरी माँ की मृत्यु के बाद पिताजी और एलिस ही वह दो लोग हैं जिनके साथ मैं अपनी सारी समस्याएं साझा कर सकती थी। तुम अजनबी हो लेकिन इन चंद दिनों में तुम मेरे साथ खड़े रहे। पिताजी ऐलिस को खोजने में मेरी कभी मदद नहीं करेंगे क्योंकि मामला अंग्रेज सैनिकों से जुड़ा है। मैं तुम्हारी शुक्रगुज़ार हूँ,'' उसने अभी भी सुबकते हुए और उसका हाथ पकड़ कर कहा। वह निकटता से अनजान थी।

कुछ हद तक, उन्होंने कुछ अस्पष्ट तथ्यों को समझ लिया था। हालाँकि मिरांडा सभी साहसिक कार्यों को करने के लिए मानक स्थापित कर रही थी, लेकिन वह एक नरम दिल और गुणी लड़की थी। उसे यह भी एहसास हुआ था कि वह उसके इतने करीब खड़ा था। उसने अपना हाथ नीचे रखा, रूमाल से अपना चेहरा पोंछा और कुर्सी से उठ खड़ी हुई। अपने उलझे हुए बालों को और पीले-चेहरे के साथ, वह आसमान से उतरी हुई कोई दिव्य शक्ति की तरह लग रही थी। वह उससे आँखें नहीं हटा पा रहा था।

वह अभी भी उसके इतने करीब खड़ा था कि उसकी गहरी सांसें सुनाई दे रही थीं। वह उसके साथ बातचीत करने लगा क्योंकि वह केवल अपने शब्दों से उसे सांत्वना दे सकता था, ''मैडम आपको आराम की जरूरत है ... अगर हम असफल साबित हुए तो कुछ कदम उठाए जाएंगे ... भगवान उस पर अपना आशीर्वाद बनाए रखें ... वह सुरक्षित हाथों में रहें।''

''सब कुछ गहरा और गहरा है... एक कुएँ की तरह... वह बहुत खतरे में है। मेरा दिमाग लगभग निष्क्रिय है... यदि आप बुरा न मानें। मैं अकेले रहना पसंद करूंगी।''

''बिल्कुल नहीं... कल सुबह तक आप और ताकत हासिल कर लेंगी। गुड नाईट मैडम.... रात के खाने के लिए धन्यवाद।''

उसने उसे ''शुभ रात्रि'' कहा और उसे एहसास हुआ कि काफी देर हो चुकी थी ... घड़ी में साढ़े ग्यारह बज रहे थे।

अगली सुबह 7 बजे मिरांडा घंटी बजने की आवाज पर अचानक झटके से उठी। वह बिस्तर से बाहर निकली, अपनी चप्पलें और ओवरकोट पहना, और कमरे से बाहर आ गई।

जेनी पिछली रात की क्रॉकरी ठीक कर रही थी जब वह उसके पास आई और उसके कान में फुसफुसाई।

''जेनी यह अजीब आवाज कहाँ से आ रही है?''

''मुझे लगता है कि गेस्ट रूम से मैडम।''

झमाझम बारिश हो रही थी और ढलानों से नीचे बहते पानी से पहाड़ियां जगमगा रही थीं। अतिथि कक्ष बगीचे के पास स्थित था। जेनी उसके लिए एक छाता ले आई लेकिन उसने खुद उसे हाथ में ले लिया। बाग गेंदे और गुलाब के फूलों से लहलहा रहा था। उसने बीच का रास्ता पार किया, जो पत्थर का बना था। जैसे ही वह वहाँ पहुँची आवाज तेज हो रही थी इसलिए उसने धीरे से दरवाजे को थपथपाया। दरवाजा थोड़ा सा खुला हुआ था और उसने योगेश्वर को हाथ जोड़े बैठे और कुछ बुदबुदाते हुए देखा। बीच-बीच में वह अपने दाहिने हाथ से पीतल की छोटी-सी घंटी बजा रहा था। प्रार्थना करते समय वह बहुत शांत और पवित्र लग रहा था। उसमें कोई चुंबकीय शक्ति थी जो उसे अपनी ओर खींच रही थी। उसने सोचा कि शायद यह प्रार्थना करने की भारतीय शैली थी। वह कुछ मिनट तक वहीं खड़ी रही और फिर अपने कमरे में लौट आई क्योंकि वह उसे परेशान नहीं करना चाहती थी।

मिरांडा 11 बजे तक एक हरे, घुटने की लंबाई वाली ऊनी फ्रॉक और सैंडल में तैयार थी। उसने उसे पोर्च पर सफेद शर्ट, नीली पतलून और हाथ से बुना हुआ सफेद कार्डिगन पहने देखा। वह पिछले दिन से ज्यादा खूबसूरत लग रहे थे। वह उसके पास गई। उसे देखते ही वह उठ गया और वे कार की ओर चल

दिए। वह बहुत हल्का महसूस कर रही थी क्योंकि पिछली रात वह अपने दिल की बात करके रोई थी।

उसे उसके पहने हुए रंग, उसकी पोशाक और उसकी काली आँखें पसंद थीं। उसने महसूस किया कि उसमें कोई जादू है, इसके साथ एक अजीब सा संबंध है।

कार की आगे की सीट पर बैठ कर उसने जिज्ञासा से पूछा, ''आप किस भगवान की पूजा करते हैं? मैं सुबह आपके कमरे में उन घंटियों को सुन कर आई थी। आप अपनी प्रार्थना में इतने मग्न थे कि आप मुझे सुन भी नहीं सकते थे?''

वह ड्राइवर की सीट पर बैठ गया और उससे पूछा ''ठीक है... आपको मेरे साथ शामिल होना चाहिए था। मैडम आपने धन्य महसूस किया होगा .... अजीब लगा होगा लेकिन ... हम भारतीयों के पास तैंतीस करोड़ देवी-देवता हैं। मेरे कमरे में रखी मूर्तियां भगवान कृष्ण और राधा हैं। भारतीयों द्वारा उनकी पूजा की जाती है साथ ही साथ कुछ अंग्रेजी देशों में भी। आपने अपने देश में भक्तों को गेरुआ वस्त्र पहने हुए देखा होगा जिनके माथे पर चंदन का टीका होता है। वे ज्यादातर वृंदावन, उनके जन्मस्थान पर जाते हैं। यह मेरी माँ द्वारा मुझे उनकी मौत के पहले दी गई सबसे मूल्यवान वस्तु है।''

''आपकी मां के खोने के बारे में सुनकर दुख हुआ। मैं भगवान के प्रति आपकी भक्ति की प्रशंसा करती हूं... वह परम हैं... मुक्तिदाता हैं... भगवान हमारी मदद के लिए हाथ बढ़ाएंगे।''

''मैं एक मिशन पर हूँ... पहले मुझे यह देखने दें पता नहीं कि मैं घर में प्रवेश करती हूँ या नहीं... मुझे यकीन नहीं है...संयोग से मैं आज वहाँ पैर रखने में सफल होती हूँ ... मुझे आज कुछ अतिरिक्त समय चाहिए अगर दो लड़कियां किसी भी तरह की मदद करेंगी,'' उसने उसे रास्ते में बताया।

''मैडम कभी-कभी रूप भ्रामक होते हैं; क्या आप उन पर भरोसा कर सकती हैं? मैं नहीं कर सकता। यदि कोई संदेह पैदा होता है तो बस एक कदम पीछे हट जाइएगा। अपनी जान जोखिम में मत डालिए।''

वे बेकरी की दुकान पर पहुंचे, वह कार से उतर गई लेकिन अंदर जाना पसंद नहीं किया।

योगेश्वर को कॉफी हाउस में इंतजार करने की आदत हो रही थी। वेटर उसकी आदतों का आदी हो रहा था। वह जानता था कि यह आदमी घंटों बैठा रहेगा और हर एक घंटे के बाद यह आदमी दूसरा प्याला मंगवाएगा।

उसने अपना चेहरा ढकने के लिए अपनी हथेली रखी क्योंकि सूरज की बिखरी हुई किरणें उन पर पड़ रही थीं। उसने उसे फिर से अपनी हरी पोशाक में गली में चलते हुए देखा। उसने मकान नंबर 22 के गार्ड को धूप सेंकते हुए देखा। मकान नंबर 23 के छह फुट लंबे दो गार्ड गेट पर खड़े होकर अपनी ड्यूटी कर रहे थे।

पहरेदारों ने उसे देखा और सीधे उसके पास गए और उसे रोक लिया। उनका आधिकारिक रूप देखकर उसका चेहरा पीला पड़ गया। वे कठोरता से पूछने लगे। ''किसने आपको यहां से चलने की अनुमति दी! ... कृपया वापस जाओ मैडम।''

मिरांडा ने एक त्वरित उत्तर के बारे में सोचा, ''मैं बस टहल रही थी नीचे... मैं इस खूबसूरत गर्मी की राजधानी की यात्रा पर एक पर्यटक हूं... बस इस प्रसिद्ध सड़क को देखना चाहती थी।''

''मैडम यह एक प्रतिबंधित क्षेत्र है लेकिन आप गली में चल सकती हैं... फिर भी... आप अगले पांच मिनट में वापस आएँगी।'' उसके चेहरे पर काफी प्राकृतिक अभिव्यक्ति थी, आश्चर्य की नहीं। वह देर नहीं करना चाहती थी क्योंकि उन्होंने समय तय कर किया था।

उसे गली की आदत हो गई थी और वह जल्दी से पीछे के गेट पर पहुँच गई। पहरेदार उनकी बातों में लीन थे और वह इसका फायदा उठाना चाहती था। लगभग एक बजे का समय था जब वह उस गेट से मकान नंबर 21 में दाखिल हुई जो किसी भी पल गिर सकता था। उसकी निगाहें दोनों लड़कियाँ की तलाश में थीं। किसी तरह, वह पंजों की नोंक पर चलती है और मार्ग पर पहुँच जाती है।

अंदर अंधेरा था और वह रसोइयों को हँसते और बर्तन धोते सुन सकती थी उसे याद आया कि वह सदियों से नहीं हँसी थी। वह और अधिक तनाव में आ गई और उसे लगा कि उन्हें पीटना चाहिए।

उसने पर्दे से झाँका लेकिन उसे दोनों लड़कियाँ नहीं मिलीं। उसे उसकी बातें याद आ गईं। अचानक उसे लगा कि उसके पीछे कोई खड़ा है। वह गतिहीन हो गई और लगभग सांस लेना बंद कर दिया। वह मुड़ने ही वाली थी कि पीछे से किसी ने उसका हाथ पकड़ लिया। उसने खुद को छुड़ाने के लिए काफी संघर्ष किया लेकिन असफल रही।

''छोड़ो मुझे... बदमाश... दुष्ट ... धोखेबाज़'' वो दर्द से कराह रही थी।'' किसी ने पीठ पर सख्त चीज से वार किया ''ओह! ओह! हे मेरे भगवान ... तुम सबको तुम्हारे पापों की सजा मिलेगी... नरक में जाओगे!'' वह गरज रही थी और उसकी आवाज गूंज रही थी।

''चुप रहो... रुको... जल्दी लाओ... उसे खामोश करना है।''

चेहरा तो नहीं दिख रहा था लेकिन उसकी पकड़ से वह समझ सकती थी कि यह कोई पुरुष है। अपनी भीगी आंखों से वह नीले रंग की पोशाक में एक नर्स को रुमाल लिए अपनी ओर आते हुए देख सकती थी। नीली वाली महिला ने उसे जबरदस्ती उसकी नाक पर रख लिया। मिरांडा महसूस कर सकती थी कि उसका शरीर गतिहीन हो रहा है और उसकी आँखें बंद हो रही हैं। उसे उस आदमी की धीमी आवाज सुनाई दे रही थी जो कह रहा था, ''उसे अंदर के कमरे में ले जाओ।''

अध्याय 3. हाउस नंबर 23

वह चिड़ियों की चहचहाहट से जाग उठी। मिरांडा ने धीरे से अपनी आँखें खोलीं और खुद को एक सख्त बिस्तर पर लेटा हुआ पाया। अंधेरा होने को था इसलिए उसे होश आया कि या तो देर शाम थी या सुबह थी। पक्षी या तो निकल रहे थे या अपने घोंसलों में लौट रहे थे। उसने बैठने की कोशिश की लेकिन फिर से बिस्तर पर गिर पड़ी। उसका पूरा शरीर दर्द कर रहा था। उसने चारों ओर देखने की कोशिश की और खुद को एक छोटे से कमरे में एक दरवाजे और एक बड़ी खिड़की के साथ पाया। छोटा दरवाजा बंद था और खिड़की में लोहे की सलाखें थीं। खिड़की से एक विशाल पत्थर की दीवार दिखाई दे रही थी और कोई मानवीय आवाज़ सुनाई नहीं दे रही थी।

वह अभी पूरी तरह से होश में नहीं आई थी। उसने पिछले दिन की घटनाओं को याद करने की कोशिश की लेकिन अपने दिमाग पर दबाव नहीं बना सकी। उसने अपनी आँखें पूरी तरह से खोलने की कोशिश की लेकिन ऐसा नहीं कर सकी।

उसका गला सूख गया था और वह चिल्ला भी नहीं पा रही थी लेकिन वह प्यासी थी। खिड़की से एक भी मानव आत्मा दिखाई नहीं दे रही थी उसने कमरे के कोने में एक पुराना स्टील का जग और एक गिलास पड़ा देखा। बड़ी मुश्किल से वह बिस्तर से उठी, लेकिन चल नहीं पाई तो रेंगते हुए जग तक पहुँची। उसकी प्यास बुझाने के लिए बहुत कम पानी था। वह रेंग कर वापस बिस्तर पर आ गई लेकिन बिस्तर की ऊँचाई के कारण वह ऊपर नहीं चढ़ सकी।

फर्श गीला था और वह कपड़े भी नहीं देख पा रही थी जो उसने पहने हुए थे। उसने निश्चित रूप से अपने कपड़े नहीं पहने थे। इस अजीब और गोपनीय कमरे में, उसे अपने शरीर पर सफेद सूती गाऊन दिखा।

वह बेहोश होकर फर्श पर गिर पड़ी। क्लोरोफॉर्म का असर अभी खत्म नहीं हुआ था। उसने अनुमान लगाया कि उसे बंदी बना लिया गया था।

जोर से आवाज के साथ दरवाजा खुला और मिरांडा ने अपनी अधखुली आंखों से दो नर्सों को कमरे में प्रवेश करते देखा। वह फर्श पर पड़ी थी और उसे होश आ गया था। उसका पेट ऐसे मथ रहा था जैसे कोई अप्राकृतिक चीज उसकी रगो में घुस गई हो, उन्होंने उसे दोनों तरफ से पकड़ लिया और उसे बिस्तर पर लिटा दिया। उसे चक्कर आ रहे थे और वह पलंग पर बैठ भी नहीं पा रही थी।

''मैं कहाँ हूँ? कृपया मुझे बताओ। तुम मुझे क्यों लाए हो?'' मिरांडा जोर से रोई लेकिन उन दोनों के होंठ सख्ती से बंद रहे। उन्होंने एक नीली भारतीय पोशाक पहनी हुई थी, उनके चेहरे कठोर, भावशून्य थे। उन्होंने उसे एक कंबल से ढक दिया और उससे कहा।'' बेहतर है कुछ खा लो क्योंकि हम तुम्हारे लिए चाय और डबल रोटी लाए हैं।''

''मैं कुछ नहीं खाऊँगी... जब तक तुम मुझे इस जगह के बारे में नहीं बताओगे,...वह बड़ी कठिनाई से शब्द निकालते हुए ऊंची आवाज में चीखकर बोली। उसने चाय और डबल रोटी को दूर धकेल दिया और गुस्से से भरी हुई बोली। ''तुम जैसी गंदी औरतें जो इस खूनी धंधे में जवान लड़कियों को भेजकर बीमार... नापाक... बनाती हो।" इतना कहकर वह जोर-जोर से रोने लगी। उसने दोनों महिलाओं को अपने दोनों हाथों से जोर से धक्का दिया उसने कुछ बोलने की कोशिश की लेकिन उनमें से एक ने उसे इतना जोर से थप्पड़ मारा कि वह अपने बिस्तर पर गिर पड़ी।

वह अपनी दैनिक प्रार्थना करने लगी और अपने कमरे में देखी हुई मूर्तियों को याद करने लगी। वह रोती रही और उसने चाय और पाव की ओर देखा तक नहीं। उस गंदे कमरे में खिड़की के अलावा और कहीं से रोशनी नहीं आ रही

थी। बाहर घना अँधेरा था। अपने जीवन के इन बीस वर्षों में वह कभी ऐसे कमरे में नहीं रही थी लेकिन उसकी हालत ऐलिस से कम दर्दनाक थी, उसने सोचा।

वह एलिस की खातिर सारा दर्द बर्दाश्त कर सकती थी। शायद भगवान उसकी खोज को आसान बना रहे थे।

''कितने दिन से यहाँ फंसी हुई है? क्या योगेश्वर अभी भी उसका इंतज़ार कर रहा था? क्या उसके पिता को एलिस के बारे में पता चल गया है? अब उसका क्या होगा?'' उसके मन में कितने ही सवाल कौंध रहे थे और वह इस प्रेतवाधित जगह में बेबस पड़ी थी।

खिड़की से प्रवेश कर रही चांदनी को छोड़कर कमरे के अंदर अंधेरा था। मिरांडा को चलने में कठिनाई हो रही थी, इसलिए उसने कंबल हटा दिया, अपने पैरों को ऊंचे बिस्तर से धीरे-धीरे नीचे रखा और उठने की कोशिश की। फर्श बर्फ की तरह ठंडा था और इसने उसकी रीढ़ की हड्डी तक को कंपकंपा दिया। उसने अपने लिए जगह बनाने के लिए अपने हाथ फैलाए और जैसे ही उसने एक कदम आगे बढ़ाया उसके पैर उसके पहने हुए गाउन में फंस गए। वह एक झटके के साथ गिरी और उसके टखने में फिर से चोट लग गई। वह जोर-जोर से रोने लगी लेकिन उसे दिलासा देने वाला कोई नहीं था। इस गंदे कमरे में अकेली लेटी थी, नींद उसकी आँखों से कोसों दूर थी।

अगली सुबह सूरज चमक रहा था और मिरांडा ने खुद को बेहतर स्थिति में पाया। सख्त बिस्तर पर लेटे उसके अंगों में भयानक दर्द हो रहा था। उसने किसी को दरवाजा खोलते हुए सुना और दो अंग्रेज महिलाएँ उसके कमरे में दाखिल हुईं। वे देखभाल करने वाली लग रही थीं।

''हम आपके लिए ये कपड़े लाए हैं। हम आपको वॉशरूम ले जाएंगे, जहां आप नहा सकती हैं और कपड़े बदल सकती हैं। चालाकी करने की कोशिश न करें, हम बाहर आपका इंतजार करेंगे,'' भूरे बालों और पतले होंठों वाली ने कहा।

मिरांडा बिस्तर से नीचे उतरी और बिस्तर के एक कोने को पकड़कर उठने की कोशिश करने लगी। उसने बहाने नहीं बनाए बल्कि अपने हाथ से कपड़े उतार कर उनके पीछे हो ली। वह किसी भी तरह इस जगह पर कब्जा करना चाहती थी। उसने ताकत हासिल करने की कोशिश की और उसकी आंखें एलिस को खोजने में लगी थीं। वाशरूम कमरे से दूर था और वहाँ पहुँचने में लगभग पाँच मिनट लग गए। दायीं ओर, उसने कमरों की एक कतार देखी, जिन पर नंबर सफेद रंग में रंगे हुए थे। कुछ पर ताला लगा था तो कुछ खुले थे। कमरों का भीतरी दृश्य स्पष्ट नहीं था। बाईं ओर कांच की खिड़की थी जिससे पहाड़ियों और पर्वत की चोटियों के बाहरी दृश्य ने उसे यह सोचने पर मजबूर कर दिया कि शायद वह अभी भी शिमला में है।

उन्होंने वॉशरूम का दरवाजा खोला और उसे अंदर धकेल दिया। उसने जल्दी से दरवाजे की कुंडी लगा दी। वह दीवार से टिक गई और नल को पकड़ लिया। उसकी आंखों में आंसू आ गए और वह बीमार महसूस करने लगी। उसने काफी समय से खाना नहीं खाया था इसलिए कमजोरी और थकान महसूस कर रही थी। खिड़की पर एक बाल्टी और इस्तेमाल किया हुआ साबुन एवम मग पड़ा था। उसने अपने कपड़े नल पर लटका दिए।

बाईं दीवार पर चारकोल की मदद से कुछ नाम लिखे हुए थे। उसने उन्हें सूरज की रोशनी में पढ़ने की कोशिश की जो छोटी खिड़की से अंदर आ रही थी। उसने कोने में पड़ा चारकोल का छोटा टुकड़ा उठाया और उस पर एलिस और मिरांडा नाम लिखा। उसने सोचा कि शायद इससे कुछ मदद मिले।

दरवाजे पर लगातार दस्तक ने उसे जल्दी से नहाने के लिए मजबूर कर दिया। उसने दरवाज़ा खोला और देखा कि दो भयानक औरतें बाहर खड़ी हैं। उनमें से एक अंग्रेज नर्स थी और दूसरी भारतीय। वे उसे वापस कमरे में ले गई और उसे एक स्टील की थाली में एक ठंडा पाव और दो बिस्कुट दिए।

''मैं यह तब तक नहीं खाऊंगी जब तक आप मुझे मेरे घर वापस नहीं भेज देते। धोखेबाजों, मैं उनमें से नहीं हूं। तुम सभ्य लड़कियों के जीवन के साथ खिलवाड़ नहीं कर सकती। भारत आकर यह अश्लील धंधा करने से वे हमेशा के लिए देश से हाथ धो बैठेंगी।''

मिरांडा की बातें इतनी चौंकाने वाली थीं कि उन दोनों को यह विश्वास करना मुश्किल हो गया कि एक अंग्रेज लड़की अपने लोगों के प्रति इतनी घृणास्पद हो सकती है। उसने हमेशा अपने लोगों को महान नेता होने की कल्पना की थी विकासशील देशों की। वे जमीन से जुड़े हुए और अपने व्यवसाय के प्रति ईमानदार थे। लेकिन इस छिपे हुए पहलू ने उसके मन में अपने लोगों के लिए नफरत पैदा कर दी। असली सच छुपाया गया था।

''बेहतर होगा कि तुम ना सो क्योंकि हम आधे घंटे में वापस आ रहे हैं।'' अंग्रेज नर्स ने उससे कहा और दरवाजा बाहर से बंद कर दिया।

मिरांडा घुटने तक की सफेद पोशाक और काली शॉल में स्थिर खड़ी रही। सब कुछ इतना भयानक होने के कारण उसके हाथ-पैर सुन्न होने लगे। वह बिस्तर पर बैठ गई और पवित्र आँसू की एक बूंद उसके गाल पर गिर पडी। वह कांपने लगी तो उसने खुद को कंबल से ढक लिया। सेक्स उसके लिए कभी भी चर्चा या रूचि का विषय नहीं रहा।

उसने अपनी कॉलेज की सहेलियों को लड़कों के साथ-साथ पुरुषों के साथ भी शामिल होते देखा था। उसकी रुचि एक उद्यमी बनने और कुछ योग्य करने में थी। वह अपने प्रचंड सपने में भी नहीं सोच सकती थी कि भारत देश इतनी सारी आश्चर्यचकित करने वाली चीजों लोगों से भरा होगा।

वह खुद को एक वेश्या के रूप में ब्रिटिश सैनिकों के पास ले जाए जाने की कल्पना करने लगी। दोनों महिलाएं उसे घसीट कर एक पहाड़ी पर स्थित टेंट हाउस ले गई। एक अधेड़ उम्र का घनी मूँछों वाला मोटा आदमी टेंट के अंदर कुर्सी पर बैठा था।

वह उठ खड़ा हुआ और उसे पीछे से पकड़ लिया। वह भागना चाहती थी लेकिन गिर गई। उन दोनों ने उसे छोड़ दिया और वह उस आदमी के साथ अकेली रह गई जो उसके पिता की उम्र का था। वह उसके पास आया और उसे जबरदस्ती बिस्तर पर धकेलने लगा। उसे उल्टी जैसी महसूस हुई जब अचानक उसने किसी को दरवाज़ा खोलने की आवाज़ सुनी, वह अपने सामान्य रूप में वापस आ गई।

''कौन से नरक में वे उसे अभी ले जा रहे हैं?'' उसके मन में सवाल उठा। उन्होंने उससे कहा कि वे उनका पालन करें। मिरांडा की निगाहें उस घर के सभी विवरणों को देख रही थीं जिसमें वह थी। दस मिनट के बाद वे बगीचे को पार कर गए और पिछवाड़े में स्थित एक स्थान पर पहुँच गए। जब तक वे वहाँ नहीं पहुँचे तब तक वे उसे लगातार देखते रहे। वह कमरे के बाहर अधिक से अधिक घबराई हुई थी, यह काले रंग से लिखा था ''डिस्पेंसरी।'' मिरांडा को कमरे में लाने के लिए दो नर्सों को उसे खींचना पड़ा।

वह एक छोटा सा कमरा था जिसमें डॉक्टर के लिए मेज और कुर्सी थी। दोनों खिड़कियों के पास दो बेड पड़े थे। दीवारों को सफेद पेन्ट किया गया था और कोने में एक बेसिन और नल था। डाक्टर की टेबल पर स्टेथोस्कोप, एक रजिस्टर, पेन, छोटी कांच की बोतलों में कुछ सिरप और एक जोड़ी दस्ताने रखे थे।

''डॉ. ग्रीन हम उसे ले आए हैं, अब आप अच्छी तरह जांच कर सकते हैं। अगर वह फिट है, तो हम उसे आज भेज सकते हैं, अंग्रेज नर्स ने कहा।'' उसके दिमाग में नाम कौंध गया क्योंकि उसने मकान नंबर 21 में उसकी बातचीत सुनी थी।

वह क्या जांच करने जा रहा था? उसे कहां भेजते हैं? उसके मन में कुछ आभास हुआ। वह निष्कर्ष का रेखांकन कर रही थी कि ऐलिस भी इस सब से गुज़री होगी।

जब दोनों नर्सें डॉक्टर से बात करने में व्यस्त थीं मिरांडा दरवाजे की ओर चली। वह जितनी तेजी से भाग सकती थी दौड़ी और उन दोनों ने अपनी आवाज के शीर्ष पर चिल्लाते हुए उसका पीछा किया। वह बगीचे को पार करके तब तक दौड़ती रही जब तक कि वह मुख्य द्वार पर नहीं पहुंच गई। उसकी आँखें योगेश्वर को भी खोज रही थीं क्योंकि वही उसका रक्षक था। इसी दौरान दो गार्ड ने उसे पकड़ लिया। उसकी सांस फूल रही थी, लेकिन उसकी नजर जिस चीज पर पड़ी वह मुख्य द्वार के पास लिखा मकान का नंबर था। यह मकान संख्या 23 था; वह स्थान जिसके लिए वह अपना बलिदान दे रही थी। यह नंबर महीनों से उसे सता रहा था। उसने अपनी दयनीय स्थिति

और वेश-भूषा को देखा। वह अपनी संतुष्टि का इजहार भी नहीं कर सकीं। वह ऐलिस को बताना चाहती थी कि वह आखिरकार उस घर में पहुंच गई है जहां वह उसे रखना चाहते थे। अगर वह अब तक यहां होती तो इस घर में उसका यह आखिरी दिन होता। उसे आभास हो रहा था कि उसकी मंजिल नजदीक है।

गार्ड और नर्सें उसे वापस उसी कमरे में ले गये। डॉ. ग्रीन खरगोश की तरह अपनी भूरी आँखों वाला अल्बिनो था। उनके मन में लड़कियों के लिए कोई नर्म रूख नहीं था क्योंकि वह एक वेतनभोगी नौकर था। ''बेहतर होगा आप जांच करा लें नहीं तो हम आपको फिर से बेहोश कर देंगे,'' डॉक्टर ने आदेश दिया।

मिरांडा ने जोर से सांस लेते हुए कहा, ''आप क्या जांच करने जा रहे हैं? छोटी-मोटी समस्याओं को छोड़कर किसी पुरुष डॉक्टर ने कभी भी मेरी जांच नहीं की है।'' उसने गार्ड और नर्सों को जाने का आदेश दिया और दरवाजा बंद कर लिया। उसकी हालत बद से बदतर होती जा रही थी और वह पलंग के पास वाली कुर्सी पर बैठ गई।

डॉक्टर ने उसके मुंह में थर्मामीटर रखा और उसे शांत रहने के लिए बोला। दो मिनट बाद उन्होंने उसे बाहर निकाला और कहा, तबियत ठीक नहीं है और तुम्हें बुखार हो रहा है। हम कल आपका अंदरूनी चेक-अप करेंगे?

मिरांडा ने राहत की सांस ली। बाहरी जांच सहने योग्य लेकिन आंतरिक शब्द ने उसे शुद्धता हारने का विचार दिया। उसने अपना कौमार्य सँजोकर रखा था। ऐलिस एक अवसादग्रस्त दशा में होगी और इन औरतखोरों के लिए खुद को बलिदान कर दिया होगा।

''मुझे आशा है कि आप उस नौकरी से परिचित हैं जो आप को करनी पड़ेगी।
''नहीं,'' उसने गुस्से भरे लहजे में जवाब दिया।

''आप एक यूरोपीय हैं, मुझे लगता है और आपको इस जगह उन ब्रिटिश अधिकारियों को खुश करने के लिए लाया गया है जो परिवार से दूर रह रहे हैं। पुरुषों के लिए शारीरिक सुख एक आवश्यकता है। आपको कल लाइसेंस

दिया जाएगा, इसलिए अपना नाम, आयु दें। सभी भारतीय और यूरोपियन लड़कियां स्वेच्छा से यह बिजनेस कर रही हैं।

वह इन अंग्रेजों के प्रति घृणा के भाव से भर उठी थी। अस्पष्ट तस्वीर कुछ-कुछ दिखाई दे रही थी। ऐलिस की खोज उसके सामने एक नया दृष्टिकोण लेकर आई। वह एक अकेली लड़की की तलाश कर रही थी लेकिन शायद हजारों लोग अनजाने में इस गंदे धंधे में आ गए होंगे।

''यह लड़की अस्वस्थ है इसलिए बाकी की जाँच कल होगी। उसे अकेला मत छोड़ो। वह आज छात्रावास में रह सकती है। उसे ये दवाएँ लेनी हैं'' उसने दोनों नर्सों को दवाएँ दीं। उन्हें उसे अपने साथ चलने के लिए मजबूर नहीं करना पड़ा क्योंकि वह लगन से उनका पालन करती थी।

शयनगृह शब्द ही उसे एलिस के करीब लाता प्रतीत होता था कम से कम वह किसी ऐसे व्यक्ति से मिलेंगी जो उसे एक सुराग प्रदान करेगा।

दूसरी तरफ शयनागार था। कमरे कहीं नजर नहीं आ रहे थे।

उन्होंने शयनागार खोला और मिरांडा ने धीरे से अपना चेहरा ऊपर उठाया। उसकी भेदती हुई आँखों ने सादे रंग की चादरों के साथ लोहे के कई बिस्तरों को देखा। कुछ लड़कियाँ बैठी थीं, जबकि अन्य समूह में खड़ी होकर गपशप कर रही थीं। उसे चौदह नंबर बिस्तर पर ले जाया गया। उन्होंने उसकी मदद के लिए एक भारतीय लड़की को बुलाया। भारतीय लड़की उसे बिस्तर पर ले गई। वह बिस्तर पर जाकर बैठ गई और देखा तो ज्यादातर लड़कियां उसे घूर रही थीं।

उसने सोचा कि योगेश्वर कितने कठिन दौर से गुजर रहे होंगे। वह जानती थी कि उसने कई दिनों तक न सोया होगा और न ही कुछ खाया होगा। उनकी हालत खराब हो रही होगी क्योंकि उसे इतने लोगों को स्पष्टीकरण देना था।

''जेनी क्या सोच रही होगी!''

''अगर डैडी वापस आ गए होंगे तो उनकी क्या प्रतिक्रिया होगी!''

होश आने के बाद से ही सवाल उसे परेशान कर रहे थे। मिरांडा का दो अंग्रेजी लड़कियों के साथ मिलनसार होने का अनुभव घातक साबित हुआ था। योगेश्वर सही कह रहे थे कि ज्यादातर लोग नकली नजर रखते हैं। उसे उस पर विश्वास करना चाहिए था। इन सभी हादसों के लिए दो लड़कियां जिम्मेदार थीं। उन्हें यकीन था कि उन्होंने उच्च अधिकारियों को सूचित कर दिया था। वह उनसे नहीं मिली थी, लेकिन उन्होंने अपने लोगों के लिए घृणा की भावना पैदा कर दी थी।

बेड नंबर तेरह पर एक भारतीय लड़की चुपचाप बैठी थी। मिरांडा की इस जगह को जानने की जिज्ञासा उसे बिस्तर नंबर तेरह पर ले गई। उसने लापरवाही से उससे अनुरोध किया, ''क्या आप मुझे वॉशरूम ले जा सकती हैं?''

वे मुख्य द्वार की ओर बढीं। वॉशरूम वह नहीं था जो उसने सुबह इस्तेमाल किया था। वहाँ एक पंक्ति में तीन बाथरूम थे। वे उनमें से एक के बाहर खडी थीं और मिरांडा ने इस लड़की के साथ थोड़ा दोस्ताना व्यवहार करने की सोची। हो सकता है कि अंग्रेज़ों की तुलना में भारतीय अपनी वायदों के प्रति अधिक निष्पक्ष और ईमानदार थे। लंबे काले बालों और सुडौल शरीर में वह आकर्षक लग रही थी।

''क्या मैं आपका नाम जान सकती हूँ?'' मिरांडा से पूछा, लेकिन भारतीय लड़की उसे समझ नहीं पा रही थी।

उसने विनम्र तरीके से जवाब दिया, ''लिटिल इंग्लिश।''

''नाम ... नाम,'' मिरांडा ने अपने बदले हुए चेहरे के भावों के साथ कहा, जैसे कि उससे एक सवाल पूछ रही हो।

''मेरा नाम योगिता।''

वह एक भारतीय लड़की को पाकर खुश थी लेकिन वह जानकारी इकट्ठा करने में कोई मदद नहीं करेगी।

''आप किस जगह से हैं ... शहर?''

''मेरी जगह... सोलन।''

''कहाँ ... सोलन?''

''निकट... शिमला,'' योगिता ने उत्तर दिया।

वॉशरूम इस्तेमाल करने के बाद मिरांडा योगिता को लेकर वापस आ गई। बाहर अंधेरा बढ़ रहा था और उसकी खिड़की से पूरा चाँद दिखाई दे रहा था। आसमान साफ था और आसमान में चांदी जैसे तारे झिलमिला रहे थे। वह अपने बिस्तर पर लेटी आसमान को देख रही थी कि अचानक उसे जोर से घंटी बजने की आवाज सुनाई दी।

''खाने का समय...सात बज गए हैं...आप सब अपनी थाली उठाओ और रसोई के बाहर कतार में खड़े हो जाओ,'' सफेद पोशाक में दो अंग्रेज महिलाओं ने कहा, ऐसा प्रतीत होता था कि वे रसोइए के रूप में काम कर रही थीं।

योगिता मिरांडा के पास आई और उसे किचन के ठीक बाहर बने स्टोर रूम में ले गई। टेबल पर प्लेट, गिलास और चम्मच बड़े करीने से रखे हुए थे। उन्होंने बर्तन उठाए और धीरे-धीरे किचन की खिड़की की ओर चल दिए। उसने अपनी प्लेट पकड़ी और रसोइया ने एक प्रकार का दाल का सूप, उबले हुए आलू, और दो चपटे और गोल भारतीय ब्रेड के टुकड़े डाले। किचन के बाहर दो टेबल और कई कुर्सियाँ रखी हुई थीं, वह सब एक-एक करके वहीं बैठ गयीं। खाना खाने के बाद उन्होंने अपने बर्तन और हाथ धोए। इसके बाद वे वापस शयनागार में चले गए।

आठ बज रहे थे जब दो अंग्रेज महिलाएँ शयनागार में उनके पास आईं और लड़कियों को उनके नाम से बुलाना शुरू कर दिया।

''सोनिया, एंजेलीना, हुमैरा, बिंदिया, दीपाली...तुम नवागंतुक हो, अपना नाम बताओ।''

मिरांडा ने अपनी पहचान बताए बिना कहा, ''मैं एलिस हूं।''

''आप सभी छह दस मिनट में तैयार हो जाइए। वरिष्ठ अधिकारी आपसे मिलने आ रहे हैं।''

उनके जाते ही मिरांडा योगिता के पास गई और पूछा, ''तुम नहीं जा रही?''

''वे चुनते हैं... मुझे... योगिता।''

''किसलिए?'' मिरांडा ने गंभीर भाव से पूछा।

''आपका शरीर,'' योगिता ने मिरांडा के शरीर पर अपना हाथ फेरते हुए उत्तर दिया।

वह फिर से काँपने लगी लेकिन उसने योगिता का हाथ हटा लिया और अपनी पोशाक सही करने लगी।

छह लड़कियों को वही अंग्रेज महिलायें मुख्य कार्यालय की ओर लेकर गयीं। वे रसोई के बगल में एक मार्ग पर पहुंचीं जहाँ रसोई में बड़े-बड़े बर्तन धोए जाने की आवाज़ सुनाई दे रही थी, मानो रसोई बंद हो रही हों। तीन मिनट के भीतर वे बंगले की दीवार के पास एक छोटे से गेट पर पहुंच गयीं। यह दोनों घरों के बीच में एक तरह का मार्ग था। दीवार के कोनों पर काले रंग से मकान नंबर 21 लिखा हुआ था। यह बिल्कुल साफ था कि ये घर आपस में जुड़े हुए थे।

सभी लड़कियों को अपने आगे हाथ के ऊपर ऊपर हाथ रखकर चलाया जाता था। लड़कियों के चेहरे पीले पड़ गए थे मानो किसी ने रक्त निचोड़ लिया हो। मिरांडा का शरीर पहले ही गर्म हो चुका था लेकिन उसके हाथ-पैर ठंडे हो रहे थे। उन्हें एक बड़े काले दरवाजे वाले कमरे के बाहर खड़ा कर दिया गया, जो बंद था। वह जानती थी कि वह भय और आपदा की सीढ़ी चढ़ रही है। धीरे-धीरे चीजें और अधिक पारदर्शी होती जा रही थीं।

दोनों महिलाओं ने दरवाजा खटखटाया तो एक गार्ड बाहर आया।

''कृपया सूचित करें कि हम सभी नई लड़की लाए हैं'' गार्ड अंदर गया और एक सेकंड के एक अंश में आता दिखाई दिया और कहने लगा।

''सर इन सबको अंदर बुला रहे हैं... अंदर ले आओ।''

महिलायें सभी लड़कियों को अंदर ले गईं। मिरांडा प्रवेश करने वाली पहली लड़की थी और बाकी लड़कियाँ उसके पीछे-पीछे गयी। उसने अपना सिर झुकाया और हेड ऑफिस की तरफ देखा। अंदर का नज़ारा खौफनाक था। वह बडा कमरा था जिसकी छत ऊंची थी और दरवाजों और खिड़कियों पर नीले पर्दे पडे थे। लकड़ी की एक बड़ी भूरी मेज थी साथ में एक पंक्ति में चार कुर्सियाँ रखी थीं।

चार मध्यम आयु वर्ग के ब्रिटिश अधिकारी बैठे थे। लड़कियों को उनके सामने खड़ा कर दिया गया। उनके उग्र रूप ने उसे बेचैन कर दिया। ऐसा लग रहा था जैसे वे उसके अंदर गहराई में आंतें निकाल रहे हों। ये निर्मम पुरुष भारत में अपनी पत्नियों के साथ थे। अपनी महिलाओं की जानकारी में ये कठोर सच्चाई लाए बगैर युवा, कुआँरी लड़कियों में आनंद की तलाश कर रहे थे।

''उम्मीद है कि उनकी अच्छी तरह से जांच की गई है। नई ब्रिगेड हाल ही में विंटर हिल्स में स्थानांतरित हो गई है और ये सभी लड़कियां कल शाम तक वहां जरूर पहुंच जाएंगी।'' मोटे और छोटे अधिकारी ने कहा।

''जी श्रीमान। इस लड़की को छोड़कर सभी की जांच की गई है क्योंकि वह बीमार है।'' मिरांडा की ओर इशारा करते हुए अंग्रेज महिला ने कहा।

उसी क्षण एक लंबा, सुंदर अधिकारी खड़ा हुआ और उनकी ओर आया। अपनी भूरी भूरी आँखों से वह एक-एक करके उन्हें देखने लगा। सबसे आखिर में वह मिरांडा के पास आया और वहां कुछ सेकंड के लिए खड़ा रहा। उसने जेब से अपना दाहिना हाथ निकाला और अपनी तर्जनी उसके होठों पर रख दी। वह अपनी उंगली धीरे से उसके होठों से उसके सीने तक ले गया। गई। उसके स्पर्श से वह चौंक गई और अपनी आँखें कसकर भींच ली।

''असाधारण रूप से सुंदर! क्या तुम बीमार हो हनी? एक बार जब तुम मेरे साथ रहोगी तो तुम संतुष्ट महसूस करोगी। मेरे बिस्तर पर तुम्हारे जीवन की सबसे खूबसूरत रात होगी,'' उसने मोहक स्वर में कहा।

मिरांडा अपने दिल की धड़कन और जिस्म से अत्याधिक पसीना महसूस कर रही थी। मौसम खराब होने लगा और बादल बिजली के साथ गरजने लगे। तेज बारिश होने लगी। ऐसा लगता था जैसे बाकी लड़कियां उससे ईर्ष्या करती हैं।

वे स्वेच्छा से इस जगह पर आए लेकिन उसके जीवन के लिए यह सबसे कठिन परीक्षा थी।

''यह कब आई?''

''सर, एक दिन पहले, और हमें अभी तक विवरण नहीं मिला है'' लंबी नाक वाली नर्स न कहा।

शब्द ''एक दिन पहले'' उसके चेहरे पर एक सुखद प्रभाव लाया वह अपने ही देश से एक अजनबी के सामने खड़ी थी उसने उसकी गर्दन पर उंगली घुमानी शुरू कर दी और अपने होंठ उसके करीब लाया लेकिन उसने अपना चेहरा पीछे कर लिया।

''आप ऐसी लड़की हैं, जिसके साथ हर अधिकारी सोना पसंद करेगा।''

मिरांडा एक कदम पीछे हट गयी, लेकिन उसने कसकर हाथ पकड़ लिया। उसका हाथ दर्द करने लगा और उसकी आँखों से आँसू बहने लगे।

''रो मत, जानेमन। मैं कल तुम्हारा इंतज़ार करूँगा,'' उसने उसके हाथ छोड दिए।

''कल तक सभी को एक लाइसेंस प्रदान करें और उन्हें कल शाम तक विंटर हिल्स में जाना है,'' दूसरे अधिकारी ने आदेश दिया जिसकी त्वचा तनी हुई थी।

दोनों महिलाओं को कार्यवाही से कोई सरोकार नहीं था, सभी लड़कियां एक-एक करके कमरे से बाहर चली गईं। ऐसा लग रहा था जैसे वे इस गंदे खेल में भागीदार हैं। वे दोनों घरों को जोड़ने वाले गेट से बाहर आए और जैसे ही उसने मुख्य गेट की ओर गर्दन घुमाई, उसने कॉफी हाऊस के बाहर अपनी

लाल रंग की कार देखी। वह योगेश्वर को देखने के लिए तेजी से दौड़ना चाहती थी। वह जानती थी कि वह वहीं बैठा उसका इंतजार कर रहा है। उसका काम अभी भी अधूरा था और वह ऐलिस के लिए एक और रात बलिदान कर सकती थी।

अध्याय 4. एकल सुराग

लड़कियों ने शयनागार में प्रवेश किया, कुछ लड़कियां आवारागर्दी कर रही थीं जबकि अन्य सोने वाली थीं। योगिता अपने बिस्तर पर बैठी थी कि मिरांडा पीले पड़े चेहरे के साथ धीरे-धीरे चलकर आयी। उसने उठकर मिरांडा का हाथ पकड़ लिया और उसे बिस्तर पर बिठा दिया।

''तुम ठीक हो'' योगिता ने पूछा

''नहीं... ये खूनी आदमी,'' मिरांडा ने कांपती आवाज में कहा।

समय उड़ रहा था और परिस्थितियाँ उसके पक्ष में नहीं थीं। उसे अपनी जान जोखिम में डालकर एलिस को ढूंढना पडेगा। उसे परिणाम की सबसे कम चिंता थी।

''तुम यहाँ हो ... कितने दिन से?'' उसने योगिता से पूछा क्योंकि उसने सोचा कि वह उस पर भरोसा कर सकती है।

''एक....बारह....महीने''

''वास्तव में?'' वह अचानक बिस्तर से उठ गई।

''मैं एलिस को ढूंढ रही हूँ ऐलिस।''

''तुम ऐलिस नहीं हो?''

''ऐलिस... खो गयी... मैं मिरांडा हूं''

योगिता ने यह सुनकर एक अजीब सा हाव भाव प्रकट किया जब मिरांडा ने उसका हाथ दबाया ताकि कोई और न देख सके। जो लड़कियां जाग रही थीं वो पहले से ही उन्हें घूर रही थीं।

उसने सोचा कि शायद योगिता ने ऐलिस को देखा था और कुछ जानकारी दे सकती थी।

''आप यह पेशा कर रही हैं ... एक वर्ष से?''

''मैं आई... पिछले जून... मम्मी पापा नहीं हैं... अंकल ने दे दिया।'' योगिता की आँखे नम हो गयीं।

''तुम एक अनाथ हो ... कोई रास्ता नहीं है।''

''मैं आती हूँ... चेकअप... पन्द्रह दिन...एक दिन ... बीस पच्चीस मर्द,'' योगिता ने समझाया।

मिरांडा का दिल डूबने लगा और वह सभी पुरुषों को एक पंक्ति में खड़ा करना चाहती थी। वह फिर एक बंदूक रखती और एक खिंचाव पर सबको गोली मार देती। एक लड़की इतने अंग्रेजों को एक दिन में कैसे संतुष्ट कर सकती है?

वे जानवर थे या इंसान?

वह अपमानजनक था। उसे उलटी महसूस हो रही थी और उसने योगिता का हाथ छोड़ दिया। वह बाथरूम की ओर दौड़ी और योगिता ने उसका अनुसरण किया। उसने मिरांडा को पकड़ लिया जो कमर से आधी मुड़ी हुई थी और उसका सिर वॉशबेसिन में घुसा हुआ था। कुछ मिनट तक उसे उल्टियां होती रहीं और योगिता ने अपने उपर्ने से उसका चेहरा साफ किया।

वे शौचालय के बाहर खडी थी और वह कमजोर और रोगग्रस्त महसूस कर रही थी। उससे बात करने के लिए जगह एकदम सही थी। ''कृपया मदद करिए।'' मिरांडा ने हाथ जोड़कर विनती की।'' मुझे ... ढूंढना है...एलिस... क्या आप मेरी मदद कर सकती हैं?''

''...दिखने में कैसी...आंखें...बाल?''

''वह अंग्रेज मध्यम ऊंचाई, सफेद रंग ... स्लेटी आंखें ...भूरे बाल बहुत सुंदर...नया उसे बंबई से अगवा कर लिया। मिरांडा ने इतनी जल्दी जवाब दिया कि आधे शब्द स्पष्ट नहीं थे। उसने जारी रखा। कोई सुराग....जहां.... कृपया जल्दी बताएँ।

''सितम्बर...में।''

''वह अब कहाँ है?''

''मैं...नहीं – नहीं।''

''तुम यहाँ एक साल से हो और तुमसे बेहतर कोई नहीं बता सकता'' मिरांडा ने उसे इस तरह समझाया जैसे वह बहरी और गूंगी के साथ बातचीत कर रही हो।

''एक बड़ा कमरा... बीमार लड़कियां हैं... तुम देखो,'' उसने शौचालय के पीछे स्थित एक गलियारे की ओर इशारा करते हुए कहा।

पूरी तरह से अंधेरा था और दूर कोने पर उसे एक कमरा दिखाई दे रहा था। रात के कोहरे के कारण कमरा साफ दिखाई नहीं दे रहा था। इतनी सारी लड़कियां जाग रही थीं लिहाजा सुरक्षित नहीं था, इसलिए उसने उस रात वहां जाने का फैसला किया।

''हम ... 12 बजे जाते हैं?'' मिरांडा ने पूछा, जिससे वह सहमत हो गई।

वे वापस चले गई और अपने-अपने बिस्तर पर बैठ गई। वे नहीं चाहती थीं की लोगों का ध्यान उनकी गंभीर बातचीत की तरफ जाए। वे दोनों जगी हुई थीं लेकिन दूसरी लड़कियों के सामने सोने का नाटक कर रहे थीं।

घड़ी में बारह बज गए और मिरांडा अपने बिस्तर से बाहर निकल आई। उसने इधर-उधर देखा और सभी लड़कियों को गहरी नींद में पाया। वह योगिता के बिस्तर पर पहुंची और उसे बाहर आने तक चुप रहने का इशारा किया। पीछे पहुँचने पर मिरांडा फुसफुसायी, ''क्या हमारे पास उस कमरे के बाहर गार्ड हैं!''

''नहीं...कोई गार्ड नहीं...नर्स!''

दोनों दबे पाँव कमरे की ओर बढ़े। इस जादुई घंटे में मिरांडा उससे कहीं ज़्यादा निडर थी। वे दो तीन मिनट में पहुँच गई और देखा कि हरे रंग का पेंट किया हुआ दरवाजा कसकर बंद है, दरवाजे के बाईं ओर मोटे अक्षरों में ''लेबर रूम'' लिखा हुआ था। कमरे को दिए गए नाम को देखकर वह बहुत हैरान हो गई। क्या ये मासूम बच्चियां अपने बच्चों को भी ढो रही थीं!

वे इतने हृदयविदारक कैसे हो सकते हैं!

क्या वे वापस जाने पर इन बच्चों को ले जाएंगे।

क्या ये गुणी कन्याएं अपने बच्चे के पिता का नाम जाने बिना ही गर्भवती हो गईं! भगवान निश्चित रूप से उन्हें उनके पापों का दंड देंगे। रात के इस समय हर कोई व्यावहारिक रूप से अर्धचेतन अवस्था में है। दरवाजे के दोनों ओर की दीवारों पर लगी दो खिड़कियाँ बंद थीं। रात के इस समय में एक भी इंसान की झलक नहीं दिखी। उसने दरवाजे को धक्का देने की कोशिश की लेकिन अंदर से कुंडी लगी थी। दाईं ओर की विशाल खिड़की थोड़ी खुली थी। मिरांडा ने अपना दाहिना हाथ अंदर रखा और यह देखने के लिए खोल दिया कि क्या वह अंदर के कमरे को देख सकती है। खिड़की थोड़ी खुल गई और अंधेरे कमरे में हल्की चांदनी रोशनदान के माध्यम से प्रवेश कर रही थी, बिस्तरों की एक पंक्ति दिखाई दी, कुछ बिस्तर खाली पड़े थे, जबकि बाकी महिलाएं सो रही थीं। सो रहे लोगों के चेहरे नजर नहीं आ रहे थे।

''ऐलिस ... ऐलिस,'' मिरांडा ने धीमी आवाज में कहा।

वह घर संख्या 23 में एलिस को पाने की उम्मीद के साथ जी रही थी। यही एकमात्र कमरा बचा था और शायद उसकी एलिस बेबस थी। वह इस मुकाम पर अंग्रेज़ों के हाथों पहुँची थी।

अचानक उसने दो पहरेदारों को सीटी बजाते सुना और ऐसा लग रहा था जैसे वे उनकी ओर चल रहे हों। उसने योगिता का हाथ पकड़ लिया और बगीचे में झाड़ियों के पीछे छिपने के लिए भागी। घने कोहरे के कारण दृश्यता कम हो

गई थी इसलिए वे लेबर रूम के मुख्य द्वार तक आ गईं और इधर-उधर देखने लगीं। पहरेदारों के जाते ही वे झाड़ियों से बाहर आ गईं। मौसम ठंडा हो रहा था और ठंडी हवा चल रही थी। मिरांडा ने अब पीछे मुड़कर नहीं देखा और वह फिर से खिड़की के पास पहुंच गई।

उसने कमरे से किसी के तीव्र दर्द में होने की आवाज सुनी।

'' बचाओ बचाओ मैं और ज्यादा दर्द नहीं सह सकती...कृपया मुझे कुछ दवा दीजिए।'' एक लड़की चीख रही थी किसी ने लाईट का बटन ऑन कर दिया।

''ये गोलियां खाओ और सो जाओ'', एक बूढ़ी नर्स ने कठोर स्वर में कहा। भारतीय लड़की बिस्तर से उठी और बिस्तर के किनारे पड़े पानी का गिलास लिया। बाकी तीनों लड़कियाँ अपने बिस्तर पर लेटी थीं। उनकी पीठ खिड़की की ओर थी इससे उनके चेहरे दिखाई नहीं दे रहे थे।

''तुम उसे जानती हो...लड़की,'' मिरांडा ने दाँत पीसते हुए पूछा,

''हाँ...समीक्षा।''

''क्या वह... हमारी मदद करेगी?

''हाँ वो... अच्छा... हमेशा... बुखार''

उन्होंने उसे खिड़की से ही बुलाने का फैसला किया। वह सिर्फ बाकी तीन लड़कियों के बारे में पूछताछ करना चाहती थी।

''समीक्षा समीक्षा योगिता ने उसे पुकारा। एक मिनट बाद समीक्षा ने उन दोनों को खिड़की से आवाज लगाते देखा।

उन्हें देखते ही वह धीरे से पलंग से उतरी और खिड़की की ओर आ गई

''तुम कहां जा रही हो?'' नर्स लगभग चिल्लाई। ''बंद करने के लिए... खिड़की... बहुत ठंड''

समीक्षा खिड़की के पास पहुंची और योगिता ने उसका हाथ पकड़ लिया।

''आप ठीक हो!''

''मेरा शरीर...खाना ... अंग्रेज़ी... नहीं...जल्द ही मर जाऊँगी,'' समीक्षा ने लगभग कराहते हुए कहा।

समीक्षा काली और कमजोर लग रही थी। कम बालों के साथ, उसने फ्रंट बटन के साथ सफेद गाउन पहना था। वह बहुत धीमी आवाज में बोल रही थी और कोई भी समझ सकता था कि वह बहुत दर्द में है।

''तुम... ऐलिस... पिछले साल,'' मिरांडा ने पूछा।

''हाँ... एक ऐलिस... सुंदर रो रही थी... रो रही थी।''

''कृपया...कृपया।''

मिरांडा की उत्तेजना बढ़ गई और उसने समीक्षा का हाथ पकड़ लिया और उससे एक सुराग देने की विनती की। यह अच्छा था कि वह योगिता से अच्छी अंग्रेजी बोलना जानती थी।

''ऐलिस। ... बहुत बीमार... गर्भवती।''

मिरांडा कांपने लगी और मुंह पर हाथ रखकर सिसकने लगी ताकि कोई सुन न सके। वह फर्श पर बैठ गई और योगिता ने उसे दिलासा देने की कोशिश की। उसने सोचा कि इन बदमाशों ने उसे अंदर बाहर से मार डाला है। यह एक तरह की हत्या है और उन्हें बख्शा नहीं जाएगा।

उसकी लड़ाई ऐलिस और उन सभी लड़कियों के लिए होगी जो उनके द्वारा बेरहमी से इस्तेमाल की जा रही हैं।

''वह अब कहाँ है?'' मिरांडा से पूछा,

''चार महीने... वे उसे विंटर हिल ले गए...अंग्रेज गुलाम बना कर ।''

''क्या वह अभी भी इस गंदे काम में है?''

''वह एक अधिकारी के घर में रहती है ... एक गुलाम के रूप में।''

''क्या आप नाम जानते हैं?''

''नहीं...अंग्रेज अधिकारी।''

"मैं निशब्द हूँ... आपको धन्यवाद देने के लिए शब्द नहीं हैं।''

वे पिछले दरवाजे से वापस आयीं और अपने बिस्तर पर बैठ गई। नींद कोसों दूर थी और मिरांडा खुली आँखों से बिस्तर पर लेटी थी। एलिस अपने जीवन के सबसे बुरे दिनों से गुजर रही थी। उसे स्कूल के अपने दिन याद आ गए जब वे अपनी व्यथा सुनाते थे। अपनी मां की मृत्यु के बाद वह अक्सर उसके घर आती थी। जब वह बिल्कुल अकेली रह गई थी, तो उसके पास देखने के लिए केवल एलिस थी। फिर एक दिन उसे अपने पिता की मृत्यु का पत्र मिला। एलिस ने अपना सामान वापस लाने के लिए भारत जाने की योजना बनाई। उसके जाने के बाद दिन हफ्तों में बीत गए और फिर महीनों बीत गए। उसकी माँ ने उच्च अधिकारियों को लिखा लेकिन यह व्यर्थ साबित हुआ। अंत में, मिरांडा को दो पत्र मिले और उसने भारत जाने का मन बना लिया। उसे विंटर हिल तक पहुँचना था और उसे उनके चंगुल से निकालना था।

सुबह छह बजे उठने की घंटी बजी। वह नहीं जानती थी कि पिछली रात वह किस समय सोई थी। इसलिए सुबह हो गई थी और वह सो गई।

उसका शरीर गर्म था लेकिन वह अभी भी गर्म स्नान करना चाहती थी। वह पहले से ही अपने होठों पर बर्फ के हाथों का स्पर्श महसूस कर रही थी और उसने उन्हें अपने बिस्तर से पोंछा वह योगिता के साथ बाथरूम तक गई। बाहर कतार लगी हुई थी।

''क्या हम किसी और शौचालय का उपयोग कर सकते हैं?'' उसने जिज्ञासा से पूछा ''हाँ, एक और है''... योगिता ने उत्तर दिया।

मिरांडा यह जांचना चाहती थी कि क्या कोई उत्तर दीवार पर लिखा है उसके प्रश्न के जवाब में। वह उसी शब्द का प्रयोग करना चाहती थी जो उसने पहले किया था। उसने योगिता का हाथ पकड़ा और गलियारे की ओर बढ़ी। अंधेरा

और गंदा शौचालय खाली था। दीवार की जांच करने के लिए वह अकेले कूद गई।

उसे गहरे काले रंग में कुछ लिखा दिखाई दे रहा था। "जल्दी आओ योगिता," उसने उसे पुकारा। वह दरवाजे से सरक गई और अक्षर पढ़ना शुरू कर दिया "विंटर..." कोई एलिस के बारे में जानता था और यह जानकारी उसे समिक्षा से मिली जानकारी से मेल खाती थी। वे दोनों काफी आश्वस्त थे कि वह विंटर हिल में थी। एक-एक करके उन्होंने स्नान किया और अपने-अपने बिस्तर पर पहुँचे। आठ बजे वे अपने नाश्ते के लिए गए और रसोई से अपनी प्लेटें और मग उठाए, सभी को दो-दो बन्स और चाय दी गई। मिरांडा ऐसे निगल रही थी जैसे वह महीनों से भूखी हो। उसे एक संतोष की भावना थी क्योंकि अब मंजिल निकट थी और साफ थी।

सुबह 10 बजे दो नई नर्सें छात्रावास में आईं और बुलाने लगी "नई लड़की आओ, डॉक्टर इंतजार कर रहे हैं" उन्होंने दोनों तरफ से उसका हाथ नहीं पकड़ा, लेकिन वे चौंक गए, वह घबराई नहीं; बल्कि वह सहमति से चली।

उसी क्लीनिक पर उसे डॉक्टर के सामने बिठाया गया। वह वही पुराना अल्बिनो था और सीधे उसने दरवाजा बंद कर दिया और उसके मुंह में थर्मामीटर ठूंस दिया। "आप आज बिल्कुल सामान्य हैं, बिस्तर पर लेट जाओ," उसने एक कठोर वाइस में कहा, मिरांडा कुर्सी से उठी और चुपचाप हरे रंग की चादर पर लेट गई।

डॉक्टर जल्दी में था। उसने उससे कहा, "अपनी शॉल उतारो और अपनी ड्रेस ऊपर खींचो" उसे अंदेशा था कि वह कुछ असामान्य होगा लेकिन उसे उस शाम विंटर हिल तक पहुंचना था, उसकी आँखों में आँसू आ गए लेकिन वह शांत पड़ी रही। "आप एक कुंवारी अभी तक कुंवारी हैं, फिर भी सुंदर हैं! मुझे लगता है कि यही कारण है कि वरिष्ठ अधिकारियों द्वारा आपकी बहुत मांग है" उसने अपना सिर हिलाया। "फिर आंतरिक परीक्षा की कोई आवश्यकता नहीं है, कुंवारी लड़कियों की बहुत मांग है" मिरांडा ने जल्दी से अपनी पोशाक यथास्थान किया और भगवान को याद किया। डॉक्टर ने दरवाजा खोला और दोनों नर्सें उसे वापस शयनागार में ले गईं।

योगिता उत्सुकता से उसकी प्रतीक्षा कर रही थी। वह अपने बिस्तर पर बैठ गई और चारों ओर देखा कि सभी लड़कियां और यहां तक कि योगिता भी तैयार हो रही है। ''आप कहां जा रही हैं?'' मिरांडा यह जानने के लिए उत्सुक थी क्योंकि वह भी विंटर हिल तक पहुंचना चाहती थी और ऐलिस की तलाश करना चाहती थी। ''पता नहीं वो कहाँ...ले जा रहे हैं...देखो हम...नए कपड़े ले आए...खूबसूरत लग रही हो'' उसने कांपते हाथों से अपनी नई ड्रेस दिखाई। ''तुम... जाओ... दूसरी जगह।''

एक ही दिन में मिरांडा को इस भारतीय लड़की से इतना प्यार और मदद मिली थी कि वह ठीक से अंग्रेजी भी नहीं बोल पाती थी कि उसे इस देश और यहां के लोगों से प्यार होने लगा था। वह चाहती थी कि उसकी दोस्ती हमेशा बनी रहे ''आप बहुत अच्छे और देखभाल करने वाले रहे हैं।''

मुझे नहीं पता कि हम फिर से मिल पाएंगे अथवा नहीं। लेकिन मैं तुम्हें कभी नहीं भूलूंगी।'' दोनों ने एक-दूसरे को कसकर गले लगाया। योगिता ने अपनी नई पोशाक पहनी, अपने लंबे बालों में कंघी की और अपने छोटे-छोटे कपड़ों का बैग पैक किया। आधी से ज्यादा लड़कियां उस दोपहर को योगिता के साथ चली गईं।

शाम को चार बजे, वही नर्सें आईं और मिरांडा को एक पीले रंग की पोशाक, एक कंघी, एक तौलिया, एक काला बैग और काले जूते दिए और उससे कहा, ''बेहतर होगा कि तुम तैयार हो जाओ और जो गाउन तुमने पहना है उसे काले बैग में पैक कर लो।'' तुम आधे घंटे में निकल जाओगी।'' वह ड्रेस को वॉशरूम में ले गई। यह इतना ढीला था कि वह एक जोकर की तरह दिखाई देती थी, और उसे अपने आप पर हँसने का मन करता था। वह तीन दिन तक मुस्कुराई भी नहीं थी। वह अब मुस्कुरा सकती थी और हंस सकती थी क्योंकि वह लगभग आधी दूरी तय कर चुकी थी और शायद भगवान उसके काम को पूरा करने में उसकी मदद करेंगे। उसने अपना सामान अपने बैग में पैक किया और बिस्तर पर रख दिया।

अब आधे से ज्यादा छात्रावास खाली थे। आठ लड़कियां तैयार थीं और नीले रंग की पोशाक पहने महिला ने प्रवेश किया और कहा। ''अपने बैग अपने

बिस्तर पर छोड़ दो क्योंकि तुम सब कल सुबह वापस आ जाओगी। अच्छा व्यवहार करो क्योंकि तुम में से आधी पहली बार जा रहे हो। हम तुम्हें उन्हें खुश करने के लिए भेज रहे हैं ... बहस मत करो। उन्हें पूरी तरह से संतुष्ट करो .... इसलिए आवश्यक चीजें करें'' मिरांडा ने इन महिलाओं के बारे में सोचा। और कितनी शर्मनाक तरीके से निर्देश दे रहे थे। उसने सोचा कि इस जगह से बाहर निकलने का यह सबसे अच्छा तरीका है। सभी उनके पीछे हो लीं और मुख्य द्वार के पास पहुंच गईं। अंधेरा हो रहा था और घने काले बादल पेड़ों और इमारतों को छू रहे थे। एक ड्राइवर के साथ एक विशाल सैन्य बस आई। ''उन्हें विंटर हिल पर ले जाओ'' गार्ड चिल्लाया, और उसने राहत की सांस ली।

आखिरकार वह ऐलिस को देखने जा रही है। अधिकारी की छवि पहले से ही उसे परेशान कर रही थी, लेकिन वह मानव तस्करी का शिकार नहीं बनेगी।

अध्याय 5. विंटर हिल

सड़क खराब बनी हुई थी प्रत्येक मोड़ और घुमाव सभी लड़कियों को और अधिक बीमार और खाली बना रहे थे। उनकी यात्रा एक अज्ञात गंतव्य की थी। उन्हें एक ऐसी जगह ले जाया जा रहा था, जहां पर अजीबोगरीब लोग उनके शरीर से खेलेंगे। वे उन्हें जीवन भर अनैतिक और लज्जाजनक रहने का उपहार देंगे। ऐसा लग रहा था जैसे वे कभी न खत्म होने वाली अंधेरी सुरंग में प्रवेश कर रही हैं। मिरांडा ने अपने हाथ और पैर फैलाए मानो खुद को युद्ध के लिए तैयार कर रही हो। वह इन सड़कों से कभी नहीं गुजरी थी और सड़कों पर बहुत कम लोग ही नजर आए। करीब एक घंटे में वे एक बड़े गेट से घुसे और वह झट से सीट से उठ गई। दूसरी लड़कियों ने उसे अजीब तरह से देखा क्योंकि यह कोई ऐसी जगह नहीं थी, जहां उन्हें उत्साहित होना था। उसने ऐसे अभिनय किया जैसे कि वह अस्वस्थ थी। बस रुकी और लड़कियां खड़ी हो गईं। ''नीचे उतरो, ड्राइवर चिल्लाया। सभी एक-एक करके नीचे उतरे।''

मेरे पीछे आओ, आओ (कम)'' एक महिला ने आक्रामक लहजे में कहा। मिरांडा भारी आभूषणों के साथ लाल कपड़े पहने एक भारतीय महिला को देखने के लिए मुड़ी, मिरांडा को योगेश्वर याद आया क्योंकि उसने हिंदी शब्द बोला था क्योंकि उसने यह उससे सीखा था। उसके होंठ खून से लाल रंगे हुए थे और उसके बाल खुले छोड़े गए थे। उसके बालों से सफेद फूलों का एक गजरा लटक रहा था। उसने सभी को एक मंत्रमुग्ध करने वाली नज़रों से देखा। कैंपस में कुछ घर थे और मिरांडा ने उनकी छानबीन शुरू कर दी। वह सबसे ऊपर एलिस का नाम चिल्लाना चाहती थी।

उसने कल्पना की कि उसकी सहेली उसकी ओर दौड़ रही है उसे एक घर से बाहर की ओर खींच लिया।

महिला उन्हें एक विशाल तम्बू के अंदर ले गई, जो एक हरम की तरह लग रहा था। कालीनदार फर्श के दोनों ओर लगभग बीस ब्रिटिश अधिकारी बैठे थे। महिला ने लड़कियों को कोने में बैठने का आदेश दिया। विशाल मोमबत्तियों और मशालों से तंबू अच्छी तरह से जगमगा रहा था। चिमनी के पास शराब की बोतलें और गिलास के साथ एक बड़ी मेज थी। भारतीय पोशाक में दो महिलाएँ इन अधिकारियों को पेय परोस रही थीं और उन्होंने उनके भूखी नज़रों को देखा। एक युवा लड़की दो आदमियों द्वारा बजाए जा रहे भारतीय संगीत के बीच में नृत्य कर रही थी। उसने ऐसे वाद्य यंत्र कभी नहीं देखे थे। ये अंग्रेज खुद को भारतीयता की गहराई तक खोद रहे थे लेकिन अपनी अश्लीलता की गंदी तस्वीर पेश कर रहे थे। किसी देश के अन्य छिपे हुए पहलुओं को प्रदर्शित करके शासन करना योग्य नहीं था।

''क्या मैं वॉशरूम का उपयोग कर सकती हूं,'' मिरांडा ने उन दो लड़कियों में से एक से पूछा जो ड्रिंक परोस रही थीं। ''आओ ... आओ (कम)'' उसने अपनी आँखें बाहर निकालकर और उसे खींचते हुए कहा। उसने लड़की का पीछा किया लेकिन उसकी आँखें उसी छोटे घरों की कतारों पर टिकी थीं। वे व्यावहारिक रूप से सभी घरों को पार कर गए और शौचालय तक पहुंच गए। यह घोर अंधेरा था और एक पंक्ति में चार छोटे-छोटे बाथरूम थे। ''जाओ आओ ... जल्द ही,'' लड़की ने कठोर स्वर में कहा, और वह वहाँ से पाँच सौ मीटर की दूरी पर खड़े दो अधिकारियों की ओर आकर्षित नज़रों से गुज़रने में फ़ौरन मशगूल हो गई। उसने बाथरूम में प्रवेश किया और दरवाज़ा बंद कर लिया। कोने पर पीछे का एक टूटा हुआ लकड़ी का दरवाज़ा था। उसका हाथ तेज़ी से दरवाज़े तक पहुँचा और उसने उसे ज़ोर से धक्का दिया। वह पिछले दरवाजे से खिसक गई और उसने देखा कि लड़की अभी भी दो अधिकारियों के साथ खिलखिला रही है। उसे मिरांडा में कोई दिलचस्पी नहीं थी।

दस घरों का एक संयोजन था और एलिस को खोजने के लिए उसके पास बहुत कम समय था। वह पहले घर के पिछवाड़े पहुँची और शीशे की खिड़की से देखने की कोशिश की लेकिन ऐसा लगा जैसे घर के अंदर कोई नहीं है। ''ऐलिस ऐलिस उसने दो बार पुकारा लेकिन किसी ने जवाब नहीं दिया। उसे डर था कि अगर किसी ने उसे पकड़ लिया, तो वे उसे सलाखों के पीछे फेंक देंगे या उसे इन भेड़ियों को सौंप देंगे। पांचवें तक पहुंचने तक वह लगभग बेदम हो गई थी। उसकी तरफ पीठ किए हुए एक लडकी को देखा। उसने पता लगाने की कोशिश की लेकिन कमरे में अच्छी तरह से रोशनी नहीं थी। उसने कांच की खिड़की खोली और ऐसा लगा जैसे लड़की ने कुछ शोर सुना। ''वहां कौन है? लड़की चिल्लाई और वह कुरसी से उठ गई। मिरांडा अवाक रह गई क्योंकि एलिस उसके सामने खड़ी थी।

''ऐलिस ऐलिस!'' अत्याधिक खुशी के चलते उसके आँखों से जोरदार आँसू बहने लगे। उसने दरवाजा खोला और मिरांडा को अंदर खींच लिया। उन्होंने एक दूसरे को कसकर गले लगाया लेकिन मिरांडा समय बर्बाद नहीं करना चाहती थी। वह उसके उभरे हुए पेट को महसूस कर सकती थी। ''मैं तुम्हें लेने आई हूँ लेकिन मेरे पास इतना समय नहीं है। तुम तैयार रहो मैं कभी भी आ जाऊँगी ... बाकी हम बाद में बात करेंगे'' वह राहत की सांस लेकर बाहर भागी लेकिन तनाव बढ़ता रहा।

वह वॉशरूम के पिछले दरवाजे पर पहुंची और लड़की दरवाजा पीटने में व्यस्त थी। उसने दरवाजा खोला और लड़की गरजने लगी। ''तुम कुतिया ... अंदर क्या कर रही हो ... सो रही हो?'' उसने उसके बाल पकड़ लिए और उसे एक जोरदार थप्पड़ जड़ दिया। मिरांडा फर्श पर गिर गई और उसके होठों से खून बहने लगा जबकि उसका गाल गुलाबी हो गया। वह उठी और उसने अपनी पोशाक ठीक की। ये सभी छोटी-छोटी बातें उसे उसके काम से नहीं डिगा सकती थीं। उसे इस गहरे कुएं से एलिस को बाहर निकालना था।

वे टेंट हाउस पहुंचे और उन्होंने बाकी लड़कियों को बाहर खड़े देखा। उन्हें पहरेदारों के साथ उनके-अपने टेंट हाउस भेजा जा रहा था। नए लोगों के

चेहरे खाली थे क्योंकि वे उन अजीब चीजों से अनजान थे जो कमरों के अंदर होंगी।

''हैलो सुंदरी!'' मिरांडा चौंकी और पीछे देखा। उसने आवाज को पकड़ लिया क्योंकि वह वही था जो उस रात आया था। वह बीमार महसूस कर रही थी और भागना चाहती थी। ''मैं तुम्हें जल्दी पाना चाहता हूँ'' कहते हुए उसने उसकी दाहिनी बाँह को कसकर पकड़ा। उसे खींचने की कोशिश की और अपना मुंह उसके पास ले गया, लेकिन मिरांडा ने अचानक अपना चेहरा नीचे कर लिया। सिगरेट और शराब की तेज गंध उसके नथुने में घुस गई, जिसने उसे अंदर से झकझोर कर रख दिया। उसने उसे उसका पालन करने का निर्देश दिया। उसने ऊपर देखने की कोशिश भी नहीं की बल्कि उसकी बात मानी। वह छोटे-छोटे कदमों से चली, और वह उस घर को पार कर गई जहाँ ऐलिस रह रही थी। वह पाँच मिनट में उस घर पहुँच गई जहाँ शायद रुकना था। पहाड़ियों पर चल रही ठंडी हवाओं के कारण उसके हाथ और पैर पहले से ही सुन्न हो रहे थे।

घर में चार कुर्सियाँ और एक सेंटर टेबल के साथ एक सुंदर रहने का कमरा था। ''स्वागत!'' वह आया और उसकी पीठ पर हाथ फेरने लगा। वह मूर्ति की तरह खड़ी रही, निश्चल।

''आपको मुझे बिस्तर पर संतुष्ट करना है, आप एक पुतले की तरह व्यवहार नहीं कर सकती जैसे ही वह ड्रिंक बनाने गया मिरांडा कुर्सी पर बैठ गयी।

''यह तुम्हारे लिए है जानेमन।'' उसने उसे शराब का एक पैग दिया। उसे अपनी योजना को इस तरह से अंजाम देना था कि कोई उसे भांप न सके। उसने एक सुखद मुस्कान के साथ गिलास को पकड़ लिया। वह उसकी मुस्कान से इतना प्रभावित हुआ कि वह जल्दी से दूसरा पैग बनाने चला गया।

मिरांडा ने गिलास में भरी शराब कुर्सी के पीछे फेंक कर गिलास खाली कर दिया। ''कम ऑन...जानेमन ...सुंदरी ...मादक शरीर ...एक और पैग लो'' उसने उसे खींच लिया और कसकर गले लगा लिया और उसे बिस्तर पर

ले जाने की कोशिश की। वह बोला ''आज की रात तुम मेरी प्रापर्टी हो।'' शराब पिए हुए लगभग लड़खड़ाते कदमों से बोला। वह उसके चंगुल से छूटी और बड़ी मुश्किल से खुद को छुड़ाया। इस बीच, उसने खुद को माफ़ किया और शौचालय के लिए अपना रास्ता बनाया। लिविंग रूम से सटे कमरे में एक संलग्न शौचालय वाला बेडरूम था। ''जल्दी आओ। मैं अब और इंतजार नहीं कर सकता,'' उसने नशे की आवाज में कहा। वह शराब डालता रहा और लगातार पीता रहा, और वह इसके लिए खुश थी।

मिरांडा ने समय काटने के लिए छोटे से बाथरूम में प्रवेश किया। वह अब उसे बर्दाश्त नहीं कर सकती थी। वह कांच लगी लकड़ी की छोटी खिड़की के पास खड़ी होकर शांत ठंडी रात को देखने के लिए बाहर झाँकने लगी और दूर से आ रही क्षीण पदचाप को सुनने लगी। वह अब समय बर्बाद नहीं कर सकती थी क्योंकि एलिस उसका इंतजार कर रही होगी। उसने धीरे से दरवाजा खोला क्योंकि उसे आभास हो गया था कि वह उसका इंतजार कर रहा होगा। "रात बहुत छोटी है और मैं... समय बर्बाद नहीं कर सकता... तुम सुंदर,'' उसने अपने जूते और वर्दी में बिस्तर पर लेटे हुए कहा। ''आओ... जानेमन... इधर आओ,'' वह उसे पुकारता रहा। वह दरवाजे की तरफ चली। वह उसे बुलाता रहा लेकिन वह हिल नहीं पा रहा था क्योंकि वह बहुत नशे में था। वह मुख्य दरवाजे से बाहर आई और यह सुनिश्चित किया कि कोई उसे नहीं देख रहा है। उसने दरवाजा बंद किया और पड़ोस के घर की ओर चल दी।

एलिस अपने घर के पिछले गेट पर एक छोटा सा बैग लिए खड़ी थी। मिरांडा ने एलिस के छोटे काले बैग को पकड़ लिया।

''इसमें क्या है'' उसने पूछा। ''मेरे पिताजी के दस्तावेज़... मैं उन्हें लंदन से लाई थी'' एलिस ने उसका हाथ कसकर पकड़ते हुए कहा। ''चलो तो हम एक मिनट बर्बाद नहीं कर सकते, हमें यहाँ से बाहर जाना होगा,'' उसने कहा, जैसे वे धीरे-धीरे मुख्य द्वार की ओर बढ़े। रात का घना अंधेरा था, रात में ड्यूटी करने वाले पहरेदार शिविर में आगे पीछे चहलकदमी कर रहे तह। वे गेट के पास स्थित आखिरी टेंट हाउस पहुंची। यह एक पुराना, घिसा-पिटा

तंबू था जिसके अंदर कोई नहीं था। वे अंदर चली गयीं और एक अंधेरे कोने में बैठ गयीं। मुख्य द्वार के पास दो लम्बे गार्ड थे और मिरांडा एक ऐसी जगह की तलाश में थी जहाँ से वे निकल सकें। मेन गेट के पास उसने एक छोटा सा गलियारा देखा जो मेन रोड की ओर जा रहा था। उन्हें किसी न किसी तरह से वहां पहुंचना था। उसे नशे में धुत अंग्रेज अफसर का ख्याल आया जिसे उसने अपने घर में बंद कर रखा था। अगर वह जाग जाता, तो वह हंगामा करता और वे उसकी तलाश शुरू कर देते।

मिरांडा ने पूछा, ‘‘तुमने अपने आदमी को कैसे मूर्ख बनाया।’’

ऐलिस जल्दी से बोली। ‘‘वह शौचालय में था जब मैंने उसे बंद कर दिया था, जिस क्षण मैंने आपके कदमों की आहट सुनी, मैं पिछले दरवाजे तक चली गयी। वह भी दरवाजे से टकरा रहा होगा। सायरन की तेज आवाज ने उन्हें झकझोर दिया क्योंकि वे लोगों को इधर-उधर भागते हुए सुन सकते थे जैसे कि वे कुछ खोज रहे थे, शायद सायरन उनके लिए था उसने सोचा।

‘‘देखो उन दो लड़कियों को... गर्दन से पकड़ लो... ये कुतिया,’’ उनमें से एक चिल्लाई, और वे उसे आसानी से सुन सकती थीं। चीजें उनके लिए बहुत मुश्किल होती जा रही थीं। धैर्य और ईमानदारी सफलता की ओर ले जाती है और वे दोनों की प्रतीक थी। जहाँ चाह वहाँ राह और रास्ता उनके सामने था वे धीरे-धीरे अपनी जगह से उठे और तम्बू के छेद से बाहर झाँका।

पहरेदार फाटकों के पास नहीं थे, उन्होंने एक-दूसरे का हाथ पकड़ा और मार्ग की ओर बढ़ गए, जब एक पहरेदार उनकी ओर दौड़ता हुआ आया तो वे उसे पार करने वाले थे।

‘‘तेजी से दौड़ो, मिरांडा, ऐलिस का हाथ पकड़ते हुए चिल्लाई, और बिना पीछे देखे पहाड़ी से नीचे उतरना शुरू कर दिया। वे अपने हाथों में मशालों के साथ कदमों की आहट सुन सकते थे।

वे नीचे की ओर भागीं और रास्ता भटक गयीं। ऊंचे-ऊंचे पेड़ों वाला घना जंगल जानलेवा लग रहा था। वे एक-दूसरे से चिपटी हुई थीं क्योंकि वे निशाचर जानवरों और पक्षियों की अजीब आवाजें सुन सकते थे। वे बेदम

होकर पेड़ो के बीच दौडीं और उनके कदम लगातार उनका पीछा कर रहे थे। अंत में, उन्हें एक घनी झाड़ी मिली और उन्होंने उसके पीछे छिपना पसंद किया। वह जानती थी कि अगर वे पकड़े गए, तो वह आजादी की लड़ाई हार जाएगी। ऐलिस बहुत असहज थी क्योंकि वह शायद चार महीने की गर्भवती थी मिरांडा उसके साथ बैठ गई और एक गहरी साँस ली।

''एलिस, मुझे आशा है कि तुम ठीक हो ... हम यहां तब तक बैठेंगे जब तक कि ये गार्ड नज़रों से ओझल ना हो जाएँ,'' वह फुसफुसाई। उसके चेहरे से पता चल रहा था कि वह बहुत दर्द में है। उसने उसे गीली जमीन पर लिटा दिया और उसके हाथ-पैर रगड़ने लगी। वे कांप रही थीं और मौसम खराब हो रहा था, इसलिए उसने आगे बढ़ने का फैसला किया। लगभग एक घंटे के बाद एलिस बड़ी मुश्किल से उठी और वे पहाड़ी से नीचे जाने लगे।

''ऐलिस रुको!'' मिरांडा चिल्लाई, क्योंकि उसने पैरों के नीचे खून की धारियाँ बहती देखीं। वह चौंक कर खड़ी हो गई। ''मेरे ख़याल से तुम्हें प्राथमिक चिकित्सा की आवश्यकता है। चलो तेजी से चलते हैं,'' मिरांडा ने शाल से उसके पैरों पर लगा खून पोछते हुए कहा। वे मेन रोड पर पहुंचे और यह लगभग आधी रात थी।

शहर उनके लिए नया था और सड़क वीरान थी। वे सड़क के दाहिनी ओर धीरे-धीरे चले, लगभग हर मिनट पीछे मुड़कर यह देखने के लिए कि उनका पीछा किया जा रहा है या नहीं। लगभग आधे घंटे तक चलने के बाद, वे सड़क के किनारे एक छोटे से घर तक आ गए।

मिरांडा जानती थी कि ऐलिस आगे नहीं चल सकती इसलिए उसने एक कदम आगे बढ़ाया और दरवाजा खटखटाया। कम से कम पांच मिनट तक कोई बाहर नहीं आया और वह बार-बार खटखटाती रही। अचानक उसने देखा कि खिड़की से अंदर एक मोमबत्ती जल रही है। करीब सत्तर साल के एक बुज़ुर्ग ने लकड़ी का दरवाजा धीरे से खोला।

''कौन है,'' उसने काँपते स्वर में पूछा, वह आसानी से समझ सकती थी कि वह एक भारतीय है, लेकिन शायद यह मायने रखता हो। उसे किसी तरह

तिकडम भिडाकर अंदर जाना पड़ा क्योंकि उसे ऐलिस के लिए जगह और मदद की जरूरत थी। ठंडे मौसम में रात को कम कपड़ों के साथ बाहर बिताना उन्हें बीमार कर देता था।

''क्या मैं अंदर आ सकती हूँ ... कृपया मदद करें,'' मिरांडा ने हाथ जोड़कर उससे विनती की। उसने उसका अभिवादन किया और उसकी छोटी सी कुटिया में घुस गई। यह सीमेंट की छत और मोटी दीवारों वाला एक छोटा सा घर था। एक छोटा सा कमरा था जिसके बगल में टेबल पर मोमबत्ती और कोने में एक वॉशरूम था। यह बिल्कुल स्पष्ट हो गया कि वह अकेला रहता था क्योंकि कमरा हर जगह बिखरे हुए कप और प्लेटों से अस्त-व्यस्त था।

''तुम...कहाँ...रात...'' उसने उत्सुकता से पूछा।

''रास्ता भटक गई... रास्ता,'' उसने जवाब दिया।

उन्होंने उन्हें अंदर बुलाया और लगातार सिर हिलाते रहे।

उसके पैर कमजोर और थोड़े मुड़े हुए थे। ऐसा लग रहा था जैसे बुजुर्ग बेफिक्र जिंदगी जी रहा था क्योंकि उसके घर में सिर्फ जरूरी चीजें थीं जिनकी रोजाना जरूरत होती है। दोनों बच्चियों की हालत पहले से ही दयनीय थी। उन्हें मदद की सख्त जरूरत थी क्योंकि मौसम और दो घंटे की लगातार सैर ने उनकी ताकत को खींच लिया था। बूढ़े भारतीय व्यक्ति और उनकी उदारता ने उन पर अपनी छाप छोड़ी। उसकी आंखें मदद के लिए हाथ ढूंढ रही थीं लेकिन उसे कोई नहीं मिला इसलिए उसने खुद से पूछताछ करने का फैसला किया।

''कोई महिला नहीं,'' मिरांडा ने अपनी और ऐलिस की ओर इशारा करते हुए पूछा क्योंकि उसे ऐलिस की मदद की ज़रूरत थी।

''पत्नी ... मौत ... मरी... दो ... दो पीछे'' उसने अंग्रेजी बोलने की कोशिश की।

ऐलिस को अपने कपड़े बदलने की जरूरत थी क्योंकि उसकी पोशाक पर खून और मिट्टी का मिश्रण उसे एक अस्त-व्यस्त रूप दे रहा था। उसके बाल उसके माथे पर बिखरे हुए थे और उसके जूते गंदे और कीचड़ से सने हुए थे।

''उसकी साड़ी,'' उसने कोने में एक टोकरी की ओर इशारा किया। वह जल्द ही उस तक पहुँचने में सफल रही क्योंकि एलिस अपने कपड़े बदलने के लिए बेताब थी। उसने कपड़े निकाले और उसमें चार पुरानी साड़ियां थीं लेकिन साढ़े पांच गज की लंबाई ने उन्हें हैरान कर दिया। उन्होंने उसे पकड़ लिया और मिरांडा ने उसे आधा फाड़ दिया। वह इसे ऐलिस के चारों ओर स्कर्ट की तरह लपेट सकती थी।

''एक मोमबत्ती,'' उसने एक और माँगा वह इसे वाशरूम ले जाना चाहती थी। बूढ़ा भारतीय आदमी ठीक से देख भी नहीं सकता था। तकिए के नीचे ढूंढ़ने लगा और एक छोटी सी टूटी मोमबत्ती बाहर ले आया। मिरांडा ने उसे पकड़ लिया और जल्दी से जलाया। शौचालय में एक नल और आधी बाल्टी पानी था।

ऐलिस अंदर गई और दरवाजा बंद कर लिया। वह बाहर इंतजार करने लगी और छोटे से घर को देखने लगी।

''ठंडी...चाय...चाहिए'' बूढ़े आदमी ने पूछा और कोने में फर्श पर चूल्हे की ओर इशारा किया। धनी आदमी के घर पैदा हुई एक लड़की ने महसूस किया था कि जीवन आपको अलग-अलग तटों पर ले जा सकता है, इसलिए आपको सबसे अच्छे और बुरे का सामना करने के लिए तैयार रहना चाहिए।'' वह अपने हाथ में एक मोमबत्ती लेकर चूल्हे की ओर बढ़ी। उसमें बहुत कम तेल था उसने मोमबत्ती की मदद से उसे जलाया। पानी से भरा एक पीतल का बर्तन पड़ा था। उसने छोटे चायदानी में थोड़ा पानी खाली किया और उसे चालू रखा चाय की पत्ती और शक्कर छोटे-छोटे डिब्बों में फर्श पर रखी थीं।

उसने उठकर ''दूध'' के लिए पूछा लेकिन उसने एक इशारा किया जैसे वह कह रहा था कि उन्हें इसके बिना ही बनाना होगा। उसने कोने में पड़े कुछ कपों को धोया और तीन कपों में काली चाय डाल दी। उन्हें आश्रय प्रदान करने के लिए भगवान की दिल से आभारी थी। जैसे ही एलिस बाहर आई, उसने उसे बेड पर बिठाया और उसे कप थमा दिया। वह काँप रही थी तो उसने बिस्तर पर पड़ी रजाई से उसे ढँक लिया। मोमबत्ती की रोशनी में, वह ऐलिस का पीला और घिसा-पिटा चेहरा देख सकती थी।

''क्या हम कल सुबह तक इंतिज़ार कर सकते हैं?'' उसने बूढ़े से पूछा क्योंकि वह निश्चित रूप से रात के इस समय खो जाएगी।

उसने उन्हें ''पाँच बजे चली जाना'' का आदेश दिया और उन्हें दो कुर्सियों पर बिठा दिया। उसने उन्हें एक रजाई दी ''मेरी पत्नी ... की रज़ाई तुम ओढ लो।'' और वे समझ गई कि यह उनके साथी की रजाई थी। उसने योगेश्वर के बारे में सोचा और उसके साथ रहना चाहती थी।

वे गहरी नींद में सो गए और अचानक दरवाज़े के खटकने से जग गए। ''दरवाजा खोलो,'' एक आदमी चिल्लाया। ''क्या कोई अंदर है?''

बूढ़ा बिस्तर से उठा और दरवाजा खोलने ही वाला था कि मिरांडा उसके पास आई और हाथ जोड़कर उससे अनुरोध किया। ''प्लीज...हमें बचा लिजिये,'' और वे टॉयलेट में छिप गए।

जैसे ही उसने दरवाजा खोला दो अंग्रेज सिपाही बाहर खड़े थे। "हम दो लड़कियों की तलाश कर रहे हैं तुमने देखा (क्या तुमने उन्हें देखा है),'' दोनों सिपाहियों ने पूछताछ की। बूढ़े व्यक्ति ने कहा ''नहीं'' और उसने दरवाजा ठोक दिया। उनमें से दोनों ने बाहर आकर उसके हाथों को पकड़ लिया और उनके गालों पर ख़ुशी के आँसू बह रहे थे। मिरांडा ने ऐलिस को एक हल्की नज़र से देखा और उसे वह सारी खुशियाँ देना चाहती थी जो दुनिया ने उसके लिए एकत्रित की थी।

''धन्यवाद'' उन्होंने कहा। ''हम किसी भी तरह नहीं जाएंगे? एक अजीब रिश्ता एक ही रात में विकसित हुआ था और वह उसका रक्षक था। स्वयं ईश्वर का प्रतिरूप, क्योंकि एक सुनसान सड़क पर जहाँ एक भी आत्मा दिखाई नहीं देती थी, उसका छोटा सा घर स्वर्ग जैसा था।

''तुम जाओगी ... कहाँ,"बूढ़े आदमी ने पूछा।

''एलिसियम हिल'' उसने आत्मविश्वास से उत्तर दिया क्योंकि बेकर स्ट्रीट को छोड़कर वह एकमात्र जगह थी जिसे वह जानती थी।

"क्या आप हमारा मार्गदर्शन कर सकते हैं ... सड़क ... एलीसियम हिल के लिए'' वह सीधे उसके बाएं कान में चिल्लाई।

''पिछले दरवाजे से... ढलान से दो किलोमीटर...पहाडी से नीचे...होशियार रहना।'' उसने पिछले दरवाजे की ओर इशारा करते हुए उन्हें समझाया।

दोनों लड़कियों ने अपनी ड्रेस सीधी की और शौचालय के बगल वाले लकड़ी के दरवाजे पर पहुंच गईं।

दरवाजा खुला और बाहर भयानक दृश्य था और उतना आसान नहीं था जितना उन्होंने सोचा था। पहाड़ी के नीचे एक कच्ची सड़क थी और वह घने जंगल से घिरा हुआ था। भोर हो चुकी थी और सुबह के उजाले ने उनके डर को कुछ हद तक पीछे छोड़ दिया। पीछे के दरवाजे से सड़क दिखाई दे रही थी लेकिन पहाड़ी से नीचे जाते समय उन्हें सावधान रहना होगा। मिरांडा और ऐलिस ने बूढ़े आदमी को उसके आतिथ्य के लिए धन्यवाद दिया और कुछ गीले रास्ते पर सावधानी से कदम रखा।

देवदार और चीड़ के घने पेड़ों से होते हुए वे सड़क तक पहुंचीं। राहत की सांस लेकर उन्होंने पीछे मुड़कर देखा कि कोई उनका पीछा तो नहीं कर रहा है। ऐलिस पहले से ही कमजोर महसूस कर रही थी और मिरांडा को उसे खींचना पड़ा ताकि वे सुरक्षित पहुंच सकें। वे फंस गई क्योंकि सड़क की दो दिशाएं थीं और कोई मील का पत्थर नहीं था। अपना चेहरा सावधानी से पहाड़ी की ओर करके उसने ऐलिस को चट्टान के एक टुकड़े पर बैठाया और खुद को सूखी घास पर आराम से बिठा लिया। वह किसी का इंतजार कर रही थी जो उन्हें एलीसियम हिल तक ले जाए क्योंकि वह गलत रास्ता नहीं चुनना चाहती थी। वे पहले से ही नरक जैसी स्थिति में थे इसलिए जोखिम न उठाना ही बेहतर था।

सड़क के एक छोर से उन्हें साइकिल पर एक आदमी आता हुआ दिखाई दे रहा था। मिरांडा ने हाथ हिलाया और अधेड़ उम्र का व्यक्ति अपनी साइकिल से नीचे उतर गया। उसे यकीन था कि वह अंग्रेजी नहीं समझेगा लेकिन उसके

दिल की गहराई में उसे लगा कि वह उनकी मदद करेगा। उसे भारत और भारतीयता से प्यार हो रहा था।

उसने हाथ जोड़कर कहा, ''कृपया... शिमला... एलीसियम।''

उस आदमी ने अजीब तरह से उन दोनों को देखा जैसे वह उनके लहजे को समझ नहीं पा रहा हो। उसने दो सड़कों की ओर इशारा करते हुए दोहराया ''शिमला रोड।''

ऐसा लगा जैसे वह समझ गया था और उसने अपना हाथ अपनी बाईं ओर सड़क की ओर उठाया। उसने उसे धन्यवाद दिया और वे अनजाने में बाईं ओर चलने लगी। वे साड़ी के फटे हुए कपड़े से अपना चेहरा छिपाते हुए सड़क किनारे चलीं, क्योंकि उन्हें पहचाने जाने का डर था।

मिरांडा जानती थी कि ऐलिस कठिन समय से गुजर रही है। उसके चेहरे पर एक भाव था जो उसकी लाचारी को दर्शाता था। वह जानती थी कि क्या वह इस तथ्य पर विचार करेगी कि उसका भविष्य अंधकारमय है और एक नाजायज बच्चे को जन्म देना सबसे बुरी बात है जो एक युवा लड़की के साथ हो सकती है। उसकी माँ उसके घर वापस आने का बेसब्री से इंतज़ार कर रही होगी। एलीसियम हिल पहुँचते ही उसे अपनी माँ को लिखना होगा।

पहाडी के नीचे दो घंटे की चहलकदमी ने उन्हें प्यास और भूख से बेहाल कर दिया और पकड़े जाने का डर उन्हें बीमार कर रहा था। सड़क के किनारे एक छोटी सी दुकान ने उनका ध्यान खींचा और वे एक साथ चिल्लाई ''पानी'' एक किशोर लड़का चाय की दुकान पर बैठा था। वे उसकी छोटी सी दुकान के अंदर लकड़ी की छोटी बेंच पर बैठ गई। उसने उन्हें पीतल के बने दो गिलासों में पानी पिलाया। वे भूखी थीं लेकिन उनके पास खाने का सामान खरीदने के लिए पैसे नहीं थे। दुकान में मेज पर बहुत कम चीजें रखी हुई थीं जिनके किनारे टूटे हुए थे। चायपत्ती और चीनी वाले लकड़ी के दो बक्सों के साथ एक केतली और बिस्कुट और पाव के साथ एक छोटी प्लेट पड़ी थी। मैले-कुचैले कपड़ों में बेचारा लड़का गरीब लग रहा था लेकिन इससे कोई फर्क नहीं पड़ता था।

''चाय... पावरोटी ... पैसा...नहीं।'' किसी तरह मिरांडा ने लड़के को समझाने की कोशिश की, लेकिन वह अपने दोनों हाथों को इस तरह हिलाने लगा जैसे वह अंग्रेजी नहीं समझ पा रहा हो। उन्होंने एक गिलास पानी पीना पसंद किया और आगे चल पड़ी। सूरज चमक उठा सड़क पर चहल-पहल थी और जीपों और कारों में यात्रा करते कुछ अंग्रेज भी दिख रहे थे।

माहौल की नजाकत को देखते हुए उन दोनों को अपना चेहरा छुपाना पसंद था ताकि कोई उन्हें सीधे देख ना सके। हालांकि राहगीरों ने उन्हें देख लिया और वे आगे बढ़ गए। अंत में, उन्होंने सड़क के किनारे एक लकड़ी के बोर्ड पर ''शिमला'' लिखा देखा। मिरांडा लगभग चिल्लाई और मदद की तलाश करने लगी। वह एक ऐसे व्यक्ति की तलाश में थी जो उसे घर पहुंचने में मदद करे।

कई लोग अपने-अपने स्थान की ओर बढ़ रहे थे और उसे कई लोगों से एलीसियम हिल का रास्ता पूछना पड़ा। एक नेक आदमी ने लड़कियों को देखा और उसने उन्हें अपनी कार में लिफ्ट देने की पेशकश की। वे दोनों पीछे की सीट पर बैठ गयी।

जब वे उसकी कार में बैठ गयीं, उसने पूछा ''मैडम, वैसे तो किसी महिला से पूछना अच्छी आदत नहीं है, लेकिन आपकी हालत से पता चलता है कि आप बड़ी परेशानी में हैं।'' ''मेरा नाम जवाहर सान्याल है और मैं पेशे से एक वकील हूँ,'' उसने उनसे कहा।

वह अपने ठिकाने के बारे में चर्चा करने के मूड में नहीं थी इसलिए उसने शालीनतापूर्वक जवाब दिया, ''हम टहलने गए थे लेकिन हम रास्ता भूल गए। हमें हमारे घर छोड़ने के लिए आपकी ओर से बड़ी कृपा है'' उन्होंने आगे कोई सवाल नहीं किया और उन्हें घर तक पहुँचने में बीस मिनट लग गए। दूर से ही उसने हवेली को पहचान लिया और उसने उससे कहा, ''कृपया गाड़ी रोकिए, यह हमारा घर है।''

विशाल गेट बंद था और वह एलिस को भी नीचे उतरने में मदद करते हुए कार से उतर गई। सुबह का समय था और उसने योगेश्वर और उसके पिता को कुछ

लोगों के साथ गलियारे में खड़े देखा। उन्हें देखते ही वे गेट की ओर तेजी से चलने लगीं।

''तुम मेरी बच्ची कहाँ थीं?'' उसके पिता ने उसे गले लगाते हुए पूछा

"यह एलिस! इतने सालों के बाद, मेरी बच्ची आओ," उसने जिज्ञासावश उसकी ओर देखते हुए कहा।

''तीन दिन हो गए। हमने इतने लोगों को तलाश के लिए भेजा है।'' उसके पिता ने बताया।

इस बीच, जेनी और एक भारतीय नौकरानी आकर उन्हें अंदर ले गयीं। वह योगेश्वर को देखकर फीके ढंग से मुस्कुराई क्योंकि वह खुद इन दिनों अपने जीवन के सबसे अप्रिय समय से गुजरी है। वह समझ सकता था कि ये उसके जीवन के सबसे बुरे दिन रहे होंगे। श्री हेरोल्ड क्लेमेंस ने उसे मानसिक रूप से प्रताड़ित किया होगा। जिस क्षण योगेश्वर ने वकील को देखा जो उन्हें छोड़ने आया था, मिरांडा ने कुछ अजीब देखा। योगेश्वर ने जाकर उनका चरण स्पर्श किया, ''मुझे आपको देखे हुए बहुत समय हो गया है। क्या तुम यहाँ काम कर रहे हो?''

''हां बाऊजी...मिरांडा मैडम के साथ,'' उसने धीरे से कहा।

''ठीक है... हूँ अच्छा है। आप अच्छे लोगों के साथ काम कर रहे हैं लेकिन वे अंग्रेज़ हैं। बेहतर विकल्प की तलाश करो।''

''मैं कोशिश करूँगा ... माँ कैसी है ... क्या वह स्वस्थ है?''

''वो ठीक है, अच्छी बात यह है कि वह किसी तरह तुम्हें याद करने लगी है... अपना ख्याल रखना।''

योगेश्वर ने फिर से उनके पैर छुए और अंदर चला गया हर पल उसकी जिज्ञासा बढ़ती गई, वह गायब होने का नग्न सच जानना चाहता था।

श्री जवाहर सान्याल जिनके साथ वह लौटी थी, उनके पिता थे। वह कुछ असहज महसूस कर रही थीं। वह उसे अपने स्थान पर आमंत्रित करना चाहती थी लेकिन हालात तनावपूर्ण थे।

मिस्टर क्लेमेंस ने मिस्टर जवाहर सयाल को धन्यवाद दिया और लड़कियों को अंदर ले गए।

उसके पिता उसे बैठक में ले गए और योगेश्वर उसके पीछे-पीछे गया। उनके पास कई सवाल थे लेकिन वह जवाब देने की स्थिति में नहीं थी। वे दोनों मिरांडा के कमरे में चले गए क्योंकि वह एलिस को अकेला नहीं छोड़ना चाहती थी। नौकरानी ने उनके नहाने के लिए पानी गरम कर दिया और उसने एलिस के लिए अपनी एक ड्रेस निकाली। उसने उसे एक कुर्सी पर आराम से बैठाया ताकि वह खुशनुमा माहौल में वापस आ सके। एलिस अपना सिर झुका कर बैठ गई जाए क्योंकि अब उसे वास्तविकता का सामना करना मुश्किल होगा। जीवन के कुछ पहलुओं को छुपाया नहीं जा सकता है, और व्यक्ति को इसके परिणाम भुगतने पड़ते हैं।

एलिस ने स्नान किया, उसके द्वारा दी गई लाल पोशाक पहनी और बाथरूम से बाहर आ गयी और बिस्तर पर लेट गई। मिरांडा ने उसे रजाई से ढक दिया क्योंकि उसका नाजुक शरीर कमजोर लग रहा था। उसकी आंतरिक शक्ति ने उसे सुरक्षित घर पहुँचा दिया था। मिरांडा जानती थी कि वह एक अच्छा पौष्टिक खाना चाहती है इसलिए उसने पहले से ही कमरे में नाश्ता परोसने का आदेश दे दिया था। नहाने के बाद उसने ऐलिस को बिस्तर पर बिठाया और नाश्ता करने में उसकी मदद की। रसोइया ने नाश्ता परोसा और दोनों ने भरपेट भोजन किया। उसने अपने पिता को संदेश भेजा कि वह शाम को उनसे मिलेगी और इसमें चिंता करने की कोई बात नहीं है। उनके दर्द भरे शरीर को विश्राम की आवश्यकता थी।

अपनी निर्दोष सहेली को बिस्तर पर सोता देखकर उसकी आँखें नम हो रही थीं। उसका मनमोहक गुलाबी चेहरा, हल्के से खुली आँखों के साथ लंबे बाल उसे स्वर्ग से एक परी की तरह लग रहे थे। वह दुनिया का सामना करने के लिए फिर से उठती लेकिन उसके शरीर पर एक गहरा निशान था। मिरांडा

के दृढ़ संकल्प और साहस ने उसके मिशन को सफल बना दिया था। वह अपना एक हाथ पकड़कर उसके बगल में लेट गई और ऐसे सोई जैसे पहले कभी ना सोई होगी।

अध्याय 6. चिंगारी

वह शाम हवा में तैरते भूरे बादलों के साथ शांत और निर्मल लग रही थी। शीशे की खिड़कियों से मिरांडा ने बगीचे में काले गुलाबों को खिलते देखा। एलिस अभी भी गहरी नींद में सो रही थी और मिरांडा चाहती थी कि उसकी जांच एक डॉक्टर द्वारा की जाए। डॉक्टर ने संदेश भिजवाया कि वह एक घंटे में आ जाएगी। तब तक वह अपने पिता और योगेश्वर के साथ बैठकर एलिस की ज़िंदगी का नया अध्याय खोलना चाहती थी। वह ऐलिस की उपस्थिति के बिना उनके साथ बैठना चाहती थी। वह उनकी भावनाओं को ठेस नहीं पहुंचाना चाहती थीं। वह नीचे गई और उनके साथ बैठक में शामिल हो गई। उसका चेहरा अभी भी फीका था और ऐसा लगता था कि उसने अपनी ताजगी खो दी है।

हेरोल्ड ने अपनी बेटी का हाथ पकड़ते हुए कहा, ''मिरांडा, मैं जानता हूं कि तुम्हारा समय बहुत कष्टदायक रहा है, लेकिन हमें सब कुछ पता था... लेकिन एक सीमित सीमा तक ही।''

''योगेश्वर ने एक संदेश भेजा और मैं दिल्ली से वापस चला गया। अधिकारियों से अनुमति लेने के बाद मैं कल मकान नंबर 23 पर गया था, मैं उनके कार्यालय पहुंचा पर मुझे कोई संतोषजनक जवाब नहीं मिला। उन्होंने आपको सभी कमरों में खोजा, लेकिन तुम कहीं नहीं मिली। तुम अपने दोस्त की खातिर अपनी जान जोखिम में कैसे डाल सकती हो और सभी अनैतिक चीजें कर सकती हो?'' वह सपाट लहजे में बोले।

''आप मुझे कम से कम सूचित कर सकतीं थीं और मुझे कोई और रास्ता मिल सकता था। अधिकारी आपके तर्कहीन व्यवहार से नाखुश हैं।

एक अंग्रेज होने के नाते, आपको इस विदेशी भूमि में उनका समर्थन करना होगा। हम अभी भी भारत पर शासन कर रहे हैं।'' इस कथन ने उसे दुविधा में डाल दिया।

अंग्रेज़ होने के सिद्धांत ने उसे स्तब्ध कर दिया। वह अपने देश और लोगों से प्यार करती थी, लेकिन तभी जब वे सही दिशा में आगे बढ़ रहे थे। वह कभी भी उनके गलत कामों का समर्थन नहीं करेंगी। मिरांडा ने योगेश्वर को, जो बातचीत सुन रहा था, अपनी आँख के कोने से देखा। वह उसका मूक समर्थक था। हा देश और उसके लोग उस पर एक अजीब छाप छोड़ रहे थे। इन दिनों वह उसे हर मिनट याद करती थी। वह अकेला था जिसने संकट के समय उसकी बात मानी थी। वे उनके जीवन के अविस्मरणीय क्षण थे। उसे इस भारतीय से प्यार होने लगा था।

''पिताजी। मैं नरक से गुजरी हूं लेकिन राहत मिली क्योंकि आखिरकार, ऐलिस सुरक्षित है।''

''मैं जानता हूँ वह आपकी सबसे अच्छी दोस्त है। मैं उसके भारत में रहने के बारे में अनजान था। क्योंकि आपने मुझे उसके बारे में कभी नहीं बताया।''

उसकी आंखों में आंसू आ गए और उसने खुद को बेकाबू पाया। "मैं अपने जीवन के सबसे गंदे दिनों से लगातार गुजरी हूं। शुद्ध, सभ्य अंग्रेजी और भारतीय लड़कियां इन कुत्सित अंग्रेजों के हाथों अपनी पवित्रता खो रही हैं। मैंने इसे अपनी खुली आंखों से देखा है और अजीब बात ये है कि वे अपने गर्भ में उनके पाप पाल रही हैं। इन नाजायज बच्चों की जिम्मेदारी किसी के द्वारा नहीं ली जाती है। उन्हें एक अंधेरी सुरंग में छोड़ दिया जाता है और उम्मीद की किरण देखने के लिए इंतजार किया जाता है। एलिस गर्भवती है लेकिन किसके बच्चे के साथ वह नहीं जानती।''

''क्या?'' श्री हेरोल्ड क्लेमेंस और योगेश्वर एक साथ बोले उनके मुंह और आँखें खुली हुई थी मानों वे सदमे की स्थिति में हों। मिस्टर क्लेमेंस के पास कहने के लिए कुछ नहीं था। उनके चेहरे से सारी खुशी उड़ गई, और वह धीरे-धीरे उस कुर्सी पर बैठ गए और उन्होंने अपने दाहिने हाथ से पकड़ रखा

था। उनकी बेटी अब अपने लोगों के सभी काले गंदे रहस्यों के प्रति खुली थी। हालाँकि वह इन सब बातों से भली-भांति परिचित था, फिर भी उसे अधिकांश अंग्रेज लोगों के कृती पर शर्म महसूस हुई। किसी तरह जोड़ तोड़ करके उसे एलिस के साथ अपनी बेटी को वापस भेजना पडेगा।

''मैडम, डॉक्टर यहाँ है,'' जेनी ने डाक्टर के साथ प्रवेश करते हुए कहा और वह आराम से मिरांडा के बगल वाली कुर्सी पर बैठ गया।

हैलो डाक्टर, "उसने डॉक्टर का अभिवादन किया। उसने कहना जारी रखा,'' मैंने आज सुबह अपने दोस्त एलिस के लिए आपके लिए एक संदेश भेजा था। उसे कुछ जटिलताएँ हो रही हैं। वह ऊपर सो रही है। डाक्टर कृपया आईये।

मिरांडा और डॉ जेनिफर सीढ़ियों से ऊपर कमरे में चली गयीं। उसने दरवाजा खोला और देखा कि एलिस बिस्तर पर बैठी है और खाली आँखों से खिड़की से बाहर देख रही है।

मिरांडा उसके पास गई और उसके बगल में खड़ी हो गई, ''एलिस तुम कब सोकर उठी हो।

''तुम्हें मुझे बुलाया लेना चाहिए था... भूख लग रही होगी...उदास ना हो डॉक्टर आपकी जांच करने के लिए आयी हैं।''

ऐलिस ने धीरे से अपना सिर उनकी ओर घुमाया; पीली और थकी हुई लेकिन सुंदर दिख रही थी। वह बिस्तर से नीचे उतरने लगी और धीरे-धीरे अपने पैर नीचे करने लगी। जैसे ही वह खड़ी होने वाली थी, उसने मिरांडा को पकड़ लिया क्योंकि वह बहुत कमजोर महसूस कर रही थी। डॉक्टर ने उसे बिस्तर पर लिटा दिया और अपने बैग से स्टेथोस्कोप निकाला। वह उसकी जांच करने लगी।

वह एनीमिक है और उसे आहार की जरूरत है। खिन्न दिखने के पीछे क्या कारण है,'' मिरांडा ने संक्षेप में उसे बताया। ''उसे उसके दोस्त ने धोखा दिया है और इसके गर्भ में उसका बच्चा है।''

डॉ जेनिफर ने सिर हिलाया और एक गंभीर अभिव्यक्ति दी। ''हे भगवान... यह बेतुकी सी बात है... किसी भी तरह... मैं देखूँगी कि क्या किया जा सकता है... आपके आखिरी मासिक धर्म कब हुए थे!'' उसने उससे सवाल किया।

''सात महीने पहले।''

''क्या आपको तारीख याद है?''

''बिल्कुल नहीं लेकिन यह पंद्रहवां के आसपास था।''

''साढ़े छह महीने पूरे हो गए।''

''उचित आहार की कमी और आपकी लापरवाही ने आपको ऐसा बना दिया है।''

''मुझे यह बच्चा नहीं चाहिए, क्या आप मेरी मदद कर सकती हैं?''

''अब बहुत देर हो चुकी है ... बहुत देर हो चुकी है, डॉक्टर को स्पष्ट रूप से बताया, और धीरे-धीरे ऐलिस ने जोर से चिल्लाना शुरू कर दिया और अपने पेट पर घूंसे मारना शुरू कर दिया।

''कृपया मेरी मदद करिए! मुझे अपनी माँ के पास घर वापस जाना है। मैं उसका सामना कैसे करूँगी, मैं इस नाजायज औलाद को अपनी कोख में नहीं पाल सकती!'' मिरांडा ने उसे पकड़कर कसकर गले लगा लिया और कहा, ''रोना बंद करो, मैं तुम्हारे लिए हूँ, मजबूत बनो।'' वह उसकी मानसिक स्थिति को समझ सकती थी। इसलिए उसने रुमाल से उसके आंसू पोंछे और उसे लिटा दिया।

''मैं सोचती हूँ आप कृपया सारी दवाइयां भिजवा दें और अगर आप इनके नियमित चेकअप के लिए आती रहें तो मैं आपकी बहुत शुक्रगुजार रहूँगी।

''बेशक, लेकिन कभी-कभी अगर कोई स्वास्थ्य समस्या उत्पन्न होती है तो आपको जाखू हिल के पास स्टीफन अस्पताल आना होगा। उसे अब से बहुत सावधान रहना होगा। उसे उचित भोजन और आराम की जरूरत है।''

उसने उसे लेटा दिया और जेनी को बुलाने के लिए घंटी बजाई ''जेनी एलिस के लिए कुछ पौष्टिक भोजन ले आओ...एक गिलास गर्म दूध, दो उबले अंडे, और ब्रेड के स्लाइस। हम अपनी नीचे वाली बैठक में चाय लेंगे।

''जी महोदया''

मिरांडा ने उसे पीठ के सहारे बिस्तर पर अच्छी तरह से टिका दिया और अपनी उंगलियों को उसके बालों में फिराने लगी, ''तुम एक दोस्त से ज्यादा एक बहन हो ...मैं हमेशा तुम्हारे साथ हूँ...बेहतर रहेगा कुछ खाओ और आराम करो। कल सुबह तक तुम बहुत बेहतर महसूस करोगी'' ऐलिस उसकी ओर देखकर मुस्कुराई और एक मीठे इशारे के साथ कहा। ''मुझे वापस लाने के लिए धन्यवाद ... लेकिन, "उसने अपनी आँखें बंद कर लीं और लेट गई।

वह डॉक्टर के साथ कमरे से बैठक में चाय पीने चली गई।

''डॉक्टर जेनिफर, क्या आप मुझे उनकी डिलीवरी की तारीख और महीने के बारे में कुछ बता सकती हैं। मुझे व्यवस्थाओं को देखना होगा ... मुझे अकेले ही सारे इंतज़ाम देखने होंगे।''

''चिंता करने की कोई ज़रूरत नहीं है वह महफूज है ... वह सितंबर... मध्य... में अपने नौ महीने पूरे कर लेगी ... उसे नियमित जाँच पड़ताल की जरूरत है।''

श्री क्लेमेंस और योगेश्वर उसकी परियोजना पर चर्चा कर रहे थे और वह उसे लेआउट दिखा रहे थे। जेनी ने उन सभी को चाय पिलाई।

चाय पीने के बाद डॉ. जेनिफर ने विदा ली और मिरांडा ने उन्हें आने के लिए धन्यवाद दिया। उनके पिता चाहते थे कि वह परियोजना को समय पर पूरा करें। वह चाहते थे कि वह अनुभव प्राप्त करें ताकि जब वह लंदन पहुंचे, तो उनके हाथ में कुछ हो। वह चाहते थे कि मिरांडा एक सफल उद्यमी बने।

''मिरांडा, मेरी बच्ची, मुझे इस बात में कोई दिलचस्पी नहीं है कि तुम उसे वापस लाई लेकिन अब तुम्हें उसे वापस भेजना होगा।''

''पिताजी आप इतने निर्दयी कैसे हो सकते हैं। उसकी हालत ठीक नहीं है और यात्रा करना उसके लिए असुरक्षित है। वह सितंबर में अपने बच्चे की उम्मीद कर रही है और डॉक्टर ने पहले ही उसे आराम करने और नियमित जांच कराने की सलाह दी है। वह मेरे साथ रहेगी, और अगर आपको लगता है कि वह बाधा साबित हो रही है तो मैं उसे कहीं ले जा सकती हूं। उसका चेहरा गुस्से से लाल हो गया और वह बगीचे में चली गई।

मिरांडा योगेश्वर से बात करने के लिए तरस रही थी। जब तक वह हर एक मिनट की घटनाओं को नहीं सुनाती, तब तक उसे चैन नहीं मिलेगा। इन तीन दिनों में उसने उसे बहुत याद किया था।

शाम का समय था उसे हवा के बहते हल्के झोंके बहुत अच्छे लग रहे थे। उसकी साधारण सफेद पोशाक ने उसे इतना सुंदर बना दिया।

''उसका जीवन उसे कहाँ ले आया था? वह इन दिनों बहुत बदल गई है। शायद वह दिन-ब-दिन परिपक्व हो रही थी।'' पिछले तीन दिनों की घटनाएं उसके दिमाग में घूम गईं। "क्या होता अगर वह पकड़ी जाती?'' उसने सोचा। रविवार को वह ऐलिस और जेनी के साथ चर्च जाने की योजना बना सकती है। लगभग बीस मिनट तक बगीचे में टहलने के बाद उसके दिमाग में कुछ योजनाएँ थीं वह बीच वाली बेंच पर बैठ गई।

''बेशक, लेकिन कभी-कभी अगर कोई स्वास्थ्य समस्या उत्पन्न होती है तो आपको हो सकती है।

''मैडम बारिश होने वाली है, आपको अंदर जाना चाहिए,'' उसके बगल में खड़े योगेश्वर ने धीमी आवाज में कहा। जिससे वह चौंक गई और अपनी नींद से लगभग जाग गई। वह कई दिनों से सोई नहीं थी। यहाँ लगभग अंधेरा था और नमी से लदे काले बादल थे। वह चाहती थी कि यह बारिश खुशियां लाए। वह उसके बगल वाली बेंच पर बैठ गया। मिरांडा के कोमल और सूक्ष्म रूप ने उसके दिल की धड़कन बढ़ा दी।

उसने अनकही आँखों से उसकी ओर देखा। ''योगेश्वर, मैं तुमसे बात करने के लिए तरस रही थी। तुम्हारा शक सच साबित हुआ जब मैं उन दोनों

लड़कियों के जाल में फंस गई। मैंने उन्हें फिर कभी नहीं देखा। ये कितने नए और डरावने चेहरे थे और ये सभी जिस्म के कारोबार में समान रूप से शामिल थे।'' वहाँ डॉक्टर, नर्स, नौकरानी, गार्ड और उच्च श्रेणी के अधिकारी थे, जिन्होंने बेशर्मी से खुद को संतुष्ट करने के लिए युवा लड़कियों को चुना। मैंने उनके ठिकाने के बारे में जानने के लिए वहाँ रहना पसंद किया। मैं किसी तरह सफल हुई लेकिन मुझे पता था कि मुझे उसके लिए अपना शरीर त्यागना होगा।'' मिरांडा आगे बढ़ने ही वाली थी कि योगेश्वर से रहा नहीं गया और उसने अचानक अपना एक हाथ उसके होंठों पर रख दिया और दूसरे हाथ से उसका हाथ पकड़ लिया।

''कृपया मुझे मत बताओ कि क्या तुमने अपनी पवित्रता खो दी है।'' यह सब इतनी जल्दी हुआ कि मिरांडा को जारी रखने का मौका नहीं मिला। वह उसके शरीर का लगभग आधा हिस्सा अपने ऊपर महसूस कर सकती थी और उसके जिस्म की महक उसके नाक में भर गई वह मदहोश हो गयी। अपने मुंह से उसका हाथ हटाकर अपने हाथों में पकडकर बैठी रही। वह इस पल के लिए तरस रही थी और इस आदमी के इतने करीब होने पर संतुष्टि महसूस कर रही थी जो महिलाओं के प्रति इतना दयालु था।

प्यार जाति, पंथ और रंगों से परे है। ऐसे व्यक्ति से प्यार करना चाहिए जिसके हर पहलू से तुम वाकिफ हो।

खुशनसीब है वह जिसे तुमने वक्त के साथ पाला है। प्यार में कोई सरहद नहीं होनी चाहिए। एक अंग्रेज़ लड़की को एक भारतीय आदमी के प्यार हो सकता है।

''मैं चाहती हूं कि तुम मेरे बगल में बैठो,'' उसने अभी भी उसका हाथ पकडे हुए कहा। एक पल के लिए योगेश्वर को अपने कृत्य पर शर्मिंदगी महसूस हुई और उसने अपने हाथों को उसके अपने हाथों से खींच लिया। वह उसे अपने बगल में बैठाने में सफल रही और उसने अपना सिर उसके कंधे पर टिका दिया। उसने अपनी बाहें के घेरे में उसके कंधे को ले लिया अब वह खुद को सुरक्षित ,महसूस कर रही थी। वह बार-बार अपना हाथ हटाता रहा, लेकिन वह उसे पकड़ती रही और आत्मविश्वास से बोली, ''डरो मत मैं अपनी पसंद

के व्यक्ति के साथ बैठी हूँ।'' जिस दिन मैंने तुम्हें देखा था, उसी दिन से मैं तुम्हारे प्यार में पड़ गई थी। मेरे प्रति आपका आत्मविश्वास, विश्वासयोग्यता और आशावादी रवैया आपको सबसे अलग बनाता है। आप मेरे जीवन के पहले पुरुष हैं। न जाने क्या लिखा है सितारों में।''

''मैडम, कृपया ऐसा मत कहो। आपका प्रवास भारत में अस्थायी है। इस रिश्ते का कभी भी सफल परिणाम नहीं होगा। हम अलग-अलग हैं और हमारे स्वाद, पोशाक और संस्कृतियां मेल नहीं खाती हैं। हमें ध्रुवों की तरह दूर रहना होगा।''

''मैंने लोगों के लिए नाराजगी की भावना विकसित की है। भारत के लोग अधिक व्यावहारिक और उदार हैं। ऐलिस का आज मेरे जीवन में सबसे प्रमुख स्थान है। मुझे पता है कि आपकी मदद से मैं उसे बचा सकती हूं।''

''मैं अँधेरे और उजाले में तुम्हारे हूँ। जब भी जरूरत हो, मैं आपके लिए हूं। भगवान कृष्ण हमारे रक्षक होंगे। राधा के लिए उनका इश्क सच्चा था। उनका प्यार खिल उठा और अभी भी वफादारी और अनुग्रह का प्रतीक है।''

वह खाने की मेज लगाये जाने की आवाज सुन सकती थी। रात के खाने का समय था और वह जानती थी कि जेनी उसे खोजती हुई आएगी। वे खड़े हो गए और वह अपने कमरे के लिए निकलने वाला था जब उसने उसे बुलाया, ''मुझे लगता है कि आप हमारे साथ रात का खाना खा सकते हैं।''

''नहीं, मैडम, आप अपने पिताजी के साथ खा सकती हैं। मैं उनके साथ सहज नहीं रहूँगा। शुभ रात्रि''

''शुभ रात्रि,'' उसने अपनी आँखों से उसके साथ रहने की लालसा के साथ कहा।

''जेनी बेहतर होगा कि आप ऐलिस को रात के खाने के लिए बुलाएं, वह एक कमरे में कैद होके नहीं रह सकती है उसे कोकून से इस कोये से बाहर आना चाहिए।" उसने एलिस को आवाज लगायी और जेनी उसे बुलाने के लिए ऊपर चली गई।

''मैडम वह अभी भी थकी हुई है और वह चाहती है कि उसका रात का खाना कमरे में परोसा जाए।''

उसने अपने दोस्त को नीचे आने के लिए मजबूर नहीं किया और अपने पिता के साथ खाना खाने चली गई। भोजन के दौरान वे ज्यादा बात नहीं करते थे। वह उसे गुड नाईट विश करके सीधे अपने कमरे में चली जाती है। उसके पिता उसे बहुत प्रिय थे, लेकिन उसकी देशभक्ति की भावना उसमें घृणित भाव पैदा कर रही थी। उसे अंग्रेजों के प्रति उसकी प्रतिक्रिया और उनके द्वारा किए जा रहे जघन्य अपराधों के लिए उसका समर्थन करना चाहिए।

ऐलिस जाग रही थी या नहीं, यह जांचने के लिए उसने धीरे से दरवाजा खोला।

ऐलिस बिस्तर पर बैठी थी और एक किताब पढ़ रही थी। वह उसे देखकर मुस्कुराई और धीमी आवाज में उसे पुकारा, ''आओ और मेरे साथ बैठो मिरांडा, मैं तुमसे दोपहर से नहीं मिली। मुझे अपनी माँ की याद आ रही है और मैंने उन्हें नहीं लिखा है ... वह मेरे पत्र की प्रतीक्षा कर रही होंगी। मैं चाहता हूँ कि तुम बैठो और बात करो। .. मेरे पास बताने के लिए घटनाओं की एक श्रृंखला है .... भारत में इन महीनों ने मुझे इतना परिपक्व बना दिया है लेकिन मैं नहीं चाहती कि यह बच्चा प्रार्थना करे कि यह मर जाए और दुनिया में ना रहे।

एक अनाथ बच्चे को इतने सारे सवालों के जवाब की आवश्यकता होगी कि पापी उसे नहीं बख्शेंगे। मेरी हालत के बारे में मेरी माँ को मत बताना। उसके पास इस दुनिया में कोई नहीं है।'' दुःख के आँसू बह गए और मिरांडा उसके आँसू पोंछते हुए बिस्तर पर बैठ गई।

''इतना लाचार मत हो, मैं हमेशा तुम्हारे साथ हूँ। तुम्हारी माँ को इस बच्चे के बारे में कभी पता नहीं चलेगा... बच्चे के जन्म के बाद तुम लंदन चली जाओगी... हम देखेंगे कि हम इसके साथ क्या कर सकते हैं। बच्चा... मैं संभाल लूंगी,'' मिरांडा ने कहा और उसे दिलासा देने लगी।

उसकी सिसकियाँ जारी रहीं, ''मिरांडा एक अंग्रेज या भारतीय जोड़े की तलाश करो जो इसे गोद ले सके। मेरे पास पर्याप्त पैसा नहीं है और मैं अस्पताल का खर्च भी नहीं उठा सकती। मैं भी मरना चाहती हूं... कि मेरा जीवन अब बेकार है। ... आप पर बोझ।''

''क्या तुमने अपनी दवाई ले ली है,'' मिरांडा ने पूछा।

''अभी मेरा मन नहीं हुआ,'' वह बच्चों की तरह बोली। बिस्तर से नीचे उतरी और लकड़ी के बक्स से दवाइयाँ निकालीं। डॉक्टर द्वारा दिए गए सिरप को एक छोटे गिलास में डालकर पिलाया। ''बेहतर है तुम सो जाओ। यहां तक कि मैं भी थकी हुई महसूस करती हूं।''

मिरांडा उसके बगल में लेट गई और अपने आप को सहज बना लिया। वह जानती थी कि ऐलिस को उसके प्यार और देखभाल की ज़रूरत है और वह अपना सर्वश्रेष्ठ करने की कोशिश करेगी। अंग्रेजों के प्रति उनका गुस्सा फूटने को तैयार ज्वालामुखी की तरह बढ़ रहा था और किसी भी क्षण लावा बहने लगता था। उसे उन सभी मासूम लड़कियों को बचाना था जो उनके द्वारा पकड़ी गई थीं और उन्हें देह व्यापार में धकेला जा रहा था। हजारों लड़कियों को अनजाने में दशकों के लिए भारत लाया जा रहा था।

उसे योगेश्वर की मदद और सहारे की जरूरत थी। वह अब वापस नहीं बैठेगी।

अगली सुबह एलिस और मिरांडा दोनों के लिए ताजा और आमंत्रित लग रही थी क्योंकि सूरज की किरणें खिड़की से कमरे में प्रवेश कर रही थीं। वे कमरे में जेनी द्वारा चाय परोसने के लिए कुर्सियों पर बैठ गए।

''मुझे आशा है कि तुम अच्छी तरह से सोईं,'' मिरांडा ने कहा।

''हाँ, अब मैं बहुत अच्छा महसूस कर रही हूँ ... लेकिन मैं इस बच्चे को इस दुनिया में नहीं ला सकती ... इसे मरना होगा,'' वह अपनी सूजी हुई आँखों और चेहरे से बोली।

‘‘हम अजन्मे के बारे में बुरा नहीं सोच सकते। मैं आपकी स्थिति को अच्छी तरह समझती हूं, लेकिन अब मुझे आपके समर्थन की जरूरत है।

‘‘निश्चित रूप से इसमें नई बात क्या है... मैं हमेशा तुम्हारे लिए हूं।’’

‘‘आप योगेश्वर से नहीं मिली हैं... मुझे लगता है।’’

‘‘वह लंबा आदमी जो हमारे आने पर गेट पर खड़ा था।’’

‘‘हां, मेरे प्रोजेक्ट मैनेजर... प्रिये, जिसने आपको खोजा और आपकी तलाश में मेरी मदद की... वह वही है, जिससे मैं मुसीबत के समय मदद ले सकती हूं।’’

‘‘मुझे भी उन्हें व्यक्तिगत रूप से धन्यवाद देना चाहिए।’’

‘‘हाँ, और अब मुझे उसकी मदद की ज़रूरत है...मेरी लडकियों की आज़ादी के लिए।’’

‘‘क्या आप विद्रोह की योजना बना रही हैं... क्या आप गंभीर हैं इसे छोड़ दें...अपनी जिंदगी खराब मत करो...कोई मदद नहीं करेगा...ये गद्दार हैं...।’’

‘‘याद रखें... आप एक अंग्रेज हैं।’’

‘‘हमें उनके दिल जीतने की जरूरत है ...मुझे भारतीयों के समर्थन जरूरत है।’’

‘‘मैंने दर्द महसूस किया है और चौदह पंद्रह वर्ष की गरीब युवा लडकियों को इन बीमार अंग्रेज पुरुषों के सामने पेश होते देखा है।’’

‘‘हमें अब उन्हें बचाने की जरूरत है और... उन्हें वापस भेजने की जरूरत है।’’

‘‘मैं हमेशा तुम्हारे साथ हूँ,’’ उसने उसके दोनों हाथों को कसकर पकड़ने हुए कहा।

''आठ बज गए हैं और हमें तैयार हो जाना चाहिए।''

मिरांडा जल्दी से गर्म स्नान के लिए दौड़ी और सुंदर सफेद पूरी बाजू की रेशमी फ्रॉक पहनकर बाहर आई। उसने अपने स्टॉकिंग्स, एक शाल और फ्लैट जूते पहने और अपने बालों को पीछे बांध लिया। उसने अलमारी खोली और उसे बुलाया।

''यहाँ से अपनी पसंद की कोई भी ड्रेस ले सकती है और मैं एक या दो दिन में आपके कपड़े ले आऊँगी। नाश्ता करने के लिए नीचे आओ,'' उसने उसे सब कुछ समझाया और जानना चाहा।

क्या उसके पिता दिल्ली के लिए गए थे या नहीं।

8.30 बज गए थे और जेनी नाश्ता बना रही थी।

''जेनी, डैडी कहाँ हैं?''

''मैडम वह सुबह जल्दी निकल गया क्योंकि कुछ जरूरी मीटिंग थी।''

''ओके''

वह योगेश्वर के कमरे में छोटे पूजा स्थल को देखना चाहती थी। बगीचे को पार करके वह उसके कमरे में पहुँची।

''योगेश्वर'' वह उसका नाम ठीक से नहीं ले सकती थी इसलिए उसने संक्षेप में ''योग ... योग!'' कुछ सेकेंड बाद दरवाजा खुला। उसने हल्के नीले रंग की कमीज और गहरे नीले रंग की पैंट पहन रखी थी।

''गुड मॉर्निंग मैडम... हाँ कुछ जरूरी है?

''सुप्रभात...नहीं ... आपके भगवान से प्रार्थना करने आई थी कि मुझे अपना नया काम शुरू करने की शक्ति दें।'' उसके कमरे में प्रवेश करने के लिए धीरे से उसे एक तरफ धकेल दिया और मूर्तियों के सामने हाथ जोड़कर खड़ी हो गई और योगेश्वर उसकी सुंदरता को मंत्रमुग्ध होकर देखता रहा।

''कौन सा काम!'' उसने दूर से ही उससे पूछताछ की।

उसने अपना सिर घुमाया और कहा, ''लड़ाई से ज्यादा फर्ज है लड़कियों को इस जबरन पेशे से बाहर निकालना चाहिए। वे स्वेच्छा से यह काम नहीं कर रही हैं। कई तो पहले ही मर चुकी हैं और असंख्य अविवाहित माताएं हैं। वे कहां जाएंगी? कौन उनसे शादी करेगा! औरत क्या कोई खिलौना है जिससे तुम खेल सको और टूट जाए तो कूड़ेदान में फेंक दो। ऐसा नहीं है।" उसका चेहरा रोष से लाल हो गया था।

वह बदहवास अंदाज में बोलती रहीं। ''मैं सामान्य रूप से महिलाओं की परवाह करती हूं... उनके देश, जाति या धर्म के बारे में नहीं एक महिला को एक महिला को बचाना है। हम अंधे होने का नाटक नहीं कर सकते हैं और बर्बर दुनिया को अपनी गति से चलने नहीं देते हैं। पुरुष शब्द महिला से आया है। उन्हें अपने दिल और जीवन में महिलाओं को एक अलग स्थान देना होगा।''

''यह एक लंबी यात्रा है मैडम, और हो सकता है कि आपके लोग आपका समर्थन करने से इंकार कर दें। वे आपको जबरदस्ती वापस भी भेज सकते हैं। आपको उन भारतीय महिलाओं से मिलना होगा जो सक्रिय रूप से स्वतंत्रता संग्राम में भाग ले रही हैं।''

वह उसके पास आकर खड़ी हो गई और उसका हाथ पकड़ कर बोली, ''मैं तुम्हारे बिना अधूरी हूं।

मैं लोगों की परवाह नहीं करती कि हमारे या तुम्हारे लोग क्या सोचेंगे लेकिन आजादी की इस लड़ाई में तुम ही मेरा सच्चा सहारा बनोगे. वो इतने करीब खड़े थे कि वो उन्हें गले लगाने से खुद को रोक नहीं पाईं। वह हमेशा उसे कसकर पकड़ना चाहती थी क्योंकि वह उसकी कमजोरी बन रहा था। वह चाहती थी कि वह सभी सीमाओं को पार करे और निडरता से उसका पंख लगाना शुरू करे योगेश्वर हमेशा एक निश्चित दूरी बनाए रखना चाहता था लेकिन मिरांडा ऐसे कठिन और तेज नियमों का पालन नहीं कर सकती थी। वह उसके कठोर शरीर, उसकी गंध और उसके दिल की धड़कन को महसूस कर सकती थी। उसने अपनी बाहें उसकी कमर के चारों ओर लपेट दीं और

वे एक दूसरे में पूरी तरह से खो गए थे तभी दरवाजे पर दस्तक हुई। ''मिरांडा तुम यहाँ हो,'' ऐलिस ने पुकारा, उसने उसे छोड़ दिया और दरवाजा खोला।

''अंदर आओ,'' उसने कहा, और उसे अंदर ले आई।

''योगेश्वर यह प्रिय ऐलिस है; आप उससे अच्छी तरह परिचित हैं। ऐलिस इस सच्चे भारतीय मेरे हमसफ़र से मिलें'' उसने उसका हाथ मजबूती से पकड़ते हुए कहा, ''वह जो संकट के इस दौर में मेरे साथ स्तंभ की तरह खड़ा है।''

ऐलिस की नज़र छोटे सुव्यवस्थित कमरे पर पड़ी। वह ज्यादा बोली नहीं और उससे कहा, ''जेनी नाश्ते के लिए हमारा इंतजार कर रही है।''

''योगेश्वर आप भी हमारे साथ नाश्ता कर सकते हैं। मैं आपसे कुछ महत्वपूर्ण बातों पर चर्चा करना चाहती हूँ।''

''नहीं मैडम मैं आपको नाश्ते के बाद मिलूँगा'', उसने सुरक्षित दूरी बनाए रखना पसंद किया। वे नाश्ता करने के लिए कमरे से बाहर चले गए।

तीनों आगे की चर्चा के लिए लिविंग रूम में बैठ गए।

''मिरांडा, मैंने इन महीनों में देखा कि देश के विभिन्न हिस्सों में हजारों गरीब लड़कियां प्रतिदिन इन अंग्रेज पुरुषों की सेवा करती हैं। हम शिमला में हैं जहां इन लड़कियों का केवल सौवां हिस्सा मौजूद है। पूरे देश में उनके लिए जेल, अस्पताल और छात्रावास हैं। एक दिल्ली में भी है। जो रास्ता आप चुन रही हैं वह आसान नहीं होगा। आपके प्रयासों के कारण मैं अकेली जीवित हूं, लेकिन मुझे वापस लाना आसान काम नहीं था। मैं नहीं चाहती कि तुम और मुसीबत में पड़ो। तुम मेरे लिए बहुत कीमती हो। मैं तुम्हारे साथ सही सलामत लंदन लौटना चाहती हूं। अब मेरी हालत देखो... आगे एक अंधकारमय भविष्य के साथ छोड़ दिया है... एक अविवाहित मां।' उसकी आँखें आँसुओं से भरी हुई थीं जो अचानक छलछला उठी।

''मैं इससे जुड़े जोखिम के बारे में बता रही हूं लेकिन मैडम यह सुनने को तैयार नहीं हैं'', योगेश्वर खुश थे कि कोई उनसे सहमत होने वाला था।

उन्होंने गुस्से भरे लहजे में कहा, ‘‘मैं इस तरह की भावनात्मक टिप्पणियों से बिल्कुल भी प्रभावित नहीं हो रही हूँ, अगर आप मेरा समर्थन करने के लिए तैयार तो मैं अपनी यात्रा अकेले ही तय करूंगी और रास्ता खुद ही ढूंढ लूँगी।’’ उसने इस कठोर वास्तविकता को स्वीकार करने की कोशिश की कि वह अपनी जिद पर अडी हुई है और उसे कोई और बहाना नहीं देना चाहिए।

‘‘एक महत्वपूर्ण जानकारी जो मैंने इन जगहों पर इकट्ठा की, वह इन सभी लड़कियों को नए देश में ले जाने की अंग्रेजों की योजना के बारे में है, जिस पर वे कब्जा कर रहे हैं... शायद साल के अंत तक। मैंने हाउस नंबर 21 में एक बातचीत सुनी। उन्हें उनके घर वापस भेजना हमारा नैतिक कर्तव्य है... और मैं आपके साथ हूं।’’ वह उठ खड़ी हुई और मिरांडा के पास गई। उसने एकता के संकेत के रूप में अपना हाथ कसकर पकड़ लिया और कहा। ‘‘चलो शुरू करें।’’

यह एक शुरुआत थी, लैंगिक समानता लाने की शुरुआत, इस कड़वा सच को स्वीकार करने के लिए कि वे इस दुनिया में बिना किसी कारण के नहीं रह रहे हैं। वे देवदूत हैं जो सीधे स्वर्ग से आते हैं और उन पर प्रेम बरसाते हैं और उनका पालन-पोषण करते हैं।

‘‘मैडम हमें शुरुआत शिमला के महिला संगठन से मिल कर करनी है जो हमारे देश की नस्ल के लिए दिन-रात काम कर रही है। आप उनके लिए बड़े आश्चर्य की बात होगी क्योंकि काली रातों की लड़ाई के लिए एक अंग्रेज महिला कभी काले और गोरे गुलामों के अधिकार के लिए आगे नहीं आई। कई बार आप अंग्रेजी के संबंध में उनके द्वारा निराश होंगे लेकिन अपना काम पूरा करने के लिए आपको असंतोष को सहन करना होगा।

मैं इन लड़कियों के लिए खुद को बलिदान करने के लिए तैयार हूं। किसी न किसी को तो पहल करनी ही होगी और जो भी इन बेगुनाह लड़कियाँ की जिंदगी में चल रही इस तरह की चीजों को देख रहा है, वह हमेशा आगे आएगा। मेरा मानना है कि भारतीय लाचार हैं। मुझे पता है कि मुझे नाराजगी का सामना करना पड़ेगा लेकिन योग आपके समर्थन से मुझे ताकत

मिलेगी।'' वह आगे बढ़ी और उसका हाथ अपने हाथ से दबा लिया। ''एलिस मैं एक और अंधेरे रहस्य का खुलासा करना चाहती हूँ कि मैं इस भारतीय व्यक्ति से प्यार करती हूँ और मैं अपने भविष्य के बारे में अनिश्चित हूँ। इस देश और इसके लोगों के लिए मेरा प्यार दिन-ब-दिन बढ़ रहा है।'' वह जानती थी कि किसी विदेशी राष्ट्र में अपनी भूमि और उसके लोगों के विरुद्ध जाने से वह असहाय हो जाएगी।

एक सभ्य अकेला पुरुष एक महिला को सकारात्मकता और शक्ति की भावना देने की क्षमता रखता है। वह उसकी मदद से कठिन से कठिन काम कर सकती है। वह उसके मजबूत हाथों को पकड़कर सबसे ऊंचे पहाड़ों पर चढ़ सकती है और सबसे कठिन रास्तों को पार कर सकती है। उसे बस उसका आदमी बनना है, उसकी पसंद का आदमी।

''ओ! मिरांडा मैं तुम्हारे लिए बहुत खुश हूं और मुझे पता है कि वह तुम्हें कभी निराश नहीं होने देंगे।'' एलिस ने उसके चेहरे पर संतोष की एक बड़ी मुस्कान के साथ कहा।

अध्याय 7. विद्रोह

अंग्रेजों को देश पर शासन करते हुए एक शताब्दी हो गई थी। आजादी का संघर्ष अपने चरम पर था। हर कोने और नुक्कड में अराजकता, रक्तपात और भ्रम की स्थिति थी। अंग्रेज इतने समृद्ध और वैभवशाली देश को खोना नहीं चाहते थे। अंतिम निपटान होने तक उनके पास अभी भी कुछ साल बाकी थे। सौ साल की स्थापना को ख़त्म करना कोई मज़ाक नहीं था बल्कि इस पर गंभीर विचार-विमर्श की ज़रूरत थी। अंग्रेजों को बाहर निकालने के लिए भारतीय नेताओं द्वारा कई आंदोलन किये गये। देश एक निराशाजनक स्थिति में था।

मिरांडा को इस घटनाक्रम के बारे में अच्छी तरह से पता था और वह योगेश्वर के साथ बैंटनी हिल स्थित महिला संगठन के कार्यालय में जाने के लिए तैयार हो गई। वह उसके साथ कार में बैठी और देखा कि वह अभी भी भ्रमित था। इस खूबसूरत नीली आंखों वाली लड़की के लिए उसका प्यार उमड़ रहा था।

दस बज रहे थे और दिन उज्ज्वल और धूप वाला था। योगेश्वर ने ऑफिस का समय पक्का कर लिया था और सुबह दस बजे से शाम चार बजे तक का समय था. शिमला का मौसम सुखद और ताज़ा था। उसका मन इन हज़ारों लड़कियों को मुक्त कराने की योजना बनाने और क्या रणनीति अपनायी जाये, इस पर विचार करने में लगा हुआ था। इसके लिए हजारों भारतीय और अंग्रेजी महिलाओं के साथ-साथ पुरुषों के भी जबरदस्त समर्थन की आवश्यकता थी।

"योग, मैंने अंतिम निर्णय ले लिया है और मैं अपने कदम पीछे नहीं हटाऊंगी, भले ही मुझे कठिन परिस्थिति का सामना करना पड़े। शायद गंभीर भी।"

''मैं आपके बारे में चिंतित हूं मैडम... आपके पिता की प्रतिक्रिया...आप एक अंग्रेज हैं क्या हम सफल होंगे! हमें सिक्के के दोनों पहलू को ध्यान में रखना चाहिए।''

''मैं आपसे अनुरोध करती हूं कि अब से मुझे मैडम न बुलाएं। मुझे डर लग रहा है कि मैं चाहती हूं कि आप मुझे मेरे नाम से बुलाएं ... मैं आपसे सुनना चाहती हूं कि कृपया इसे एक बार कहें ... कृपया।''

''यह बहुत मुश्किल है और मुझे अपनी जगह और अपनी स्थिति को ध्यान में रखना है। यह दूरी सार्वजनिक रूप से बनाए रखनी है। मुझे आशा है कि आप बुरा नहीं मानेंगी। आप हमेशा मेरी प्रिय रहेंगी ... मिरांडा।''

मिरांडा के दिल की धडकनें और तेज होने लगी और जब वह गाड़ी चला रहा था तो वह उसके हाथ को पकड़ने से नियंत्रित नहीं कर सकी। उसके कान हमेशा उससे उसका नाम सुनने के लिए इंतजार कर रहे थे, ''मुझे पसंद है जिस तरह से आपने मेरा नाम पुकारा है ... आई लव यू योग,'' उसने कहा।

इतनी शिद्दत से कि वह अपनी भावनाओं को छिपा नहीं सकती थी और आखिरकार वह बाहर आ गई।

''मैं भी तुमसे प्यार करता हूँ... मिरांडा... हमारा प्यार भगवान की तरह पवित्र है... कृष्ण और राधा ... जो मीलों दूर रहते थे... फिर भी उनका प्यार कभी फीका नहीं पड़ा ... यह एक प्रश्न चिह्न है कि शायद तुम चली जाओ और मैं अकेला रह जाऊँ...तुम्हारे बगैर ...केवल भगवान ही जानते हैं कि यह कब समाप्त होगा।''

वे बैंटनी हिल पहुंचे और कार्यालय थोड़ा सा पहाडी पर स्थित था उसने उसका हाथ पकड़ लिया और उन्हें कार्यालय पहुँचने के लिए पाँच मिनट के लिए चलना पड़ा। छोटे से दो कमरे थे घर को कार्यालय में बदल दिया गया था। कमरे के बीचों-बीच रखी आठ कुर्सियों के साथ लकड़ी की एक बड़ी मेज थी।

बगल की मेज पर एक बाल्टी पानी और दो गिलास रखे हुए थे। एक सफेद साड़ी वाली महिला ने कमरे में प्रवेश किया और उनसे कहा, ''कृपया बैठिए श्रीमती नलिनी किसी भी समय आ रही होंगी।''

उसने सफेद टोपी पहनी हुई थी और उसके बाल जूड़े में बंधे हुए थे। सफेद साड़ी और टोपी में दो महिलाएँ कमरे में दाखिल हुईं। मिरांडा और योगेश्वर ने खड़े होकर उनका अभिवादन किया। उसने कोमल स्वर में कहा, ''नमस्ते... बैठिए।''

''धन्यवाद'' उन्होंने कहा।

''मैं अपना परिचय श्रीमती नलिनी अय्यर और मेरी परिचारिका सुश्री सुचित्रा वर्मा के रूप में देना चाहती हैं। मैं अपने कार्यालय में एक अंग्रेज महिला को देखकर हैरान हूं। मैं आपकी कैसे मदद कर सकती हूं?''

''मैं योगेश्वर और यह मिरांडा हैं जो कुछ दिन पहले लंदन से शिमला में रेशम बनाने की एक परियोजना शुरू करने के लिए आई थीं। यह हिन्दी नहीं समझती।''

''मुझे लगता है कि आपके यहां मेरे कार्यालय में होने का एक वास्तविक कारण है, कृपया आराम से रहें, नलिनी ने कहा कि आप अपनी समस्या पर चर्चा करने के लिए स्वतंत्र हैं।''

''मैडम, मैं अपनी सहेली एलिस को बचाने के लिए भारत आई थी, जो अंग्रेजों द्वारा बिछाए गए जाल में फंस गई थी। उसे गुलाम बनने के लिए मजबूर किया गया था...आठ महीने के लिए उसने दिन-रात उन्हें खुश किया जब तक कि मैंने उसे बचा नहीं लिया...सीखने के लिए एक और कड़वा सच कि वह एक नाजायज बच्चे को जन्म देने वाली थी,'' मिरांडा ने अपने चेहरे पर क्रोध दर्शाते हुए कहा।

''यह बहुत दुखद है ...वास्तव में दुखद। अगर आपको हमारे समर्थन की आवश्यकता है तो हम आपकी इसमें कैसे मदद कर सकते हैं...हम लडाई में साथ हैं ...सैकड़ों महिलाओं की भावना हमारे आजादी के संघर्ष में हमारी

समर्थक हैं,'' सुचित्रा ने अपनी धीमी आवाज में कहा। वह गहरे रंग की आँखों वाली गोरी महिला थी।

नलिनी स्पष्ट और अधिकारपूर्ण आवाज में बोली ''इस तथ्य में झूठ है कि हम अपने पुरुषों, महिलाओं और बच्चों... की आजादी... के लिए लड़ रहे हैं, आपके समुदाय में से कोई भी कभी भी हमारा समर्थन नहीं करता है, वे जासूस हैं ... हमारे गुप्त उपक्रमों को हमें सलाखों के पीछे भेज रहे हैं और हमें बेरहमी से मार रहे हैं और निश्चित रूप से हमारी गरीब लड़कियों का उपयोग आनंद के लिए कर रहे हैं।''

मिरांडा ने चुपचाप उनकी बातचीत सुनी। याद आया कि योगेश्वर ने उससे कहा था कि वहाँ पहुँचने पर समर्थन हासिल करने के लिए उसे कठिन प्रयास करना होगा। अंग्रेज लोगों में उनको बिलकुल विशवास नहीं था।

''मैडम मैं आपको निराश नहीं करने जा रही हूं और कृपया विश्वास करें कि मैंने इन गुलामों को देखा है और यहां तक कि मैं भी उनमें से एक होती अगर मैं भागने में कामयाब नहीं होती।''

नलिनी पहले से ही शिमला की महिलाओं को इकट्ठा करने की कोशिश कर रही थी और दिल्ली में सात जुलाई को होने वाली रैली में शामिल हो रही थी।

उसने कहा, ''आपका नाम ... मिरांडा। अंग्रेज कभी भी आपकी मदद नहीं करेंगे, हो सकता है कि वे आपको बाहर निकाल दें। क्या आप इस सब के लिए तैयार हैं! अंग्रेज महिलाएं आपके साथ खड़ी रहेंगी, भले ही उन्हें पता हो कि उनके पतियों ने औरतों को रखैल बनाकर रखा है। हमारे नेताओं के सफल होने के बाद हमारी लडकियां स्वतः मुक्त हो जाएंगी।

''मैडम मुझे योगेश्वर का जबरदस्त समर्थन है,'' धीरे से उसकी ओर देखते हुए कहा। ''मुझे यकीन है कि वह सभी के लिए तैयार है।''

''हाँ दीदी,'' उसने कहा। ''मैं उनके विचारों से गहराई से प्रभावित हूं और हर संभव तरीके से उनकी मदद करूंगा हम भारतीय हमारे द्वारा दिए गए तरीकों और बयानों का पालन करते हैं। आपको पहले खुद को एक फाइटर

के रूप में स्थापित करना होगा और देखना होगा कि इसका आपके लोगों पर क्या प्रभाव पड़ता है ... आपको इसे एक शुरुआत देनी होगी और बाकी लोग इसका अनुसरण करेंगे।

''एक अच्छी बातचीत के लिए धन्यवाद ... मैं एक योजना बनाऊँगी और दो दिन बाद मिलते हैं।''

वे दोनों उठ खड़े हुए और विदा ली। अंग्रेजी महिलाओं को इकट्ठा करने के सर्वोत्तम संभव तरीके को लेकर उसका मन भटक रहा था। वह घर पहुँच कर ऐलिस से बात करना चाहती थी। कार में बैठते ही वह विचारों के गहरे समुद्र में डूब गई। घर पहुंचने पर उसकी तंद्रा भंग हुई।

''मैडम आप अब नीचे उतर सकती हैं,'' उसने उसके कंधे हिलाते हुए कहा।

''हम पहुंच गए हैं,'' वह झटके से अपनी ड्रेस ठीक करते हुए खड़ी हो गई। वह नीचे उतरी और उससे कहा ''हम लंच के बाद बैठ कर चर्चा कर सकते हैं यद्यपि आप हमारे साथ शामिल हो सकते हैं योग।''

''मैं लंच के बाद हाजिर हो जाऊंगा क्योंकि मैं अंग्रेजी के बजाय भारतीय भोजन पसंद करता हूँ।

''आप अपनी पसंद का खाना खा सकते हैं। एक घंटे में मिलते हैं।''

उसने उसे मजबूर नहीं किया इसलिए वह जल्दी से चला गया। दोपहर का समय था और मिरांडा लिविंग रूम में पहुँचने के लिए बगीचे को पार कर गई।

''जेनी, एलिस कहाँ है!''

''गुड आफ्टरनून मैडम। वह ऊपर कमरे में हैं।''

''जेनी। मैं नहाने जा रही हूँ और पन्द्रह मिनट में नीचे आ जाऊँगी। ... तुम टेबल लगाओ... मुझे भूख लगी है।''

मिरांडा ऊपर पहुँची और ऐलिस को किताब पढ़ते देखकर खुश हो गई।

''आप वापस आ गई हैं। सब कुछ कैसे हुआ? आपका एक भारतीय मित्र है और यह सबसे अच्छी बात है ... वह आपकी मदद कर सकता है। भाषा की समस्या, आदि।''

"कुछ हद तक सफलता मिली लेकिन उन्होंने एक टास्क दिया है। कल तक मुझे अपने संघर्ष की शुरुआत करनी है। मैं नहाने जा रही हूँ तुम लंच के लिए तैयार हो जाओ'' उसने एक आरामदायक स्कर्ट और शर्ट निकाली और बाथरूम में चली गई। वह अपने गुलाबी कपड़ों में प्यारी लग रही थी और वे नीचे चले गए। जेनी ने दोपहर का भोजन परोसा और खाने के बाद वे लिविंग रूम में योग के इंतजार में बैठ गईं। पन्द्रह मिनट बाद वह नीली पतलून और सफेद कमीज में आया।

मिरांडा ने गंभीरता से शुरुआत की। ''आज पहली जुलाई है और हमें तीसरी जुलाई की सुबह तक अंग्रेजी महिलाओं को इकट्ठा करने के लिए कुछ योजना बनाने की जरूरत है। लेकिन सैकड़ों महिलाओं को संदेश कैसे भेजा जाए... एक थकाऊ काम।''

"सबसे अच्छा तरीका यह होगा कि पैम्फलेट लिख कर छपवा लें और दीवार पर चिपका दें। योगेश्वर ने सुझाव दिया।

''हम यह कदम उठाते हैं तो आपको लगता है कि लोग आएंगे। मुझे नहीं लगता कि एसा होगा लेकिन हमारे पास कोई और विकल्प नहीं है। मैं यहाँ एक अजनबी हूँ...एक अंग्रेज़ लड़की... भारतीय जिससे घृणा करते हैं। लेकिन हमें हर हाल में शुरू करना होगा।

''क्या मुझे एक कलम और कागज लाना चाहिए'', ऐलिस ने पूछा।

''बेशक। हमारे पास बहुत कम समय है, ''मिरांडा ने चिंतित स्वर में कहा।

ऐलिस कुछ शीट, स्केल, पेन, पेंसिल और इरेज़र लाने के लिए दूसरे कमरे में चली गई। वे तीनों डाइनिंग टेबल की कुर्सियों पर बैठ गये। वे मामले और स्थान पर चर्चा करने लगे। योगेश्वर ने कहा, ''सबसे अच्छी जगह रिज होगी... यह शहर की सबसे व्यस्त जगह है।'' उसने एक आयत बनाना शुरू किया

और उससे पूछा, ''शीर्षक क्या होना चाहिए? क्या हम आपके नाम के साथ समाप्त करते हैं? आपको हर चीज़ के बारे में आश्वस्त होना होगा।'' लगभग एक घंटे के बाद वे एक रफ लेआउट के साथ बाहर आये।

''प्रिंटिंग प्रेस कहाँ है?'' मिरांडा से पूछा. ''क्या वे तुम्हें जानते हैं?'' क्योंकि मुझे यकीन है कि अगर मैं जाकर अनुरोध करूँ तो भी वे तब तक सहमत नहीं होंगे जब तक कि योग आप उन्हें विस्तार से न समझा दें।''

''प्रॉस्पेक्ट हिल पर एक प्रिंटिंग प्रेस है... काफी दूरी पर... आइए इसे अंतिम रूप दें ताकि मैं समय पर वहां पहुंच सकूं। आप दोनों को मेरे साथ आना होगा... यदि वे प्रश्न पूछते हैं। ''इश्तिहार तैयार था:

बचाओ ... बचाओ

काले और गोरे गुलामों को

3 जुलाई 1945 शिमला

मासूम लड़कियों को आपके समर्थन की जरूरत है

हम उन्हें अंग्रेजों से बचा सकते हैं

उनके शरीर का इस्तेमाल और इस्तेमाल किया जा रहा है

वे बीमार हैं और मर रही हैं

सहायता! सहायता! सहायता!

शिमला की बहादुर महिलाओं... हमें आपकी आवश्यकता है

समय - 10.00 बजे।

जगह : रिज, मॉल रोड

द्वारा : भारत में एक अंग्रेजी लड़की

इश्तहार पर नाम और पता नहीं बताया गया क्योंकि इससे हंगामा हो सकता है। वे तीनों चार बजे तक अपने मिशन से बाहर थे। बादल गरज रहे थे और भारी बारिश की संभावना थी। वे कार में बैठे और आधे घंटे में प्रॉस्पेक्ट हिल पहुंचे। एक विशाल काले लकड़ी के बोर्ड पर, सफेद रंग में लिखा हुआ था 'समझौता।' योगेश्वर ने अकेले अंदर जाने का फैसला किया।

प्रिंटिंग मशीन के साथ एक बड़ा हॉल था और मिस्टर नायक, अपने सत्तर के दशक में भारतीय परिधान पहने हुए छड़ी लेकर उनके पास आए ''मैं आपकी कैसे मदद कर सकता हूं?''

''महाशय मैं योगेश्वर हूँ हमें कल तक कुछ पैम्फलेट प्रिन्ट कराने हैं।''

''हम समाचार पत्र प्रकाशित करते हैं, पैम्फलेट प्रिन्ट करवाने के लिए आपको पहाड़ी के नीचे पचास किमी जाना पडेगा।''

"पास में कोई और प्रेस है?'' उसने चिंतित होकर पूछा

''नहीं मुझे माफ कर दो''

वह उन्हें बताने के लिए जल्दी से बाहर चला गया और कार में बैठ गया, ''हमें पचास किलोमीटर नीचे उतरना है क्योंकि हमें यहाँ कोई नहीं मिला।'' मिरांडा ने फीकी मुस्कान के साथ कहा। ''आइए हम अपना दिल छोटा ना करें...एलिस तुम असहज महसूस कर रही हो तो हम तुमको घर पर छोड़ दें।

''मैं तुम्हारे साथ चल सकती हूँ... चिंता मत करो।''

भारतीय प्रेस पहुंचने में दो घंटे लग गए। बूँदाबाँदी शुरू हो गई थी, मूसलाधार बारिश होने पर उन्हें दो स्थानों पर रुकना पड़ा। बाहर अंधेरा हो रहा था और सड़कों पर फिसलन थी। मौसम ठंडा हो रहा था इसलिए मिरांडा ने अपने पास से दो कार्डिगन निकाले और एक एलिस को दिया। प्रेस एक पुराने घर में स्थित था जिसमें दो बड़े कमरे थे। उन तीनों ने अंदर जाने का फैसला किया।

ये एक गंदा कमरा था जिसमें थोड़ी रोशनी थी और दूसरे कमरे में दो भारतीय लकड़ी की कुर्सियाँ पर बैठे थे। उनमें से एक उन्हें देखकर खड़ा हो गया, उनके पास गया और गुस्से भरे लहजे में कहा।

''आपको प्रेस में प्रवेश करने की अनुमति नहीं है आप इन दो अंग्रेजी महिलाओं के साथ क्यों हैं यह एक सार्वजनिक स्थान नहीं है।''

''श्रीमान मुझे आपकी सहायता की आवश्यकता है हमें आपका पता दिया गया था, हम पचास किलोमीटर की यात्रा कर के यहाँ आए हैं'' योगेश्वर से अनुरोध किया।

''आपके यहां आने का क्या उद्देश्य है हम अंग्रेजों का मनोरंजन नहीं करते हैं।'' उन्होंने हमारे देश को लूट लिया है,'' कुर्सी पर बैठे हुए दूसरे सज्जन ने हल्के लहजे में कहा। वह पचास के दशक में था और एक पुराना काला कोट पहने हुए था।

मिरांडा अंत में ऐलिस के साथ आगे आई और हाथ जोड़कर विनती की ''यदि आप हमारे लिए एक सौ पैम्फलेट प्रिंट करते हैं तो मैं बहुत आभारी रहूँगी। कृपया रफ कॉपी पर एक नजर डालें। मुझे लगता है कि लिखित मामले को देखने के बाद आप अवधारणा को समझ जाएंगे। मैं भारतीयों के साथ खड़ी हूँ विशेष तौर पर महिलाओं के साथ।''

''मैडम मैं दोहरा रहा हूं कि हम अंग्रेजों का मनोरंजन नहीं करते हैं कृपया हमें बख्श दें,'' घुँघराले बालों वाले दूसरे सज्जन ने कठोर स्वर में कहा। उसने एक मैला सफेद कार्डिगन पहना हुआ था जो लगभग धूसर हो गया था। दोनों मालिकों ने रफ कॉपी को देखा तक नहीं। योगेश्वर फिर आगे आए और उन्हें हिंदी में समझाया लेकिन वे अपनी जिद पर अड़े रहे।

''योगेश्वर चिंतित स्वर में बोले, मैडम हमें जल्द से जल्द यहाँ से चलना होगा और जितनी जल्दी हो सके किसी और को ढूँढना होगा।'' वे तीनों घर से निकले और कार के पास पहुंचे। बूंदा बांदी होने के कारण थोड़ा गीला हो गया था। वे भूखे और शिथिल थे। मिरांडा के मन में अवसाद का भाव घर कर रहा था। वह उसकी खामोश आँखों से साफ अनुमान लगा सकता था।

''क्या आप चाय पीना पसंद करेंगी? उसने उनसे पूछा।

चाय की दुकान उनकी कार के पास ही स्थित थी। वे दुकान के पास आये जहाँ उराने उन्हें एक लकड़ी की बेंच पर बिठाया। उसने तीन चाय का ऑर्डर दिया और पूछा कि क्या खाने के लिए कुछ है। दूसरी मेज पर बिस्कुट और पकौड़े की ट्रे पड़ी हुई थी. खाने की सारी चीजें इतनी ठंडी थीं कि खाया नहीं जा सकता था। अधेड़ उम्र का दुकानदार कोई धुन गुनगुनाने और चाय बनाने में व्यस्त था।

दुकानदार ने टूटी-फूटी अंग्रेजी में कहा, ''सर क्या आप...समोसा लेना चाहेंगे, मैं...उन्हें दोबारा तलता हूं, वे...ठंडे हो गए हैं।'' सभी भूखे थे और उन्होंने कोई बहाना नहीं बनाया। दुकानदार ने गर्म चाय और समोसे अलग-अलग कप और प्लेट में परोसे। ऐलिस ने खाना और चाय गटक ली। वह पैसे देने के लिए खड़ा हुआ तभी अचानक उसे तेज आवाज सुनाई दी।

पैदल यात्री चिल्ला रहे थे ''मदद करो! मदद करो!'' और सड़क पर दौड़ रहे हैं. वह दुकान से बाहर निकला तो उसने सड़क पर बड़े-बड़े पत्थर गिरे हुए देखे। लगातार बारिश और तूफ़ान के कारण पहाड़ों पर चट्टानें खिसक रही थीं और कुछ ही मिनटों में सड़क पूरी तरह बंद हो गई. मिरांडा और ऐलिस स्तब्ध खड़े थे और योगेश्वर ने उन्हें अचानक विपरीत दिशा की ओर खींच लिया। उसने उन्हें कार में बैठाया और चाय की दुकान के बगल वाली एक संकरी गली में ले गया। पाँच मिनट तक ऊबड़-खाबड़ सड़क पर गाड़ी चलाने के बाद उसने एक खुले मैदान के पास कार रोकी।

''तुम अब क्या करोगे?'' मिरांडा चिंतित स्वर में बोली। ड्राइवर की सीट पर बैठे हुए उन्होंने कहा, ''हमें सड़क साफ होने तक इंतजार करना होगा।''

''हम सड़क पर रात नहीं बिता सकते और यह गाँव बहुत छोटा है और ऐलिस को आराम की ज़रूरत है।''

''मिरांडा चिंता मत करो, मैं व्यवस्थित कर सकता हूँ।''

योगेश्वर गाड़ी से उतरे और पूछने लगे कि पास में कोई सराय तो नहीं है। उन्होंने दो छोटे घर देखे और वह दौड़कर दरवाजा खटखटाने लगे। उसने खुले दरवाजे को थपथपाया और एक महिला ठेठ भारतीय पोशाक में अपना चेहरा ढंके हुए दिखाई दी और सिर हिलाया जैसे उसने उसके सवाल का जवाब देने से इनकार कर दिया हो। अचानक एक आदमी साइकिल पर आया और योगेश्वर ने उसे हाथ हिलाया। वह साइकिल से उतरा और योगेश्वर ने उनसे अपनी मातृभाषा में अपनी समस्या पर चर्चा की। उसने जमीन के बीच में स्थित एक मंदिर की ओर उंगली उठाई।

उसने दोनों महिलाओं को नीचे उतरने को कहा और वे मंदिर की ओर चलने लगे। नौ बज रहे थे और घना अंधेरा था। ग्रामीण ने एक दीया लिया और वे दीये की रोशनी में उसके पीछे-पीछे चलने लगे। दोनों लड़कियों ने एक-दूसरे का हाथ पकड़ा हुआ था। वे मंदिर के द्वार पर पहुंचे और ग्रामीण ने पुकारा, ''साधुराम साधुराम दरवाजा खोलो।''

कुछ देर तक किसी ने उत्तर नहीं दिया और अचानक एक तेज आवाज आई ''रात के इस समय कौन है?'' एक बूढ़ा आदमी जो शायद सत्तर साल का था एक दीया लेकर आया और सुस्ती से लोहे का गेट खोलने लगा।

''मनोहर सब ठीक तो है?'' उसने दीपक को तीन अजनबियों के चेहरे के पास लाने को कहा। ''मैंने कुछ समय पहले तेज आवाज सुनी थी और मुझे लगता है कि फिर से भूस्खलन हुआ है... बारिश के ये महीने भयानक हैं।'' मंद रोशनी में उनके चेहरे के अलावा कुछ भी साफ नहीं था। आश्चर्यजनक रूप से वह अंग्रेजी बोल सकता था।

''पुजारी जी हम इस गांव में फंसे हुए हैं और शहर बहुत दूर है। शायद सुबह तक सड़क साफ हो जाएगी और हम चले जाएँगे।

इन दोनों महिलाओं को मदद की जरूरत है और अगर आप हमें एक रात ठहरने की अनुमति देते हैं तो मैं आपका आभारी रहूंगा। योगेश्वर ने पुजारी से विनती की और उन्होंने उसे मनोहर के साथ नज़रें मिलाते हुए देखा।

''इस गांव में आने का आपका उद्देश्य क्या था और वह भी एक भारतीय पुरुष और दो अंग्रेज महिलाएं?'' पुजारी ने पूछा ''हम प्रिंटिंग प्रेस में किसी काम से आए थे और मैं उनके लिए काम करता हूं। मुझे उनकी देखभाल करनी है, हमें थोड़ी जगह चाहिए और हम सुबह चले जाएंगे।''

पुजारी चाबियाँ ले आया और उन्हें मुख्य द्वार के पास एक कमरे में ले गया। उसने मनोहर को चाबी दी और दरवाजे पर लगे एक पुराने ताले को खोलने के लिए संघर्ष किया। कमरा छोटा था जिसमें लकड़ी का स्टूल और बिस्तर था। बिस्तर नहीं था और उसने एलिस और मिरांडा को बिस्तर पर बिठा दिया। पुजारी ने उन्हें बिना पानी वाला छोटा सा टायलेट दिखाया, बस एक कमरा पास में ही था। योगेश्वर ने बाहर सोने का निश्चय किया। पुजारी अपने कमरे में गया और दो ऊनी कम्बल लाकर उसने उन्हें थमा दिया।

''हम अब आराम से रहेंगे... मुझे लगता है कि हमें थोड़ी देर के लिए इस लैंप की जरूरत है... क्या हम इसे रख सकते हैं?'' मिरांडा ने उसे माँगा और स्टूल पर रख दिया। वे बिस्तर पर पैर जोड़कर बैठ गए और आराम किया। मनोहर ने एक गिलास और एक जग पानी लाकर उन्हें दिया। उन्होंने दरवाजा बंद कर लिया और बिस्तर पर लेटना पसंद किया। ऐलिस को लगा कि ठंड का मौसम उसे काट रहा है और उसने जल्दी से खुद को कंबल से ढक लिया। उसके पैर सूज गए थे और वह बेचैनी महसूस कर रही थी।

कमरे की सड़ी दुर्गंध उसके नथुनों में आ रही थी और उसे महसूस हो रहा था कि सारी चाय और पकौड़े उसके पेट को अंदर मथ रहे हैं। खाना उसके मुँह तक पहुँच गया और उसने अपना मुँह कस कर ढँक लिया।

हम्म...मम्...मम्,'' वह एक शब्द भी नहीं बोल सकी और उसने उसकी तरफ देखा और बाहर भाग गई। बाल्टी के साथ एक पीतल का नल था और वह चांदनी में मैली काई पर गिर गई, मिरांडा उसके पीछे गई और उसे कसकर पकड़ लिया क्योंकि वह बेकाबू हो गई थी, वह उल्टी करती चली गई। योगेश्वर उनकी ओर दौड़े और अपना रूमाल निकालकर उसे दे दिया। मिरांडा ने उसका चेहरा पोंछना शुरू कर दिया और ठंडे पानी ने उसका चेहरा सुन्न कर दिया। उसने उसे सीधा किया और टहलते हुए कमरे की ओर चल

दी। मिरांडा ने एक गिलास पानी डाला और उसे सौंप दिया। वह बिस्तर पर बैठी थी और उसका चेहरा सूखा हुआ लग रहा था। वो लेट गई और वो बाहर खड़ा रहा।

''मैडम क्या वो बेहतर महसूस कर रही है,'' उसने बाहर से पूछा जाए ''क्या मैं थोड़ी चाय ले आऊँ?''

''नहीं...मुझे ऐसा नहीं लग रहा है,'' उसने धीरे से जवाब दिया। ''मैं सोना चाहती हूँ।''

मिरांडा ने उसे कंबल से ढक दिया और उसे खिसका दिया ताकि वह उसके साथ लेट सके। वे दोनों सो गए। वह मंदिर के गलियारे में एक गलीचे पर लेटा हुआ था और साधुराम द्वारा दी गई भारी रजाई से उसने खुद को ढक लिया।

मंदिर की घंटियों की आवाज सुनकर मिरांडा जाग गई। वह बिस्तर से बाहर निकली और दरवाजे की ओर बढ़ी। वह सौम्य सूर्योदय के साथ भोर के मंत्रमुग्ध कर देने वाले नजारे में खो गई, और मंदिर के द्वार के पास सेब के पेड़ पर पक्षी चहचहा रहे थे। वह बाहर नल के पास खडे होकर हाथ-मुंह धो रहा था। वह खड़ी होकर उसे देखती रही और जैसे ही उसने मुंह हाथ धो लिया। उसने पूछा,

''हम एक दिन में सब कुछ कैसे मैनेज करेंगे!'' हमारी योजनाएँ विफल हो सकती हैं।''

''नहीं, चलो जितनी जल्दी हो सके यह जगह छोड़ दें, सड़क अब तक साफ हो चुकी होगी, उसे जगाओ।''

वह मंदिर की ओर बढ़ा और अपने जूते उतार दिए। उसे जगाने के लिए वह अंदर कमरे में चली गई। एलिस जाग गई और अंगडाई लेने लगी। वे खुद को तरोताजा करने के लिए गई। इसी बीच उन्होंने देखा कि कुछ लोग मंदिर में प्रार्थना के लिए प्रवेश कर रहे हैं। इन अंग्रेज महिलाओं को वे अजीब निगाहों से देख रहे थे।

''क्या हमें मंदिर जाना चाहिए?'' मिरांडा ने उससे पूछा और उसने अपना सिर हिलाया। वे सीढ़ियों पर पहुंची और अपने जूते उतार दिए। वे चार सीढ़ियाँ चढ़कर मंदिर में प्रवेश कर गए। मंदिर में सर्वत्र रहस्यमय दर्शन और सुगंध व्याप्त थी। वे उसके बगल में खड़े हो गए और राधा और कृष्ण की मूर्ति को देखा। गहनों और चमकदार पोशाक में वे वहां खड़े होकर दुनिया को देख रहे थे। उन्होंने अपने हाथ जोड़े, अपनी आँखें बंद कर लीं और प्रार्थना की। वह जानती थी कि प्रार्थना चमत्कार कर सकती है और वह उसके लिए द्वार खोल देगी।

''चलो चलते हैं...मैंने पुष्टि की है। सड़कें साफ हों गयी हैं।'' उसने जोश में कहा। वे मंदिर से बाहर निकालकर कार की ओर चल दिए। योगेश्वर गाड़ी चलाकर उस स्थान पर पहुंचा जहां सड़क अवरुद्ध थी। पैदल चलने वालों और यातायात के लिए साफ हो गई थी। वह एक सेकंड के लिए भी नहीं रुका बल्कि कार आगे बढ़ा ले गया।

सुबह-सुबह हवा चल रही थी और हवा के साथ बादल भी उड रहे थे। पहाड़ियों की ऊँचाईयों और चढ़ाईयों से ऐलिस असहज महसूस कर रही थी फिर भी उसने खुद पर काबू रखा। पहुँचने में उन्हें चार घंटे लगे और रास्ते में उनके पास चर्चा करने के लिए कुछ भी नहीं था क्योंकि योजना अभी भी अस्पष्ट थी। उन्हें एक विकल्प के बारे में सोचना पड़ा।

वो गाड़ी से उतरे और जेनी गेट के पास बैठी थी उन्हें देखते ही उसके सब्र का बांध टूट गया और वह कस-कसकर रोने लगी।

''मैडम, मैं चिंतित थी लेकिन मुझे उम्मीद थी कि आप सुरक्षित हैं। मैं पूरी रात सो नहीं सकी, कोई देखने वाला नहीं था। कहाँ जाती समझ नहीं या रहा था, आपके पिता को बुलाने के बारे में सोचा। मैं आपकी अनुमति के बिना कुछ नहीं कर सकती।'' मिरांडा ने उसे पकडकर कहा ''चिंता करने की कोई ज़रूरत नहीं है... मैं वापिस आ गई हूँ...सब के साथ...सुरक्शित... वे सुरक्षित हैं।''

''चलो आधे घंटे में मिलते हैं... नाश्ता... फिर चर्चा।''

वे अंदर गए और वह अपने कमरे में चला गया। वह वहां नाश्ते के लिए आया तो उसके जिस्म पर काली पैंट और सफेद शर्ट थी। मिरांडा धूमिल सफेद गर्म सीधी पोशाक और एक सुंदर टोपी पहने नीचे आई। योगेश्वर उसके पास गए और उसकी आँखों में देखते हुए बोले, ''आप सुंदर दिखती हैं, मैं अपनी धारणाओं को अपने तक ही रखने की कोशिश करता हूँ लेकिन कभी-कभी यह मुश्किल हो जाता है।'' उनके प्यार में कुछ भी नकली नहीं था, यह सच था। वे नाश्ते की मेज की ओर बढ़े और उसने पके हुए आलू और टमाटर का स्वाद चखा।

नाश्ता करने के बाद वे बैठक में बैठ गए, ''हम पर्चे पर काम करते हैं ... हमें उन्हें खुद ही बनाना होगा ... उनमें से कोई भी हमारे लिए प्रिंट करने वाला नहीं है। मैं वहां कुछ कोरे कागज लेकर आता हूं पेंसिल, पेन और इरेज़र,'' वह उत्साह के साथ बोला।

''जेनी क्या हमारे पास घर में कुछ स्टेशनरी है... हमें इसे जल्दी चाहिए'' उसने जिज्ञासु रूप से पूछा।

''मैडम, मैं लाइब्रेरी में देखती हूँ,'' वह तेजी से लाइब्रेरी की ओर चली।

कुछ मिनटों के बाद, वह मुट्ठी भर पेंसिल और रबड़ लेकर अंदर आई। उसने मेज साफ की और सारा सामान रख दिया। उसने रफ ड्रॉइंग निकाली और कोरे कागज पर लिखी हुई चीजों की नकल करने लगा। कार्य कठिन था लेकिन अल्प उपलब्धता के साथ, वे चार घंटे में दस चित्र बना सकते थे, लंच का समय था और उसने जेनी को टेबल लगाने का आदेश दिया।

स्वादिष्ट चावल और तली हुई सब्जियाँ उन्होंने चुपचाप खा ली और मिरांडा ने एलिस के लिए दोपहर का भोजन ऊपर उसके कमरे में भेज दिया। उसने वहाँ से जाने की इजाज़त मांगी और ऐलिस को सूचित करने के लिए ऊपर गई। पाँच मिनट में वापस आ गई।

वह खड़े खड़े थक गया और आरामकुर्सी पर आराम करने लगा। पिछली रात भी बहुत थका देने वाली और नींद हराम करने वाली थी।

''हमें ये पोस्टर चिपकाने कब जाना चाहिए?'' उसने उससे पूछा, उसके पास पहुँच कर और उसका हाथ पकड़ कर। उनके कोमल स्पर्श ने उन्हें शक्ति दी और उनके मन को अंतर्दृष्टि प्राप्त हुई। वह करीब गई और उसके सामने फर्श पर घुटने टेक दिए। उसने उसके दोनों हाथ पकड़ लिए और मोहक स्वर में कहा ''ऐसा लगता है जैसे मैं जल्द ही आपसे दूर हो जाऊँगा। मुझे एक अंतर्ज्ञान है।''

वह उसकी जाँघों पर अपना सिर रखना पसंद करती थी और वह लगभग अनुत्तरित गहरे विचारों में खोया हुआ था। उनका दिमाग भविष्य में उन मुश्किलों से जूझ रहा था जिनका उन्हें सामना करना पड़ सकता है। एक अंग्रेज महिला का समर्थन करने वाला भारतीय पुरुष कभी भी भारतीयों और अंग्रेजों द्वारा स्वीकार नहीं किया जाएगा। उसे गंभीर परिणाम भुगतने पड़ सकते हैं।

''अगर हम उन्हें देर शाम चिपकाते हैं, तो हम सुरक्षित रहेंगे,'' उसने कहा, वह अभी भी उसका हाथ पकड़े हुए था।

'हम कल शिमला का एक नया चेहरा देखेंगे। हम सूर्यास्त के बाद जाएंगे इसलिए हम एक छोटी सी झपकी ले लेते हैं और फिर हम छह बजे आगे बढ़ सकते हैं,'' उसने अपने गाल पर हाथ रखते हुए थोड़ी ऊँची आवाज़ में कहा। वे अपने-अपने विश्राम क्षेत्रों में चले गए मिरांडा अपने कमरे में पहुँचे और ऐलिस को "जेन आयर" किताब पढ़ते हुए पाया। यह उनके पसंदीदा कार्यों में से एक था क्योंकि उनका मानना था कि प्यार धीरे-धीरे बढ़ता है।

प्यार ताश का खेल नहीं है जहां आप जीतते हैं और हारते हैं, वह एक थका देने वाली पर्वत के शिखर पर पहुँचने की चढाई जैसा है। आप तूफान और बर्फानी तूफान जैसी चुनौतियों का सामना कर सकते हैं और गिर सकते हैं, लेकिन एक बार जब आप अपने लक्ष्य को प्राप्त कर लेते हैं तो आप स्वर्ग में प्रवेश कर जाते हैं। हमारे चेहरे, आंखें और होंठ प्यार को दर्शाते हैं। यह एक अनुभव किया जाने वाला एहसास है, आप साधारण बयान नहीं दे सकते कि आप प्यार में हैं।

“मिरांडा मेरी तबियत ठीक नहीं है ...हम डॉक्टर से मिलने जा सकते है कल मीटिंग के बाद ।”

“मैं चिंतित हूँ और मुझे भविष्य में आपके लिए समय नहीं मिलने की स्थिति में आपके लिए एक विकल्प के बारे में सोचना होगा,'' उसने बिस्तर पर बगल में लेटते हुए जम्हाई लेते हुए कहा। दबाव बढ़ रहा था लेकिन उसे आराम की जरूरत थी।

अपनी नींद भरी आवाज़ में उसने उससे कहा, ''यह जगह अज्ञात है और मुझे इन अँग्रेजों पर कोई भरोसा नहीं है। वे तुम्हारी हालत के लिए ज़िम्मेदार हैं और मुझे पता है कि वे अभी भी तुम्हें खोज रहे हैं। तुम्हें एक सुरक्षित जगह की ज़रूरत है। मैं इस बारे में योग से चर्चा कर सकती हूँ।'' केवल वही हमारी मदद कर सकता है।'' पल भर में उसकी आँखें लग गईं।

जेनी के लगातार दरवाजा खटखटाने से वह दोनों चौंक के उठी। मिराण्डा ने दरवाजा खोला उसे जेनी का परेशान चेहरा दिखा।

अध्याय 8. रिज

''सर नीचे आपका इंतजार कर रहे हैं और यह बहुत जरूरी है,'' वह जल्दी से बोली। जेनी इन सभी घटनाओं के लिए मूक पर्यवेक्षक थी और वह इसका हिस्सा बनना चाहती थी।

उसने अपने बालों को ब्रश किया और नीचे की ओर दौड़ी। अपने पिता को योग के साथ गहरी बातचीत में खोए देख वह भौचक्की रह गई और उन्हें ''गुड इवनिंग'' विश किया और अपने पिता के पास कुर्सी पर बैठ गईं। उसने अजीब निगाह से ऊपर देखा।

''क्या सब कुछ ठीक है, आपने अचानक से बुलाया'' वह जल्दी से बोली। उसने अपनी आँखों के कोने से योगेश्वर की ओर देखा और उसकी आँखें उन पर्चे को खोज रही थीं जो मेज पर बिखरे हुए थे जब वह चली गई थी। उसने उसे इशारा किया और वह समझ गई कि उसने उन्हें समय पर हटा दिया था।

उसने आते ही इजाजत ले ली और बैठ गया क्योंकि वह बीच-बचाव नहीं करना चाहता था। उसने सोचा कि शायद उसके पिता को पर्चे मिल गए थे, लेकिन वे कहीं दिखाई नहीं दे रहे थे। अगर उसने उससे सवाल किया तो उसने पहले ही एक जवाब सोच लिया था।

''मुख्यालय में एक जरूरी बैठक थी... मैंने इसमें भाग लिया है और मैं वहाँ एक सप्ताह तक रहूँगा क्योंकि अंग्रेज भारत सरकार के साथ एक समझौता करने की तैयारी कर रहे हैं। ब्रिटिश शासन शीघ्र ही समाप्त होने वाला है। आप अपनी परियोजना समय से समाप्त करें क्योंकि हम कभी नहीं जानते कि

आगे क्या होगा। आपको लगभग एक महीने में छोड़ना पड़ सकता है और मैं कुछ महीनों के बाद आपके साथ जुडूंगा।''

वह माथे पर अपना बायां हाथ रखकर बैठ गया जैसे कि गहरे विचार में ''हम असफल साबित हुए हैं, हमारे सभी प्रयास व्यर्थ साबित हुए हैं। हमने भारत को खो दिया है'' वह एक बुलंद आवाज़ में बोला और लकड़ी की मेज पर ज़ोर से अपनी मुट्ठी मारी। .

वह अपनी कुर्सी से उठी और उसका हाथ पकड़ लिया। उसका चेहरा गुस्से से सख्त हो गया, लेकिन वह अपनी योजनाओं में खोई हुई थी। वह अगली सुबह के बारे में चिंतित थी और उसे लड़कियों को बचाना था अन्यथा उन्हें किसी दूसरे देश में भेज दिया जाएगा जहां अंग्रेज अभी भी शासन कर रहे थे। उन्हें उनकी रक्षक बनना था वह ईमानदारी से उनके लिए प्रार्थना कर रही थी।

उसने जेनी को चाय लाने का आदेश दिया और अपने पिता के बगल में बैठ गई। जेनी दो कप और बोन चाइना की सफेद केतली में चाय ले आई। मिरांडा ने चाय तैयार की और अपने पिता को सौंप दी।

''मैं सोचता हूँ आपको शांत होना चाहिए और सकारात्मक सोचना चाहिए,'' उन्होंने कहा।

उसके जीवन में अब एक बड़ा बदलाव आने वाला था क्योंकि पीछे मुड़कर देखना उसके भाग्य में नहीं लिखा था। उसे किसी भी कीमत पर लड़की को आजाद करवाना था। योगेश्वर के लिए उसका प्रेम उसके बगीचे में एक सुंदर फूल की तरह खिल रहा था। वह नहीं चाहती थी कि वह मुरझा जाए और मिट जाए, उसे अपनी सुगंध फैलानी है।

''डैडी आप जाओ और थोड़ा आराम करो हम रात के खाने पर चर्चा कर सकते हैं?'' उसने अपना कप लिया और उसे सेंटर टेबल पर रख दिया। वह उठे और अपने कमरे में चले गए।

वह दौड़कर योगेश्वर के कमरे में गई और दरवाजा खटखटाया। उसने धक्का देकर दरवाजा खोला और उसके पास गई। वह एक कुर्सी पर बैठा अखबार देख रहा था।

''योग मुझे बात करनी है और समय तय करना है ... कौन सा समय सही होगा...

हमें... इन दो घंटों में ये करना है... पापा के डिनर के लिए उठने से पहले... हम चलते हैं... अपना काम पूरा कर लेते हैं... आपने बाकी चीजें कहां रखीं... हम ऐलिस के लिए एक सुरक्षित जगह ढूंढनी होगी।'' वह आया और उसके मुंह पर धीरे से अपना हाथ रखा, ''ओ ओ... ओ... हम प्रबंध कर लेंगे... छुट्टी ले लो... तुम बीमार हो जाओगी... अपने आप को और अपने दिमाग को थोड़ा आराम दें... मुझे भी उनकी उतनी ही चिंता है।'' वह उससे बहुत प्यार करता था। धीरे-धीरे वह उसके तरीकों को स्वीकार कर रहा था और उसकी शर्मिंदगी गायब हो रही थी।

उसने उसे कमर से पकड़ लिया और उसे बिस्तर पर बिठा दिया। वह अपना सिर उसके कंधे पर रखना पसंद करती थी। उसने अपनी उंगलियाँ उसके बालों के बीच में घुमाईं और उसने अपनी आँखें बंद कर लीं और आराम किया।

''योग... मैं चाहती हूं कि आप ऐलिस को एक सुरक्षित स्थान पर ले जाएं जहां उसकी उचित देखभाल हो जाए ...मैं उसे पर्याप्त समय देने में असमर्थ हूं...उसके लिए दो महीने महत्वपूर्ण हैं, वह वास्तव में बहुत प्यारी है ...बिना किसी शिकायत के...तालमेल... इस पर विचार करें समान रूप से यह भी महत्वपूर्ण है,'' उसने उसकी आँखों में इनायत से देखते हुए कहा।

"मेरे कुछ दोस्त हैं, लेकिन उनमें से केवल एक शादीशुदा है, मेरे अभिभावक हैं, लेकिन मेरी मां के साथ मेरे अच्छे संबंध नहीं हैं।" योगेश्वर ने धीमे स्वर में कहा, ''लेकिन फिर भी मैं अपने पिता से बात कर सकता हूं, वह बेहद कीमती रत्न की तरह है... हम एक या दो दिन में उनके पास जा सकते हैं... जैसे ही हमें समय मिलता है हम अनुरोध करेंगे... हो सकता है कि इन महीनों

में मेरी मां ने मेरे लिए एक नरम स्थान विकसित किया है।'' वह उसके बालों में हाथ फेरता रहा।

''हम रात के खाने के बाद जा सकते हैं ... डैड के सो जाने के बाद ... उन्हें कोई संदेह नहीं होना चाहिए,'' उसने बिस्तर से उठते हुए कहा, लेकिन उसका एक हाथ अभी भी उसकी कमर के आसपास था। योगेश्वर ने उसका हाथ नीचे कर दिया। सिर हिलाया और वह कमरे से चली गई।

रात का खाना आठ बजे परोसा गया और मिस्टर क्लेमेंस यह बता सकते थे कि मिरांडा के भाव असामान्य थे।

''तुम ठीक से नहीं खा रही हो,'' उसके डैडी ने कहा जबकि जेनी पके हुए चिकन, मिरांडा को परोस रही थी। अपनी प्लेट को देखते हुए वह चम्मच और कांटे से इधर से उधर पलट रही थी। उसके पिता ने उसका हाथ पकड़ लिया और वह अचानक रुक गई। उसने खाने की मेज पर ध्यान दिया और अपने आप को नियंत्रित किया। बीच-बीच में वह उन सैकड़ों लड़कियों की कल्पना करने लगी, जिन्हें जंजीरों में जकड़ कर एक जलपोत में बिठाया जा रहा था।

उन्होने देखा कि वह कुर्सी पर अचेत हो रही है और उसने आवाज दी जेनी, ''जेनी... जेनी... मुझे लगता है कि मुझे तत्काल एक डॉक्टर को बुलाने की जरूरत है, वह अस्वस्थ है, आराम की कमी है और ऐलिस की स्थिति ने उसे ऐसा बना दिया है'' उसने उसे हिलाया और वह उसकी बाहों में बेहोश हो गई। वे उसे लिविंग रूम से सटे कमरे में ले गए। जेनी योगेश्वर को बुलाने के लिए दौड़ी और उसकी सांसे लगभग थम सी गई जब उसने उसका दरवाजा खटखटाया, ''सर सर... डॉक्टर को बुलाओ मैडम को होश नहीं आ रहा है वह बेहोश है।

योगेश्वर ने दरवाजा खोला और गेट की ओर भागा। बीस मिनट में, वह डॉक्टर के साथ बेडरूम में दाखिल हुआ।

एलिस बिस्तर के दूसरे छोर पर बैठी थी और उसके पैरों को रगड़ रही थी। उसके पिता ने उसे पानी पिलाया। उसे होश आ गया और उसने ठीक होने का नाटक किया।

योगेश्वर के साथ डॉक्टर को देखने पर उसने बेड से नीचे उतरने का प्रयास किया लेकिन उसके पिता ने उसे पकड़ लिया। ''आप सुनने की कोशिश क्यों नहीं करते?'' उसने गुस्से भरे लहजे में कहा। वह चुपचाप लेट गई और डॉक्टर ने उसकी नब्ज़ की जांच की।

''बहुत अधिक परिश्रम और कम भोजन, के कारण बेहोशी की हालत हो गई है, उसे आराम की जरूरत है, बेहतर है कि आप अपना काम छोड़ दें और तीन से चार दिन आराम करें'', डाक्टर ने कहा और कुछ दवाएं लेकर उसे दिया।

''अगर समस्या कम नहीं होती है, उसे अस्पताल में भर्ती होना पड़ेगा।''

यह सुनकर उसके चेहरे के भाव अजीब हो गए और उसने अपनी आधी बंद पलकों से योगेश्वर की ओर देखा। वह बस उसे देखकर मुस्कुराया और अपने हाथों से उसे आराम करने का निर्देश दिया।

''यह दवा अच्छी नींद और आराम देगी।'' यह सुनकर मिरांडा दवा निगल नहीं सकी अगर वह सो गई तो पूरी योजना उसकी उंगलियों से फिसल जाएगी। उसने अपना चेहरा घुमा लिया और धीरे-धीरे अपने मुंह से दवा निकाल ली। मिस्टर हेरोल्ड क्लीमेंस ने डाक्टर के साथ कमरा छोड़ दिया और उसने योगेश्वर की तरफ शरारत भरी निगाहों से देखा।

''आशा है कि आप बेहतर महसूस कर रही हैं... आप मेरे स्वास्थ्य के बारे में सोचती रहती हैं... लेकिन आपका स्वास्थ्य भी उतना ही महत्वपूर्ण है...चलो डिनर कर लो", एलिस ने परेशान लहजे में कहा। उसने हमेशा तेज और जोशपूर्ण मिरांडा को देखा था और वह चाहती थी कि वह वही रहे।

''मैडम आपने अपना डिनर कर लिया है... मैं आपके लिए लाई हूँ... खाने के बाद आप सो सकती हैं,'' इसके बाद जेनी ने उसे बिस्तर पर खाना परोसा।

मिरांडा ने जल्दी से खाना निगल लिया ताकि वह पेट भर सके। एलिस और योग बेड के पास रखी दो कुर्सियों पर बैठे थे। जेनी ने बर्तनों को इकट्ठा किया और कमरे से बाहर चली गई।

''योग हम एक और घंटे में यहाँ से जा रहे हैं... जिस क्षण मेरे पिताजी सोने के लिए रवाना होंगे।''

ऐसा लग रहा था कि उसकी ऊर्जा बढ़ती जा रही थी... उसने बिस्तर से नीचे उतरने की कोशिश की लेकिन एलिस उसके पास गई और उसे रोक दिया।

''एलिस आपको यह देखना होगा कि वह उन सभी चीजों के बारे में नहीं जानते हैं,'' उसकी मंशा थी कि वह स्थिति को संभाले। मिस्टर क्लेमेंस ने प्रवेश किया और सख्त निर्देश दिए, ''यदि आप इस तरीके से काम करना जारी रखेंगी तो मुझे आपको वापस भेजना होगा जल्द ही।'' उसने उनके सामने लेटना पसंद किया। उसने बस एक आदेश दिया। ''तुम यहाँ इस कमरे में ऐलिस के साथ सो सकती हो ताकि मैं तुम पर नज़र रख सकूँ।''

''हाँ डैड,'' उसने जवाब दिया, और वह जानती थी कि रात में इस जगह से सरकना आसान होगा। ऐलिस को छोड़कर वे सभी चले गए और जेनी ने उसके लिए बिस्तर बिछाना शुरू कर दिया।

एक घंटा बीत गया और एलिस योगेश्वर को बुलाने गई। वह सचमुच बुलाने का इंतजार कर रहा था। उसके पास सारी चीजें तैयार थीं और वह धीमी आवाज में बोला, ''मुझे आशा है कि वह अच्छी होगी ... क्या वह साथ आ सकती है।'' ...मिस्टर क्लेमेंस को एक बार देख लो।

''वह बेहतर स्थिति में है और वह सौ प्रतिशत तसल्ली करने के बाद आएगी कि उसके पिता सो रहे हैं।''

''मैं गेट के बाहर उसका इंतज़ार कर रहा हूँ,'' उसने कहा और अपना पैकेट उठाया। उसने अपने दरवाज़े की कुंडी लगा दी और बिना ज़्यादा शोर किए मेन गेट की ओर बढ़ गया। एलिस उसके पास गई और उसे एक काला कोट और मफलर पहनाया। वे उसके पिता के कमरे की ओर बढ़े और उसने धीरे

से दरवाजा खोला वह गहरी नींद में सो रहे थे और जेनी कहीं दिखाई नहीं दे रही थी। वह मेन गेट की ओर बढ़ी जहां वह उसका इंतजार कर रहा था।

काली सर्द रात मानो उनका स्वागत कर रही थी। चाँदनी भरी रात में चाँद ऐसा सुन्दर लग रहा था मानो लुका-छिपी का खेल खेल रहा हो।

इस रोशनी में मिरांडा की आंखें चमक उठीं और इससे उसकी सुंदरता बढ़ गई। उन्हें पैदल चलकर ही अपना काम जारी रखना पड़ा। उसने उसका बायाँ हाथ पकड़ लिया और वे रिज की ओर चलने लगे। सड़कें सुनसान थीं और केवल कुछ आवारा कुत्ते चिल्ला रहे थे। बीच-बीच में सड़कों के किनारे सेना के कुछ जवान तैनात दिखे।

वे स्थानों, दुकानों, घरों पर रुके और उपयुक्त स्थानों का चयन किया जहाँ वे पोस्टर चिपका सकें। उसने अधिकतर काम किया और वह बस उन पर गोंद लगा रही थी। यह प्रक्रिया थका देने वाली थी और वह सड़कों के किनारे बनी सीमेंटेड बेंचों पर बैठ गईं।

''क्या आप ठीक हैं... मुझे लगता है कि मैं उदास महसूस नहीं कर रहा हूँ... क्या आप आगे चल सकती हैं... अन्यथा मैं रिज पर जा सकता हूं... आप यहीं बैठी रहें... हमने उनमें से सात को चिपका दिया है... बाकी हम कल सुबह के लिए अतिरिक्त रख सकते हैं।'' वह उससे और पूछताछ करना चाहता था, लेकिन वह उसके फैसले से संतुष्ट थी।

''हम अब वापस जा सकते हैं,'' उसने कहा और उसके साथ घर वापस जाने के लिए खड़ी हो गई।

मौसम काफ़ी ठंडा था और दृश्यता कम हो रही थी। उसने उसे ठीक से लपेटा और वे आगे बढ़े। वे आधे घंटे में वापस पहुँच गए क्योंकि वह धीमी गति से चलना पसंद करती थी, पहला कारण उसका स्वास्थ्य था और दूसरा उसके प्रति उसका प्रचुर प्यार जिसके लिए वह सड़क के अंत तक लगातार चलती रह सकती थी। गेट खुला था और वह दबे पाँव अंदर अंदर चली गयी। जाने से पहले, पहली बार, उसने उसका हाथ पकड़ा और उसे शुभ रात्रि कहकर चूमा। उसने उसे कसकर गले लगाया और फिर अपने कमरे में चला गया।

ऐलिस जाग रही थी और उसने कोट और मफलर उतारने में उसकी मदद की। उसने उसे बिस्तर पर बिठाया और उसे एक भारी कंबल दिया।

मिरांडा थकी हुई थी और बातचीत के मूड में नहीं थी। वह बिस्तर पर लेटकर जागती हुई उस आदमी के साथ अपने सुखद पलों को याद कर रही थी जिससे वह प्यार करती थी।

पक्षियों का चहचहाना, पहाड़ों से उगता सूरज उस दिन उसके दिल को नहीं हिला पाया। वह जल्दी से नहाने चली गई और अपने पिता से बहुत पहले नाश्ते की मेज पर थी।

''गुड मॉर्निंग डैड'' उसने जानबूझकर एक मुस्कान के साथ उनका अभिवादन किया। उन्होंने जवाब दिया और नाश्ते की मेज पर वह एलिस का इंतजार करने लगी।

''गुड मार्निंग एलिस... आपकी प्रिय मित्र आपके लिए बहुत चिंतित है... लेकिन मैं लाचार हूँ... तुम्हारे साथ चल रहे भयावह कृत्य का मुझे आभास नहीं था... ध्यान रखें और अपना नाश्ता करें।''

ऐलिस ने महसूस किया कि एक पिता तुल्य व्यक्ति उसे आशीर्वाद दे रहा है और उसने अपने पिता को याद किया। श्री क्लेमेंस उन्हें छोडकर शीघ्रता से मुख्यालय चले गए क्योंकि उनके लिए एक अति आवश्यक संदेश था। नौ बज चुके थे और उसने जेनी को योगेश्वर को बुलाने का आदेश दिया। वह उसकी तरह सफेद कपड़े पहने बैठक में दाखिल हुआ। वे शांति और भाईचारे का संदेश देते नजर आए।

''चलो चलते हैं... हमें समय पर वहाँ पहुँचना है।'' उसने कहा, और मिरांडा ने बैग और पानी की बोतल पकड़ ली जो वह ले जा रहा था। वे बाहर चले गए और वह कार में उसके साथ बैठ गई। रास्ते में उन्होंने देखा कि आधे से ज्यादा पोस्टर फटे हुए थे। रिज से कुछ गज की दूरी पर दो पोस्टरों के आसपास कुछ भारतीय, अंग्रेज पुरुष और महिलाएं एकत्र हुए थे। वे हलचल महसूस कर सकते थे। वे 9.30 बजे रिज पहुंचे। तीन से चार झुंडों में भारतीय खड़े थे, और ऐसा लग रहा था जैसे वे रैली शुरू होने का इंतजार कर रहे हों। कुछ

अंग्रेज पुरुष और महिलाएं भी भीड़ में शामिल हो गए। कुछ आगंतुक ऐसे भी थे जो और लोगों के साथ शामिल होने के लिए आगे बढ़े।

मिरांडा और योगेश्वर ने पहुंचकर दोनों पोस्टर दीवार पर चिपका दिए। उन्होंने लोगों को देखा और राहत की सांस ली। उन्होंने हाथ हिलाया ताकि वे एक स्थान पर इकट्ठे हो जाएँ।

रिज बीच में खड़ा था, सीधा और शानदार। इस खूबसूरत शहर के आकर्षण का केंद्र विशाल पर्वत एक प्रख्यात पृष्ठभूमि प्रदान करते हैं। वह उद्धार लाने के लिए तनकर खड़ी थी। वह काले और सफेद गुलामों को बचायेगी। वह अपने कदम पीछे नहीं हटाएंगी। वह पहाड़ों को हिला देगी।

''वह कॉन हे?'' सुंदर गुलाबी कोट वाली अंग्रेज महिला ने बगल में खड़े अधेड़ उम्र के आदमी से पूछा।

उन्होंने तनाव भरे अंदाज में कहा, ''मुझे नहीं पता... वह अपने लोगों के खिलाफ जा रही है... बर्दाश्त करने लायक नहीं।''

''उसकी लड़ाई सहनीय है... ये दुष्ट पुरुष गुणी लड़कियों का उपयोग कर रहे हैं... बेशर्म प्राणी... मुझे आशा है कि आप उनमें से एक नहीं हैं।''

''तुम्हारी हिम्मत कैसे हुई... चुप रहो... कुतिया!'' उन्होंने इतनी ऊंची आवाज में बात की कि हर कोई उन्हें देखने लगा. उन्हें शांत कराने के लिए एक अंग्रेज जोड़ा आगे आया।

मिरांडा को उसी समय बोलना शुरू करना था जब उसने बोलना शुरू किया।

''मेरे भारतीय और अंग्रेज मित्र, भले ही मैंने बहुत से लोगों को इकट्ठा नहीं किया हो, लेकिन आज कुछ बहादुर लोगों को इकट्ठा करने में सफल रही हूं। हम यहां एक बहुत ही संवेदनशील मुद्दे पर चर्चा करने के लिए आए हैं। पोस्टर सब कुछ कहते हैं। अंग्रेज हमारी लड़कियों का दुरुपयोग कर रहे हैं... अपनी संतुष्टि के लिए इस दागदार पेशे में लाए है। हमें उनके साथ खड़ा होना है। हमें उन्हें बचाना है और उन्हें इस गंदगी से बाहर निकालना है। मुझे आपके समर्थन की जरूरत है।

पाप रहित भारतीय और अंग्रेज लड़कियां जिनका इस्तेमाल इन पुरुषों द्वारा किया जा रहा है क्योंकि वे दरिद्र और असहाय हैं। हम सब मिलकर उन्हें बचा सकते हैं। मैं चाहती हूं कि आप सभी इस आंदोलन को आवाज दें।''

जैसे ही उसने अपना व्याख्यान समाप्त किया योगेश्वर आए और अपनी मातृभाषा हिंदी में बोलने लगे ताकि संदेश आसानी से दिया जा सके।

''भाईयों और बहनों आज हम सब यहां इसलिए एकत्रित हुए हैं क्योंकि हमारी लड़कियों की जिंदगी अंग्रेजों ने खराब कर दी है। हमें उन्हें बचाना है। हमारे साथ मिरांडा मैडम है वो भी इन लड़कियों को मुक्ति दिलवाना चाहती है... हमें इनका साथ देना चाहिए।''

अचानक लोग कानाफूसी करने लगे और एक भारतीय महिला आगे आई और चिल्लाने लगी, ''बाहर निकलो अंग्रेजों को इन्होंने हमारे देश और देशवासियों को बर्बाद कर दिया है...''

मिरांडा ऊंची आवाज में चिल्लायी, ''हमें न्याय चाहिए...हम न्याय चाहते हैं।''

लोगों ने मिरांडा के सुर से सुर मिलाकर नारे को दोहराया... वहां भारी हंगामा हुआ। मिरांडा और योगेश्वर ने नारा लगाना जारी रखा और बाकी साथ में दोहराते रहे। आधे घंटे के भीतर रिज पर सैकड़ों लोग जमा हो गए।

योगेश्वर ने ''हमारी बेटियों को बचाओ'' का नारा लगाया और भीड़ ने उनका नारा दोहराया। जल्द ही भीड़ बेकाबू होने लगी।

इस तरह के कार्य के लिए साहस की आवश्यकता होती है। इन सबसे वह धीरे-धीरे निर्भय होती जा रही थी क्योंकि उसने अपनी प्रिय सखी के साथ घटी इन वास्तविक घटनाओं को बहुत करीब से देखा था। ये अंग्रेज पापी थे और वे अपने प्रयास से यहाँ निर्दोष लोगों को ताजी हवा में साँस लेने देंगे। वे उन्हें उनके शरीर के साथ खेलना जारी नहीं रख सकते।

दूर से ही सायरन की आवाज सुनाई दे रही थी और जैसे-जैसे नजदीक आता गया, आवाज कम होती गई। पांच लारियाँ आयीं और उनसे एक के बाद

एक बटालियन नीचे कूदने लगी। वे भीड़ को तितर-बितर करने का एलान करने लगे लेकिन कोई सुनने को तैयार नहीं हुआ। भीड ऊंची आवाजों में नारों का उद्घोष करने लगी, आवाज और तेज होती चली गई। बरसों से लोग बंधुआ मजदूर की तरह जी रहे थे, लेकिन अब आजादी वक्त की मांग थी। उनके साथ गए अधिकारी उस स्थान पर पहुँचे जहाँ वे दोनों खड़े थे।

''मैडम यह अपमानजनक है.... कि आप हिंदुस्तानियों का समर्थन कैसे कर सकती हैं.... आपको यह काम बंद करना होगा ....हमारी बात माननी होगी....अन्यथा आपको मुख्यालय ले जाया जाएगा,'' उनमें से एक ने गुस्से भरे लहजे में कहा, और उनमें से एक योगेश्वर को मारने के लिए आगे बढ़ा उसने उसे नीचे फर्श पर गिरा दिया। उसने उसे अपने सख्त जूतों से मारना और पीटना शुरू कर दिया। उसने भागने की कोशिश की लेकिन उनमें से दो ने उसे गर्दन से पकड़ लिया। वह दौड़ी और उस पर गिर पड़ी। उसने उसे बचाने की कोशिश की लेकिन वे उसे खींचने लगे। उन्होंने उसे घसीटा लेकिन वह उसकी कमीज पकड़े रही। वह उसे छोड़ने के लिए तैयार नहीं थी।

भीड़ पीछे हटने लगी क्योंकि वे कैद नहीं होना चाहते थे लेकिन देशभक्ति से ओतप्रोत कुछ लोग वहीं रुक गए। एक ही रैली में वे संदेश देने में सफल रहे हैं और यह कोशिश आगे भी जारी रहेगी। जो वापस चले गए उनमें से दो को वैन में बैठाकर मुख्यालय ले जाया गया। मिरांडा के साथ तीन भारतीय महिलाएं भी थीं।

उसने उन्हें एक सुखद मुस्कान दी। उसकी लड़ाई शुरू हो गई थी और वह खुद को इसके लिए पूरी तरह से समर्पित करने के लिए तैयार थी।

उन्हें लगभग दो किलोमीटर नीचे स्थित मुख्यालय ले जाया गया। आधे घंटे में वैन वहां पहुंची योगेश्वर दस भारतीयों के साथ दयनीय हालत में दूसरी वैन में बैठ गए। होठों और माथे के पास घाव के साथ उसका चेहरा सूजा हुआ था, उसके कपड़े फटे हुए थे और उसके बालों का रंग सारी गंदगी से गहरा भूरा हो गया था। वह अपने देशवासियों और युवा लड़कियों के लिए रक्षक के रूप में कार्य करने के लिए तैयार थे। अंग्रेजों ने उसे यह भयानक रूप दिया था।

वे अपनी वैन से उतरे और उन्हें कार्यालय के मुख्य द्वार की ओर मुंह करके एक पंक्ति में खड़ा कर दिया गया।

''खड़े रहो अधिकारी दस मिनट में दौरा कर रहे हैं, उनमें से एक दहाड़ता है, और लगभग आधे घंटे में तीन अधिकारियों ने अनुसरण किया। मिरांडा अपना चेहरा नीचे करके खड़ी थी जब अचानक कोई उसके सामने खड़ा हो गया। वह ऊपर भी नहीं देख सकती थी। यह पता लगाने के लिए कि यह कौन था जब अचानक उसके कानों में एक जानी-पहचानी आवाज गूंजी।

''आप मिरांडा कैसे हो सकती हैं ... मुझे शर्म आ रही है कि आप मेरी बेटी हैं ... घृणित। मैं अपने अधिकारियों का सामना नहीं कर सकता,'' मिस्टर क्लेमेंस ने उग्र आँखों से कहा, और आगे बढ़ गए। अन्य दो अधिकारियों ने अनुसरण किया और मामले के बारे में पूछताछ शुरू कर दी।

''मिस्टर क्लेमेंस क्या यह आपकी बेटी है?'' एक सूरज की धूप से साँवले रंग वाले ने कहा। ''यह अत्यंत चिंता का विषय है क्योंकि यदि हमारे लोग हमारे विरुद्ध खड़े हों तो हम कहाँ जाएँगे?'' मिस्टर क्लेमेंस एक शब्द नहीं बोल सके और वह सीधे योगेश्वर के पास आ गया,

क्रोधित, ''क्या मैंने तुम्हें अपनी बेटी के लिए नियुक्त किया था कि तुम इस तरह के अभद्र कार्यों में उसका समर्थन और मार्गदर्शन करो...., मैं तुमसे यह उम्मीद कभी नहीं कर सकता था ... तुमने हमें धोखा दिया है, तुम भारतीय.... बदमाश!'' उन्होंने उसकी गर्दन पकड़ ली और कहा, ''तुम मेरे घर में घुसने की हिम्मत नहीं करना ... इसे जेल में डाल दो ... मेरी बेटी निर्दोष है।'' वह अन्य अधिकारियों को स्पष्टीकरण देने के लिए बाध्य थे। उन्हें शर्म और अपमान महसूस हुआ, मिरांडा ने जोगेश्वर को एक रहस्यभरी नज़रों से देखा और उसकी आंखों में आंसूँ आ गए।

वह अपनी स्थिति के लिए जिम्मेदार थी, भगवान उसे बख्श दें योगेश्वर इतने सहयोग करने वाले और निःस्वार्थ हैं कि उन्होंने उसे क्यों उठाया और वह उसे मुक्त कराएगी। उसने खुद से पूछा। वह अपने पिता के पास गई और

विनती की, ''उसे जेल में मत भेजो....मेरी खातिर ... वह दोषी नहीं है ... मैं जिम्मेदार हूं ... उसे छोड़ दो।''

अधिकारी सुनने के लिए तैयार नहीं थे, और अंत में, तीनों में से सबसे लंबे ने आदेश दिया, ''इन सभी पुरुषों को तीन महीने के लिए दिल्ली जेल भेज दो और इन चारों महिलाओं को एक चेतावनी के साथ मुक्त करो।''

मिरांडा बेहोश हो गई और उसके पिता उसे लेने के लिए दौड़ पड़े। वह उसे अपनी कार तक ले गए और अन्य तीन महिलाएं वापस घर जाने के लिए वैन में बैठ गईं। उसने रास्ते में चुप रहना पसंद किया घर पहुँचने पर हेरोल्ड ने उसे कार से बाहर निकालने में मदद की और वह उसे बैठक में ले गये। वह कुर्सी पर बैठ गई। जेनी पानी ले आई और चाय बनाने के लिए चली गई। उन्हें उसकी हालत पर तरस आया लेकिन उन्हें उसे अवसरों और बाधाओं के बारे में बताना पड़ा। बेटी के कारण उनकी छवि खराब हुई।

''मिरांडा, मुझे लगता है कि आपको अपना बैग पैक करना चाहिए और वापस जाना चाहिए। आपने मेरी छवि खराब कर दी है ... जिस दिन से आप आई हैं, आप इन सभी चीजों में शामिल थीं मैं इस सब से अनजान था कि तुम्हें यहाँ नहीं लाना चाहिए था,'' वह घृणा से बोले। वह खुद पर काबू नहीं रख सकी और उसकी झुंझलाहट उसके चेहरे पर देखी जा सकती थी।

वह दबी हुई मुद्रा में बोली। ''डैड, नियति मुझे यहां ले आई घाटियों और पहाड़ों ने मेरा स्वागत किया। मैं एलिस को बचाने आयी लेकिन मैंने हजारों लड़कियों को इस पेशे में जबरदस्ती फेंकते देखा। वे मजबूर हैं और मानवता के लिए मैं जाति, पंथ और संस्कृति से ऊपर उठ गयी हूं। उन्हें बीमार और मृत देखकर मेरा दिल रोता है। किसी को आगे आना होगा और शायद ईश्वर ने मुझे चुना है। मेरी लड़ाई अंत तक जारी रहेगी।''

''इस क्षेत्र को छोड़ने के लिए आपकी ओर से अच्छा होगा ... इस देश में कोई भी आपका समर्थन नहीं करेगा ... मैं आज आपके साथ खड़ा हूं लेकिन भविष्य में शायद मैं आपके लिए नहीं रहूंगा ... आप सभी को जाने देंगे। तुम अलग थलग पड़ जाओगी ... भारत में आप किसी से परिचित नहीं हैं... आप

इस हद तक कैसे जा सकती हैं... मैं आवश्यक व्यवस्था कर रहा हूं कि आप दो दिन में शिमला से निकल जाएं।''

''यह असंभव है... मेरा काम अभी भी अधूरा है मैं नहीं जा रही हूँ। ऐलिस मेरी ज़िम्मेदारी है और मैं इसे संभाल सकती हूँ।'' जैसे ही उसने यह कहना समाप्त किया हेरोल्ड आया और उसके बगल में बैठ गया। वह अपनी बेटी को अच्छी तरह जानता था कि अब वह उसकी बात नहीं सुनेगी। वह कमजोर और नाज़ुक नहीं बल्कि अपनी मां की तरह एक योद्धा थी।

''मिरांडा, मेरी जान मैं बिल्कुल अकेला रह गया हूँ... अंग्रेज तुम्हें नहीं छोड़ेंगे।'' ऐसा लग रहा था जैसे वह उनके साथियों की आगे की योजना जानते हो।

उसने कहा, ''मैं चुनौतियों का सामना करने के लिए तैयार हूं... मुझे मत रोको... यह मत सोचो कि मैं अकेली हूं... बहुत से लोग हैं जो मेरे समर्थन में खड़े होंगे।

आई लव यू डैड... आपको योगेश्वर को बचाना है, वह इस आंदोलन में मेरे लिए शामिल थे... आप उनसे कहो कि वो उसे रिहा कर दें।''

''मैं इन सभी घटनाक्रमों से स्तब्ध हूँ जो इतनी जल्दी हो गए हैं... कल वे उसे दिल्ली ले जाएंगे जे सजा के हकदार हैं ... उसने आपको गुमराह किया है''

''उसे बचाओ, पिताजी उसे बचा लो ... उसे बचा लो। वह घुटनों के बल बैठकर गिड़गिड़ाती रही लेकिन हेरोल्ड अड़े थे और छोड़कर चले गए।

मिरांडा अपने कमरे में चली गई और एलिस रहस्यमयी पहाडों को निहारते हुए अपने पेट पर हाथ रखकर बैठी थी। इस जगह ने उसे अपूरणीय यादें दी थीं। उसका भविष्य बारिश की तरह अनिश्चित और बादलों की तरह काला था। वह अब अजन्मे को अंदर हिलते हुए महसूस कर सकती थी।

''इसका पिता कौन होगा? क्या वह इस अप्रिय दुनिया को देखेगा या मर जाएगा? उसके साथ यह सब क्यों हो रहा था? क्या वह पापी थी?'' ऐसे में उनके मन में कई तरह के सवाल उठ रहे थे।

''ऐलिस हमें इस जगह को छोड़ना होगा... कल तक... कोई और रास्ता नहीं है,'' उसने जल्दी से कहा, और सीधे उसके पास जाकर उसे सीधा बैठने में मदद करने लगी।

''हम कहाँ जाएँगे, मिरांडा? क्या आप शिमला में किसी को जानती हैं!

नहीं, लेकिन फिर भी ... अगर योग यहाँ होता तो सब कुछ सुलझा लिया होता।''

''वह कहाँ है? क्या हुआ?'' उसने उसका हाथ कसकर पकड़ लिया और पूछा।

मिरांडा ने उसका हाथ पकड़ लिया और पूरे दिन की घटनाएँ सुनाईं। एलिस अपने माथे पर हाथ रखकर बैठी थीं। बिस्तर से उठी और अलमारी से दो खाली सूटकेस निकाले। वह एक मिनट भी बर्बाद नहीं करना चाहती थी और उसने अपने कपड़े पैक करना शुरू कर दिया।

छह बजे जेनी ने कमरे में दस्तक दी और अजीब तरह से इशारे करते हुए आश्चर्य से कहने लगी, ''मैडम गेट पर कुछ महिलायें आपसे मिलने आई हैं। मैंने वहां इंतजार करने के लिए कहा है। मैं उन्हें क्या बताऊं? ''

''मैं कुछ मिनटों में आ रही हूँ, आप उन्हें प्रतीक्षा करने के लिए कहें।'' वह कुर्सी से उठी और जेनी के पीछे हो ली। बारह से तेरह भारतीय और अंग्रेज़ औरतें गेट पर थीं और वे उसे देखकर मुस्कुराईं। उनमें से दो आगे आईं और उनके चरणों में गिर पड़ीं ''मैडम बचा लो...बचा लो हमारी बेटियों को।''

''तुम क्या कह रही हो? मैं समझ नहीं पा रही हूँ... मैं आपके लिए क्या कर सकती हूँ?''

जेनी भारतीय भाषा को थोड़ा बहुत समझ सकती थी, इसलिए वह समझाने के लिए आगे आई ''मैडम उनका कहने का मतलब है कि आप उनकी बेटियों को बचाएँ।'' मिरांडा ने खुद को असहाय महसूस किया, उसने उन्हें उठाया और अपना हाथ अपनी छाती पर रखा, और उनसे कहा ''मैं कोशिश कर रही हूँ।'' उसने उनमें देखा कि अपनी बेटियों को राक्षसों के हाथों में जाने

देने का आघात उनकी चीखें होंगी...ऊपर स्वर्ग तक पहुँच रही होंगी, उसने आकाश की ओर देखते हुए सोचा। उसने उन्हें सूचित किया। ''मैं कल सुबह ग्यारह बजे रिज पर आप सबसे मिलूंगी।''

जैसे ही उसने पीछे मुड़कर देखा, उसने देखा कि उसके पिता उसे घूर रहे थे और उनकी आँखें बाहर निकली हुई थीं। वह एक शब्द नहीं बोले और बस मुड़कर घर के अंदर चले गए।

आठ बजे रात का खाना परोसा गया और वह जानती थी कि वह आखिरी बार उस व्यक्ति के साथ बैठी थी जो उसकी दुनिया थी। हजारों की लड़ाई में वह कम से कम एक व्यक्ति को छोड़ ही सकती थी। उसका निर्णय अंतिम था।

उस रात जेनी कमरे में दाखिल हुई और चिंतित होकर उनके बगल में खड़ी हो गई। ''मैडम मैं कई दिनों से आपकी बातें सुन रही थी और आज मुझे पता चला कि आप कल सुबह मैडम एलिस के साथ चली जायेंगी।''

''हाँ, लेकिन मैं तुम्हारे लिए क्या कर सकती हूँ?''

''मैं एक अनाथ हूं और मेरी आंटी ने मुझे पैसे कमाने के लिए भारत भेजा था... वह अब नहीं है... क्या मैं आपके साथ जा सकती हूं? मैं आपकी हर संभव मदद करूंगी...प्लीज मैडम ...प्लीज,'' उसने हाथ जोडकर विनती की।

''मुझे इस पर दोबारा विचार करना होगा...मुझे देखने दो ...मेरे पास जाने के लिए कोई जगह नहीं है।''

उसने जेनी से कहा कि वह उसे योगेश्वर के कमरे में ले जाए ताकि वह उसका सामान इकट्ठा कर सके। कमरा बंद नहीं था और वे अंधेरे कमरे में घुस गए। मंद रोशनी में, उसने बस अपना खाली बैग उठाया और भगवान कृष्ण और राधा की मूर्तियों की ओर बढ़ी, उसने उन्हें उठाया और उसके नीचे गिरे कपड़े में लपेट दिया। उसने उन्हें सावधानी से बैग में रखा और अपने कमरे में ले गई। जेनी को अपने साथ ले जाने का विचार योग्य था क्योंकि उसकी

अनुपस्थिति में एलिस की देखभाल के लिए उसे किसी की आवश्यकता थी। जेनी सबसे अच्छा विकल्प था। जेनी ने चीजों को इकट्ठा करने में उनकी मदद की। वह जेनी की ओर बढ़ी और कोमल स्वर में बोली, ''आप हमारे साथ आ सकती हैं लेकिन आने वाली विपत्तियों का सामना करने के लिए तैयार रहें ... जाओ और अपना बैग पैक करो,'' वह खुशी और दुख की मिश्रित भावनाओं के साथ तेजी से अपने कमरे की ओर भागी।

उस रात उसे नींद नहीं आई। उसका तकिया पहले से ही गीला था क्योंकि नैतिक मूल्यों वाला एक सभ्य व्यक्ति अब उसके कारण इस घृणित स्थिति में था। वह बेबस थी लेकिन उसके लिए दिन-रात दुआ कर रही थी। वह चमत्कारों में विश्वास करती थी।

वह भोर का बेसब्री से इंतजार कर रही थी। उज्ज्वल नई सुबह जहां वह काले और सफेद दासों की स्वतंत्रता के लिए लड़ने के लिए एक विदेशी भूमि में अकेली खड़ी होगी। वह ईश्वर की शक्ति को महसूस कर सकती थी। वह उसका मार्गदर्शक प्रकाश होगा। उसे विजेता बनकर सामने आना था।

अध्याय ९. कोठरी

नई सुबह योगेश्वर के लिए एक अप्रत्याशित यात्रा लेकर आई। उन्हें अन्य कैदियों के साथ दिल्ली की जेल में स्थानांतरित किया जा रहा था। उन्हें हथकड़ी लगाकर आर्मी वैन में बिठाया जा रहा था। अंग्रेज लगातार उनका उपहास उड़ा रहे थे और उन्हें कोस रहे थे। तुम बदमाशों... तुम भारतीयों ने हमें हर एक मामले में बुरे सपने दिखाए हैं ... हर मामले में तुम हस्तक्षेप करते हो और हमें नीचा दिखाते हो, पतली काया वाले एक लेफ्टिनेंट ने चिल्लाकर कहा। ''उन्हें ले जाओ और उन्हें सबसे अंधेरी कोठरी में फेंक दो ताकि वे प्यासे मर जाएं... उन लड़कियों को मुक्त करने की कोशिश कर रहे हैं जो हमें दिन-रात खुश कर रही हैं ...हास्यास्पद।'' वाहन शुरू हुआ और नीचे की ओर चला गया और कुछ ही मिनटों में ओझल हो गया, नग्न आंखों से दिखाई देना बंद हो गया।

मिरांडा जल्दी उठी और उसी रंग के स्टॉकिंग्स के साथ अपनी काली स्कर्ट, उसी रंग के मोजे और एक सफेद कार्डिगन में तैयार हो गई। एलिस ने पैकिंग को अंतिम रूप देना शुरू किया और जेनी ने प्रवेश किया, ''मैडम, नाश्ता तैयार है और सर नीचे आपका इंतजार कर रहे हैं मैंने अभी तक उनकी अनुमति नहीं ली है... क्या मुझे उन्हें सूचित करना चाहिए?''

''हाँ, आप सूचित करें ... उन्हें व्यवस्था करनी होगी और किसी और को अपने लिए काम पर लाना होगा या हो सकता है कि शायद वह इस घर को छोड़ दें और इसे अधिकारियों को वापस सौंप दें।''

जेनी ने सामान पकड़ लिया और नीचे चली गई। वे भी उसके पीछे हो लिए और बाकी सामानों को उठाया लाए।

श्री क्लेमेंस भोजन कक्ष में प्रतीक्षा कर रहे थे और उन्हें सामान के साथ देखकर अचानक उठ खड़ा हुए।

''आप क्या कर रही हैं? यह सब क्या है? आप अगले सप्ताह बाम्बे से लंदन के लिए रवाना हो रही हैं। मैंने बुकिंग करवा दी है,'' मिस्टर क्लेमेंस ने प्यार और गुस्से के मिश्रण से कहा। उन्होंने कभी नहीं सोचा था कि उनकी ज़िंदगी में कभी इतना भयानक दिन भी आएगा।

उन्होंने कहा, ''सॉरी डैड... मैं अभी इस देश को तब तक नहीं छोड़ रही हूं जब तक मेरा काम पूरा नहीं हो जाता,... इसमें कुछ समय लग सकता है और फिर मैं आपके साथ शामिल हो जाऊँगी... लेकिन अब मैं आपसे विदा लेती हूं, जेनी भी हमारे साथ है।'' उसने निराश होकर कहा। वह नहीं चाहती थी कि उसके पिता बहस करें या गिडगिडाएँ। वह जानती थी कि अगर उन्होंने विनती की, तो उसे अपना फैसला बदलना पड़ सकता है। वह नाश्ते के लिए नहीं बैठी क्योंकि उसे अपने लिए उपयुक्त जगह ढूंढनी थी। वे तीनों बाहर चले गए और उसके पिता गेट पर अकेले खड़े थे, शक्तिहीन और निराश।

उन्हें अगली लेन तक चलना पड़ा जब तक कि उन्हें हाथ से खींचने वाले दो रिक्शा नहीं मिल गए। योगेश्वर ने एक बार उनसे अपने पते पर चर्चा की थी और यही एकमात्र जगह थी जहाँ वह कोशिश कर सकती थी। दो लेन नीचे की ओर शहर के प्रसिद्ध वकील श्री जवाहर सान्याल का आलीशान बंगला था। बीस मिनट में वे वहाँ पहुँच गए। उन्होंने रिक्शे से नीचे उतरकर भुगतान किया। गेट पर भारतीय गार्ड ने उन्हें रोका और उन्होंने उनसे अनुरोध किया, ''श्री सान्याल... योगेश्वर के पिता से मिलना है। गार्ड ने उन्हें गेट पर प्रतीक्षा करने का आदेश दिया। उसने देखा कि उनके पिता सुंदर, अधेड़ उम्र के थे, जो गार्ड के साथ आ रहे थे जब उनके पास आए। उनके ऊपर। ''ऐसा लगता है कि मैंने आपको कहीं देखा है ... मुझे याद है ...

मैंने उस दिन आप दो लोगों को उस जगह छोडा था जहां मेरा बेटा काम कर रहा है... मुझे लगता है कि वह ठीक है।''

उसे उसे सच बताना पड़ा, ''सर यह एक लंबी कहानी है जो बहुत ही बुरे दौर से गुजर रही है... युवा लड़कियों को वेश्यावृत्ति से बचाने की मेरी लड़ाई में ... एक अंग्रेज होने के नाते वे अब मुझे बर्दाश्त नहीं कर सकते हैं और योगेश्वर ही मेरा एकमात्र सहारा रहे हैं। हमने कल रिज में जो बैठक आयोजित की थी, उसमें उन्हें कैद कर लिया गया है और वे उन्हें दिल्ली ले गए हैं।''

''क्या ... वही था? मुझे खबर मिली थी लेकिन मैं सपने में भी नहीं सोच सकता था कि मेरे बेटे को पीटा जा रहा है और कैद किया जा रहा है। वे उसे कहां ले गए हैं? उसने मुझे एक संदेश भी नहीं भेजा... क्या बात है? मेरे वकील होने का क्या फायदा?'' श्री सान्याल की सांस फूलने लगी और गार्ड ने एक कुर्सी खींच कर उन्हें बैठाया। श्रीमती सानयाल को अंदर से पानी का गिलास लेकर भागते देखा जा सकता था। वह कुछ दूरी पर खड़ी उन्हें देख रही थी। उसने उसे पानी का गिलास थमा दिया।

''मेरा इकलौता बेटा.... वे उसे कहाँ ले गए हैं?''

महोदय, आज मैंने अपना घर और अपने पिताजी को छोड़ दिया क्योंकि मैं इन लड़कियों को आज़ाद कराना चाहती हूँ। ऐलिस एक शिकार है और जेनी एक अनाथ है जो इस आंदोलन में मेरी मदद करेगी। मैं नयी, अनुभवहीन लेकिन जिद्दी हूं।'' उसने जेनी को अपना बैग लाने के लिए कहा और उसने उसे खोला और राधा और कृष्ण की मूर्तियों को सावधानी से निकाला और उन्हें सौंप दिया। श्री सान्याल ने उन्हें पहचान लिया और उन्हें नजाकत से पकड लिया। उन्होंने भारी आवाज के साथ कहा। ''ये उन्हें बहुत प्यारे हैं... उनकी मां की सबसे प्यारी यादें।''

''सर, क्या आप हमारे रहने के लिए एक कमरा खोजने में हमारी मदद कर सकते हैं... हम किराया देंगे... मैं आपके अलावा किसी को नहीं जानती? उसने उससे अनुरोध किया और ऐसा लगा जैसे उसका जवाब तैयार था ''चूंकि आप मेरे बेटे के साथ एक विशिष्ट संबंध रखती हैं, वह आपके लिए काम कर रहा था, मैं आपका आभारी हूं कि आपने मुझे उसके ठिकाने के बारे में बताया। इस विशाल बंगले में हम दो लोग रहते हैं ... मैं तुम्हें एक नहीं

दो कमरे दे सकता हूं... आराम से रहो। मैं गार्ड से कहूंगा कि तुम्हें कमरे दिखा दें।''

उसकी ख़ुशी का कोई ठिकाना नहीं रहा और वह दोनों की तरफ देखकर मुस्कुराई। श्रीमती सान्याल ने इस बात पर ध्यान नहीं दिया क्योंकि वे अस्वस्थ दिख रही थीं। मिरांडा ने सोचा कि शायद इसका संबंध उसके बेटे से है और योगेश्वर ने उसे अपनी मां के अंदर उसके लिए नफरत की भावनाओं के बारे में बताया था।

वे तीनों गार्ड के पीछे गए और अपने सामान के साथ कमरे की ओर चल पड़े। छत के खुले क्षेत्र में बाथरूम के साथ पहली मंजिल पर दो सटे हुए कमरे अच्छी स्थिति में थे। एक डबल बेड, दो कुर्सियाँ और एक मेज थी। उन्होंने अपना बैग रख दिया और जेनी ने जल्दी से पूछा, ''मैडम किचन के बारे में क्या है... हमारे पास कोई बर्तन नहीं है ... हमें कुछ चीजें खरीदनी है।''

''जेनी हम कुछ दिनों के लिए बाहर से चीजों का इंतजाम कर सकते हैं... ऐलिस का विशेष ध्यान रखना होगा... याद रखना हमारे पास पर्याप्त पैसा नहीं है

ऐलिस बिस्तर पर बैठी थी, उसके पेट थोड़ा बाहर निकला हुआ था। वह एक सच्चा सहारा और एक परोपकारी इंसान थी, अपनी मित्र का आधार स्तंभ थी।

उसकी चुप्पी उन विचारों का उत्तर था जो उसके भाग्य के बारे में उसके मन में जमा हो रहे थे।

उनकी नज़र पास के छोटे से किचन पर थी जो एक स्टोररूम से अधिक था। ''जेनी तुम्हें कमरे और छत की सफाई करनी होगी... हम मदद करेंगे... चलो पास के बाजार में चलते हैं और कुछ खाने का इंतजाम करते हैं।'' उन्होंने कपड़े का थैला उठाया और नीचे चले गए। उन्होंने गार्ड से निकटतम बाजार के बारे में पूछा और दस मिनट तक ढलान पर चले। मिरांडा ने ब्रेड, बिस्कुट, बन्स और जैम... ऐसी चीजें खरीदीं जो लंबे समय तक टिक सकती थीं और पकाने की आवश्यकता नहीं थी। कुछ सस्ती प्लेटें, चम्मच और

गिलास भी चाहिए थे और उन्होंने उसे एक छोटी सी दुकान से आसानी से खरीद लिया।

मिरांडा ने जेनी को छोड़ दिया क्योंकि उसे देर हो रही थी, उसे दस बजे से पहले पहुंचना था। उसने एक रिक्शा किराए पर लिया और उसे ऑर्डर दिया। ''रिज... जाओ... बैठो।'' न चाहते हुए भी वह जल्दी से बैठ गई। उसे उन रिक्शा चालकों पर दया आती थी जो पहाड़ियों का सारा बोझ खींच रहे थे। दोनों जरूरतों को पूरा करने के लिए वे अपने फेफड़ों पर जोर दे रहे थे। कम से कम गर्म कपड़ों के साथ, उन्होंने उसे खींचा और उसे समय पर अपने गंतव्य तक पहुँचाया। वह रिज तक गई जहां पांच-छह भारतीय और दो अंग्रेज महिलाएं एक समूह में खड़ी थीं। उन्हें देखते ही उनके चेहरों पर मुस्कान आ गई। उसे एक अभूतपूर्व अनुभूति हुई। वह हजारों लड़कियों के लिए जीत चाहती थी। भाषा की समस्या ने उन्हें असहज कर दिया लेकिन उनके हावभाव संदेश देने के लिए पर्याप्त थे।

''आईए हम यहाँ भीड़ न लगाएँ, हम अगली गली में स्थित महिला संगठन में जा सकते हैं... शायद वे हमारी मदद कर सकते हैं।''

''आओ... चलो।'' वे सभी उसके पीछे चले गए और उसे ऑफिस याद आया क्योंकि वह एक बार वहां गई थी। दस बज चुके थे इसलिए ऑफिस खुला था। वह दो भारतीय महिलाओं के साथ अंदर गई और उसने उन दो महिलाओं को देखा जिन्हें वह पहले से ही अंदर बैठी हुई मिली थी। उसे देखकर उन्हें तनिक भी आश्चर्य नहीं हुआ।

''बैठो...तुम्हारा नाम...मैं भूल गई...तुम कुछ दिन पहले आयी थी और आखिरकार तुमने भारतीय महिलाओं को पकड़ ही लिया,'' नलिनी ने अपनी कोमल आवाज में बोलना शुरू किया, एक ऐसी आवाज जिसमें स्वर सहमति थी।

''मैं मिरांडा हूँ, मुझे आशा है कि आपको वह गंभीर समस्या याद होगी जो मैं लेकर आयी थी ... लेकिन मेरी लड़ाई जारी है ... कल मैं आंदोलन शुरू करने में सफल रही ... लेकिन मुझे आपके समर्थन की आवश्यकता है ...

कृपया ... उन्हें मरने से बचा लो ... वे बेबस हैं, वे योगेश्वर को दिल्ली जेल ले गए हैं। जो आदमी मेरे साथ था... बेचारा,'' उसने नंम आँखों से उसका हाथ पकड़ लिया।

सुचित्रा ने इस बात को गंभीरता से सुना। ''मिरांडा... हम आपके साथ हैं... आपकी गहरी रुचि और आत्मविश्वास ने हमें एक सीख दी है। हम महिलाएं हैं... उनके लिए और कौन खड़ा होगा... हम कुछ करेंगे।''

''मैंने ऐलिस और जेनी के साथ अपना घर छोड़ दिया है, मेरे ठिकाने के बारे में कोई नहीं जानता ... वे अभी भी अनजान हैं ... मैं आप सभी की बहुत एहसानमंद हूं और जिसने मुझे आश्रय दिया है।''

इस बीच पड़ोस कई महिलाएं भी उनके साथ या गयीं और इस मामले पर चर्चा शुरू कर दी। मिरांडा उनके साथ अंदर बैठी और उन्हें अपनी महीने भर की कार्रवाही के बारे में बताया।

उन्होंने ध्यान से सुना और नलिनी ने उनकी बातचीत बीच में ही रोक दी। उन्होंने कहा, ''इस लड़ाई में हमें अपने संगठन की सभी महिलाओं की जरूरत है... हमें उन व्यवस्थाओं को तेजी से पूरा करना होगा, आपने एलिस को उनके चंगुल से छुड़ाकर निडरता से काम किया है।''

वह उन्हें सुचित्रा के बारे में बताती रहीं। ''हमें संदेश भेजने और अपने नेताओं को कल दस बजे बुलाने की जरूरत है, हम आज ही बेकर स्ट्रीट पर एक नज़र डालते हैं ... हम देरी नहीं करेंगे।'' वे तीनों बाहर चले गए और महिलाओं की बढ़ती संख्या को देखकर प्रसन्न हुए। नलिनी सीढ़ियों पर खड़ी थी और उन्हें संबोधित करना शुरू कर दिया।

''मेरी प्यारी बहनों, आज हम अपनी बहनो और बेटियों को बचाने के लिए यहां इकट्ठे हुए हैं। इन अंग्रेजों ने मासूम और नाज़ुक लड़कियों की जिंदगी बर्बाद कर दी है। उन्हें इसकी कीमत चुकानी होगी।'' हमें लड़ाई में आपका साथ चाहिए... सभी महिलाओं ने ऊंची आवाज़ में जयहिंद बोला ।

गंभीर चर्चा के बाद, दोपहर का समय था जब नलिनी सुचित्रा और मिरांडा मुख्य सड़क की ओर बढ़े। ड्राइवर की सीट पर नलिनी, आगे सुचित्रा और पीछे की सीट पर मिरांडा थी। बेकर स्ट्रीट की ड्राइव सुखद और आशावादी थी। ठंडी हवा उसके बालों को उड़ा रही थी और पहाड़ की चोटियाँ धूप में चमक रही थी। पन्द्रह मिनट में वे बेकर स्ट्रीट पहुँचे।

उसके मन में यादें कौंधने लगीं। उसे योगेश्वर की याद आई, उसने हर कदम पर उसका साथ दिया और कई दिनों तक कॉफी शॉप में बिना क्रोध के उसका इंतजार करता था। उनके पास कितना धैर्य था? हर कदम पर उसकी कमी खली। वह उसके लिए लगातार भगवान से प्रार्थना करती थी। जिंदगी अब एक भयानक मोड़ ले चुकी थी।

कार कॉफी की दुकानों पर रुकी। मिरांडा सबसे पहले उसी स्थान पर बैठने वाली थी जहां वह पहले बैठी थी। उसने तीन काफी और वेनिला केक का आदेश दिया। वहां से तीन बंगला मकान नंबर 21,22 और 23 दिखाई दे रहे थे। उसने उन्हें बताने के लिए उनकी ओर इशारा किया।

''मैडम इन तीन घरों की ऊंची दीवारों के पीछे ज़िंदगी को बचाने का और मरने का गंदा खेल चल रहा है... पवित्रता और अशुद्धता का... सफेद और काले का नुकसान और लाभ का लेकिन हर बादल में एक उम्मीद की किरण होती है।'' उसने एक गहरी सांस ली और काफी पीना शुरू कर दिया।

''हम इस सब के बारे में कुछ हद तक जानते थे ... लेकिन यह इस हद तक पहुंच गया है कि यह विनाशकारी है और मैं गहराई से हिल गयी हूं ... मेरा दिल इन निर्दोष महिलाओं के लिए रोता है ... उनके शरीर और आत्माएं मर चुकी हैं ... .ये अंग्रेजों ...इन पर शर्म करो।'' नलिनी ने अपनी कॉफी खत्म की और सुचित्रा ने जवाब दिया। ''ह्म्म्म... यह इन आदमियों की शर्मनाक हरकत है।''

वे उठे और कॉफी हाउस के बाहर खड़े हो गए। सुचित्रा ने आत्मविश्वास के साथ कहा, ''चलो थोड़ा टहल लेते हैं ताकि हम करीब से देख सकें... हमें नेतृत्वकर्ताओं को कल और निर्देश देने होंगे।'' मिरांडा ने वहां सामने रहना

पसंद नहीं किया क्योंकि वहां पहचाने जाने का खतरा था। इन मकानों के पहरेदारों और दीवारों पर निगाहें गड़ाए वे आराम से इधर-उधर घूमने लगी।

''उन्होंने उन्हें अंदर पैक कर दिया है और आप कभी पता नहीं लगा सकते... एक यातनापूर्ण जीवन जी रहे हैं, यह नरक है। मैं भी एक शिकार बन गयी होती... भगवान ने मुझे बचा लिया।'' उन्होंने देखा कि वह परेशान हो रही है, इसलिए नलिनी ने उसका हाथ पकड़ लिया।'' शांत हो जाओ, आप सुरक्षित हैं... मेरा मानना है की आप सुरक्षित जगह पर रह भी रहे हैं... फिर भी आप असुरक्षित महसूस करती हैं, तो हम आपके लिए हैं।''

''मुझे एलिस की अधिक चिंता है ... उसे मदद की जरूरत है। मुझे आशा है कि मेरी अनुपस्थिति में आप उसका ध्यान रखेंगे... अगर वे मुझे नुकसान पहुंचाते हैं तो,'' उसकी आंखों में आंसू आ गए और सुचित्रा अपना रूमाल निकाल कर पोंछने लगी। वे वापस घर की ओर चलने लगे। काले बादल जोर से बरसने ही वाले थे। मौसम ठंडा हो रहा था और वह घर पहुँचने के लिए बेताब थी।

नलिनी गाड़ी चला रही थी और एक गाना गुनगुना रही थी ''जोरी तोरी डाक शुनि केऊ ना ऐसे तोबे एकला चलो रे... एकला चलो एकला चलो एकला चलो रे। (अगर कोई आपकी पुकार नहीं सुनता तो अकेले चलो ...अकेले चलो, अकेले चलो, अकेले चलो, अकेले चलो)

सुचित्रा भी उसके साथ गाने लगी। उन्होंने उसे इसका अर्थ समझाया। मिरांडा ने कायाकल्प महसूस किया।

उन्होंने अगले दिन नौ बजे मिलने का फैसला किया और मिरांडा श्री सान्याल के बंगले तक पहुँचने के लिए एक रिक्शा किराए पर लिया। रिक्शा वाला बूढ़ा था और धीरे-धीरे चलने लगा। सुनसान सड़क पर अँधेरे में वह प्रेत सा प्रतीत हो रहा था। उसने अपने मफलर से अपना चेहरा ढक लिया और सहज महसूस नहीं कर रही थी।

श्री सान्याल ने शहर में नाम और प्रसिद्धि अर्जित की थी। वह हमेशा उसके घर आसानी से पहुँच जाती थी क्योंकि वह शहर की एक प्रसिद्धि शख्सियत थे।

उन्हें पता चला कि वह अपने देशवासियों के लिए मुफ्त में लड़ रहे थे, जो अंग्रेजों द्वारा अवैध रूप से प्रताड़ित किए गए थे।

अंधेरा हो रहा था और हल्की गर्मी की बूंदा बांदी ने उसे कंपकंपी दी। उसे लगा कि कोई पैदल उसका पीछा कर रहा है। उसने पीछे मुड़कर देखने की कोशिश की लेकिन कोई नजर नहीं आया। उसका चेहरा डर से लाल हो गया क्योंकि उसे खतरे का आभास हो गया था। उसने मफलर से अपना चेहरा ढक रखा था। उसने रिक्शा रोका, उसे पैसे दिए और चलने लगी। दो आदमी उसे पकड़ने ही वाले थे कि वह चिल्लाई, "बचाओ! मदद करो। उसने उन्हें नीचे धकेल दिया और दौड़ना शुरू कर दिया। उन्होंने अपने चेहरे ढके हुए थे ताकि वह यह पता न लगा सके कि वे अंग्रेज हैं या भारतीय। उन्होंने उसका पीछा किया और वह बेदम हो गई और आगे भाग नहीं सकी। वह नीचे की ओर जंगल में फिसल गई। वह उठी और अपनी आँखें मलीं। उसकी आँखें उन्हें खोज रही थीं। वे कहीं दिखाई नहीं दे रहे थे इसलिए उसने खुद को पेड़ के पीछे धकेल कर उनके बीच छिपने में सफल रही। वह अर्ध-अंधेरे में उनकी परछाइयाँ दिखाई दे रही थीं। दो आदमी अथक खोज कर रहे थे लेकिन जब वे ऐसा करने में असफल रहे, तो वे चले गए। वह डरी हुई महसूस कर रही थी क्योंकि वह अंधेरे जंगल में अकेली थी। केवल कीड़े-मकोड़ों की भनभनाहट और मेंढकों के टर्र-टर्र की आवाज ही सुनाई दे रही थी। वह कुछ मिनटों तक तब तक बैठी रही जब तक कि आवाजें कम नहीं हो गईं।

अब अंग्रेजों को उसकी जरूरत थी। वह जानती थी कि वे इस आंदोलन को समाप्त करना चाहते हैं। उसे अपने पिता की चिंता थी...शायद वे उसे उसके साथ वापस भेज देंगे।

जब वह घर पहुंची तो शाम हो चुकी थी। उसका चेहरा एकदम सफेद पड़ गया था। गेट पर तैनात गार्ड उसके पास आया तो वह चौंक गई। "मिस्टर सान्याल... ड्राइंग रूम... इंतज़ार।" वह उनके पीछे-पीछे अंदर गई और कॉरिडोर पार करने के बाद वह ड्राइंग रूम के बाहर खड़ी हो गईं। उसने खुद को आईने में देखा और खुद को सामने आने योग्य बनाया।

दरवाजे पर दस्तक सुनकर वह पलटे। वह चिमनी के पास और हल्के स्वर में खडे थे, उन्होंने अभिवादन किया, ''गुड इवनिंग, मिरांडा अंदर आओ ... मैं तुम्हारा इंतजार कर रहा था।''

''गुड ईवनिंग सर...कल के लिए व्यवस्था करते समय मुझे देर हो गई।''

''आपने जो आंदोलन शुरू किया है वह पूरे देश में आग की तरह फैल रहा है। मैं आपके प्रयास के लिए आपकी सराहना करता हूं। मेरे कुछ सहयोगियों ने आज मुझे सूचित किया ... वे मुझे योगेश्वर के बारे में बताने आए थे ... वे उसे दिल्ली जेल ले गए हैं।''

''उन्होंने परिणामों के बारे में सोचे बिना हर संभव तरीके से मेरी मदद की। उनकी लड़ाई व्यर्थ नहीं जाएगी। वह भी चाहते हैं कि वे खुले में सांस लें। मुझे उनकी बहुत याद आती है। मैं उन सभी लड़कियों के लिए आजादी चाहती हूं, जिन्हें पिंजरे में रखा गया है... अब उनका उपयोग नहीं किया जाएगा।''

''क्या मैं कुछ मदद कर सकता हूं?''

''मुझे उम्मीद है कि आपका दिन लाभदायक रहा होगा ... कल मैं दिल्ली के लिए रवाना हो रहा हूं... योगेश्वर का केस लड़ने के लिए... जेल में तीन महीने नरक है ... वे भारतीयों को बेहद सख्त यातना देते हैं ... वे निर्दयी हैं।''

वह धीरे से बोली। ''मुझे आशा है कि वे उसे बख्श देंगे वह मेरी खातिर पीड़ित है... मैंने उसे यहां तक पहुंचाया।''

''मिरांडा, आप उसे अब करीब से जानते हैं... कल सुबह उसका केस लड़ने के लिए दिल्ली जा रहा हूं मैं चाहता हूं कि आप मेरी पत्नी की देखभाल करें जो गंभीर अवसाद से पीड़ित है।'' वह कुछ सेकंड के लिए चुप हो गये, ''हालांकि मेरे पास एक पूर्णकालिक नर्स है और दो नौकरानियों की व्यवस्था है लेकिन उसे आप लोगों के साथ बैठना बेहतर लगेगा...आप ये नहीं जा।नते।''

''बिल्कुल सर... चिंता मत करो... आपकी अनुपस्थिति में यह मेरी जिम्मेदारी है, भले ही मैं वहाँ ना हूँ तो जेनी और एलिस वहां रहेंगी, वे प्रबंध

करेंगी।'' उसने संतोष की भावना महसूस की और विदा ले ली। सीढ़ियाँ चढ़ते समय उसे रसोई से लजीज भारतीय मसालों की महक आ रही थी। उसका पेट गुर्रा रहा था।

एलिस छत पर खड़ी थी। वह आधी खुली आँखों से देख रही थी और रात के समय पहाड़ियों को निहार रही थी। मिरांडा उसके पास आकर खड़ी हो गई और उसे गर्म शॉल से ढक दिया। जगह-जगह टार्च की रोशनी, चकाचौंध छतें और आसमान की ओर उठती चिमनियों के सफेद धुएं से पहाडियाँ मंत्रमुग्ध कर देने वाली लग रही थीं।

एलिस ने अपना सिर उसके कंधे पर रखा और धीरे से कहा, ''ये जगह सुंदर है, लेकिन यादें बदसूरत रहेंगी आजीवन रहेंगी।''

''मैं समझ सकती हूं ... लेकिन मैंने अपना प्यार यहां पाया है कि भगवान आभारी रहें और इस संघर्ष में मेरी इच्छाएँ मेरे साथ पूरी हों। ऐलिस, आपको डॉक्टर द्वारा बताई गई डिलीवरी की तारीख को ध्यान में रखना होगा ... सावधान रहें... भले ही मैं घर पर न रहूं।''

जेनी ने हस्तक्षेप किया। ''मैडम, डिनर ठंडा हो रहा है।''

''रात का खाना? तुमने क्या तैयार किया है, जानेमन?'' मिरांडा ने आश्चर्य से पूछा।

जेनी ने तुरंत जवाब दिया, ''मैडम, मैं अपने मकान मालिक की उदारता से बहुत खुश हूं। उन्होंने अपने रसोइयों को सख्त आदेश दिया है कि वे तीन वक्त का खाना समय से ऊपर भेज दें। हमें कोई व्यवस्था करने की जरूरत नहीं है।''

''सर एक अच्छे मददगार व्यक्ति हैं, उनके बेटे को भी इन गुणों का आशीर्वाद प्राप्त है, मैं इस कर्ज को कभी भी कैसे चुकाऊंगी। मैं अवाक हूं कि वह कल योगेश्वर को देखने के लिए दिल्ली जा रहे हैं और उनकी अनुपस्थिति में, हमें श्रीमती सान्याल की देखभाल करनी है। वह अस्वस्थ है।''

ऐलिस दरवाजे के पास खड़ी थी और उसने आशावादी स्वर में उत्तर दिया, ''चिंता करने की कोई आवश्यकता नहीं है... हम उसकी देखभाल करेंगे।''

मिरांडा जवाब सुनकर खुश हो गई। अब वह अपना काम कर सकती थी। हालांकि वह जानती थी कि उन्हें खुद को बंद दरवाजों के पीछे रखना होगा। उसे उन्हें सुरक्षित रखना था।

सुबह-सुबह कार के हॉर्न की आवाज से मिरांडा की नींद खुल गई। वह जानती थी कि श्री सान्याल अवश्य ही दिल्ली जा रहे होंगे। वह अपने बिस्तर पर लेट गई और हाथ जोड़कर योगेश्वर के लिए एक छोटी सी प्रार्थना की। वह उसे वापस चाहती थी।

नहाने के बाद वह लाल रंग की पोशाक और जूते पहन कर तैयार हो गई, उसके बाल खुले हुए थे। आठ बज चुके थे और उसे नौ बजे घर से निकलना था। वह श्रीमती सान्याल को देखने के लिए नीचे गईं। रसोइया रामदीन गलियारे में उसके पास आया, ''चाय पियेंगी मैडम!''

उसके मधुर हावभाव से वह द्रवित हो गई। उसने अपना सिर हिलाया और श्रीमती सान्याल के कमरे की ओर चल दी। वह खिड़की के पास प्याला और तश्तरी लिए बैठी थी।

वह हरी साड़ी में मनमोहक लग रही थी। उसने दूसरी ओर रखी लकड़ी की कुर्सी खींची और उनके पास बैठ गई।

वह धीमी और बीमार आवाज में बोली, ''आप मिरांडा हैं, मैंने आपका नाम जवाहर जी से सुना था... वह आपकी तारीफ़ कर रहे थे।''

''हां, मैम ये तो मेरी खुशी है, अगर आपको बेचैनी महसूस हो तो आप मुझे या मेरे साथ वाली दो और लड़कियों को बुला सकती हैं।'' रामदीन चाय लेकर अंदर आया और एक कप उसके हाथ में दिया। उसने बिस्कुट के साथ गरम चाय के लिए धन्यवाद दिया।

वह बोलती रही, ''तुम्हें पता है... मैं बीमार हो गई हूँ... न जाने मेरी बीमारी का नाम क्या है... इतने सारे डॉक्टरों ने मेरा इलाज किया है लेकिन वे निदान

करने में विफल रहे हैं... शायद भगवान मुझे मेरे पापों की सजा दे रहे हैं। मेरे पाप ... इतना कर्तव्यपरायण बच्चा ... मुझे उस पर प्यार बरसाना चाहिए था लेकिन मैं उससे नफरत करती थी फिर भी उसने एक शब्द भी नहीं बोला।''

वह सिसकने लगी और उसका नाम लेकर कहने लगी, ''ओ योगेश्वर अब वापस आ जाओ।'' वह बेकाबू हो गई तो मिरांडा ने उठकर उसे पकड़ लिया। उसने उसके आँसू पोंछे और उसे बिस्तर पर ले गई, उसने उसे लिटा दिया और उसे रजाई से ढँक दिया। नर्स ने प्रवेश किया और उसके बगल में बैठ गई और कहा ''दवा का समय हो गया है, और मैडम मैं अभी यहां हूं... मैं ध्यान रखूंगी।'' मिरांडा को राहत मिली, इसलिए उसने विदा ले ली।

टमाटर की ग्रेवी और भारतीय ब्रेड में आलू का ठेठ भारतीय नाश्ता करने के बाद वह चली गई। उसने अपने चेहरे को काले मफलर से ढक लिया था और केवल उसकी आँखें दिखाई दे रही थीं। वह गेट पर एक रिक्शा किराए पर लेने में कामयाब रही। पंद्रह मिनट में, वह कार्यालय पहुंची और पाँच पंक्तियों में सैकड़ों महिलाओं को खड़ा देखकर आश्चर्यचकित रह गई, श्रीमती नलिनी और सुश्री सुचित्रा सफेद साड़ियों में वहाँ थीं।

वे घोषणाएं कर रहे थे और समूहों को विभाजित कर रहे थे।

नलिनी ने मिरांडा को अपने बगल में खड़ा किया और जितनी ही जोर से वह बोल सकती थी, उसने बोलना शुरू कर दिया जैसे कि वह अपना दिल और आत्मा बाहर ला रही हो। ''देवियों, हम आज यहां अपनी उन निर्दोष लड़कियों के लिए लड़ने के लिए एकत्र हुए हैं जो अंग्रेजों के हाथों में हैं। मैं आप सभी को एक अंग्रेज लड़की मिरांडा से मिलवाना चाहती हूं जिसने उनके लिए आजादी के बीज बोए हैं। हमें अपनी बेटियों को राक्षसों से बचाना है। हम उनके समर्थन में खड़े हैं 'वंदे मातरम' वंदे मातरम।' महिलाओं ने उनका अनुसरण किया ''वंदे मातरम्...वंदे मातरम्।'' सभी में देशभक्ति की भावना भरी हुई थी। वे आजादी की एक सीढ़ी और चढ़ गये थे।

नेताओं को आगे बुलाया गया और उन्हें विशिष्ट क्षेत्र आवंटित किये गये। उन्हें पचास-पचास महिलाओं की सूची सौंपी गई। उन्हें अगली सुबह तक

अधिक से अधिक सदस्यों से संपर्क करने का कार्य दिया गया। संस्था के सभी सदस्यों को उपस्थित रहना था। संस्था पुरानी थी और इसमें एक हजार से ज्यादा सदस्य थे।

देशवासियों के ह्रदय आग से जल रहे थे। अंग्रेज जवान लड़कियों को जबरदस्ती उनके घरों से पकड़ कर ले जा रहे थे। वे पहले से ही गरीब भारतीयों पर अत्याचार कर रहे थे। इतने वर्षों से कायम उनका आतंक ऐसा था कि वे असहाय खड़े थे। उनके सामने ही उनकी बेटियां छीन ली गईं. कुछ भारतीय महिलाएं अंग्रेजी सेना के जवानों के लिए भारतीय लड़कियों को सप्लाई कर रही हैं। वे चकले [वेश्यावृत्ति केंद्र] चला रही थी और उनकी जरूरतों को पूरा कर रहे थे। इन खिलती हुई कलियों को कभी न लौटने के लिए अज्ञात भूमि पर ले जाया जा रहा था।

मिरांडा का ह्रदय उसके संघर्ष को एक कदम आगे बढ़ते हुए देखकर वीरता और संतोष से फूल रहा था । उन्हें देखकर उन्हें बल मिला। वह अंदर दोनों महिलाओं के पीछे-पीछे गई और कुर्सी पर बैठ गई। मेज पर फाइलों का अंबार लगा हुआ था। पांच समूह के नेताओं के पास अलग-अलग फाइलें थीं।

नलिनी ने नेताओं को आदेश दिया। ''आपने काम बांट दिया है और हम सभी महिलाओं को कल आठ बजे तक चाहते हैं। हम इसे किसी और दिन नहीं रख सकते क्योंकि अंग्रेज हमें रोकने की कोशिश कर सकते हैं ... हम इसे कल तक गुप्त रखना चाहते हैं आप उपनेता को बुलाओ।''

दस उप-नेताओं ने कार्यालय में प्रवेश किया और भीड़ हो गई। उन्होंने सफेद साड़ी पहन रखी थी।

सुचित्रा ने उन्हें बेंच पर बिठाया और समझाया। ''आप सभी कल तक बैनर, तख्तियां और पोस्टर तैयार कर लेंगे। आप अन्य सदस्यों से भी मदद ले सकते हैं। हमें स्टेशनरी और अन्य आवश्यक सामान मिल गए हैं। आपको काले अक्षरों में मोटे अक्षरों में लिखना है हमारी लड़कियों का उपयोग न करें, हमारी लड़कियों को आज़ाद करो और हम आज़ादी चाहते हैं, उन्हें पवित्र

रहने दो, हम न्याय चाहते हैं अंग्रेजी में और हमारी बेटियों को आज़ाद करो, हमारी बेटियों का गलत इस्तेमाल मत करो।''

नेताओं और उपनेताओं ने अपना काम शुरू कर दिया। प्रत्येक महिला एक विशेष प्रतिभा के साथ पैदा हुई थी और वे उसका पूरा उपयोग कर रही थीं। अन्य लोग बाहर खड़े होकर तख्तियां बना रहे थे। काम शुरू होने से उनके चेहरे चमक उठे, मिरांडा वसंत की खुशियों से भरी थी। उसने एक चार्ट और पेन उधार लिया और कोने में रखी अतिरिक्त टेबल और कुर्सी पर बैठ गई।

उसे अपना दिल खोलकर रखना पड़ा। एक क्रूर सेनानी के लिए एक मूक पर्यवेक्षक बनकर, उसने एक लंबा सफर तय किया था। वह लिखने लगी

प्यार का प्रतीक

मंद हवा फिर से तुम्हारे लिए उसी तरह बहेगी

बारिश की बूंदें तुम्हें उसी तरह पूरी तरह भिगो देंगी

बर्फ के टुकड़े उसी तरह तुम्हारे ऊपर हल्के-हल्के गिरेंगे

उसी तरह सूरज आपके लिए आसमान से चमकेगा

रात का आसमान अपने तारों से उसी तरह चमकेगा

चाँद भी उसी तरह गहरे भूरे बादलों से झाँकेगा

तुम्हारे माता-पिता और भाई-बहन तुम्हें वैसे ही बधाई देंगे

तुम्हारे दोस्त तुम्हारे साथ हँसेंगे और खिलखिलायेंगे उसी तरह

तुम्हारा शरीर निर्मल हो जायेगा और फिर से निष्कलंक उसी तरह

भगवान आपकी मनोकामना पूरी करेंगे और आपको पापों से मुक्त करेंगे उसी तरह

प्यार से: भारत में एक अंग्रेजी लड़की

मिरांडा के हाथ भक्ति के भाव से कांप रहे थे और वह अपने लेखन में इतनी मग्न थी कि उसने ध्यान ही नहीं दिया कि नलिनी और सुचित्रा खड़े होकर उसे देख रहे हैं।

उन्होंने एक कोमल मुस्कान के साथ उसका नाम पुकारा और नलिनी ने उसके कंधे पर हाथ रखा, "मिरांडा ... इतनी सार्थक पंक्तियाँ। लगता है सीधे आपके दिल से निकली हैं"

वह झटके से उठ खड़ी हुई, "मैडम मैं अपनी भावनाएँ अपने तक ही सीमित नहीं रख सकी... मैंने उन्हें करीब से देखा है, ऐलिस की तरह, कईयों ने अपना कौमार्य खो दिया है। हो सकता है कि कई उसकी तरह बिन ब्याही माँ बन गई हों और अन्य लोग दुख की पंक्ति में खडे हैं। ऐसे बच्चों को कौन नाम देगा? क्या उनमें ऐसा करने की हिम्मत है या ऐसे बच्चे अनाथालयों में भीड़ लगाएंगे? मैं उनके शरीर पर चोट लगने और काटने का अनुभव कर सकती हूं।"

"ओह! मिरांडा, हम आगे बढ़ेंगे। मैं इस खूबसूरत कविता से प्रभावित हूं... यह बहुत सुंदर है यह आपकी नहीं बल्कि हमारी लड़ाई है।" नलिनी ने उसे कसकर गले लगाया।

जब उन्होंने काम समेटा तो देर शाम हो चुकी थी। कमरे का आधा हिस्सा बैनर, चार्ट, पेंट और ब्रश से भरा हुआ था। कार्यकर्ताओं ने तैयार किया गया सारा सामान सुरक्षित रखा और चले गए। उन्हें अगली सुबह आठ बजे सकारात्मक रूप से पहुंचना था।

सुरक्षित पहुंचने के लिए मिरांडा ने नलिनी से उसे घर छोड़ने का अनुरोध किया। सात बज चुके थे। आधे घंटे के अंदर वह मिस्टर सान्याल के घर पहुंच गईं। उस दिन कोई उसका पीछा नहीं कर रहा था।

उसने रामदीन से श्रीमती सान्याल के बारे में पूछा, और उसने उसे बताया कि उसने खाना खा लिया है और सोने जा रही है। नर्स भी जा चुकी थी। मिरांडा को आराम महसूस हुआ।

एक घंटे के भीतर रामदीन और गार्ड दो ट्रे में गर्म चपातियाँ, पके हुए चने, फूलगोभी की सब्जी और सलाद ले आये। जेनी ने छोटी मेज पर बर्तन रखे और उन्होंने शांतिपूर्वक रात्रिभोज किया। एक अजीब सा डर घर कर रहा था क्योंकि वह अगले दिन की घटनाओं को लेकर काफी अनिश्चित थी। वह जल्दी सोने चली गई क्योंकि चर्चाएँ उन्हें तनावपूर्ण बना देती थीं, वह जानती थी।

आधी रात बीत चुकी थी जब उसने सायरन और गेट पीटने की आवाज सुनी। मिरांडा ने उन्हें जगाया और देखा कि दरवाजे की कुंडी कसकर बंद है या नहीं। वह जानती थी कि अंग्रेज वहां पहुंच गए हैं। वे नही चाहते थे कि वो उन्हें दोबारा खोज निकालें।

एलिस कांपने लगी और कांपती आवाज में फुसफुसाई। ''उन्हें हमारे बारे में कैसे पता चला? हम बाहर भी नहीं गए।''

मिरांडा ने ठंड के मौसम में पसीने से तर चेहरे के साथ धीरे और विनम्रता से जवाब दिया, ''वे पहले से ही हमें ढूंढ रहे थे अब वे सुन रहे होंगे कि शिमला की महिलाओं का आना-जाना चल रहा है ... चल रही तैयारी।'' वह चाहती थी कि दोनों तनाव-मुक्त रहें।

वे एक साथ एक बिस्तर पर बैठ गई, एक दूसरे को कस कर पकड़ कर, स्थिर रही। वह जानती थी कि अगर श्री सान्याल ने उन्हें निर्देश दिए होते तो गार्ड गेट नहीं खोलेगा। पांच मिनट बाद आवाज कम हो गई। वह बिस्तर से उठी और बड़ी सावधानी से गेट के सामने वाली खिड़की से झाँका। जेनी और ऐलिस उसके हाथों को कसकर पकडे रही। वे मिरांडा के साथ शांत खडी थी। घनी रात में बिना पलक झपकाए आँखें खुली हुई थीं। वे दहशत में थे क्योंकि पकड़े जाने से उठाए गए हर एक कदम का अंत हो जाता था। वह सेना की तीन वैन देख सकती थी जिसमें सेना के कई जवान सवार थे। टॉर्च और वाहन की रोशनी में, वह बस यह बता सकती थी कि वे ब्रिटिश सेना से

थे। गार्ड ने गेट नहीं खोला था। उन्होंने राहत की सांस ली। वह अंतिम चरण की प्रतीक्षा में पूरी रात जागती रही।

अध्याय 10. स्वतंत्रता

योगेश्वर तंग, दुर्गंधयुक्त, गंदी कोठरी के एक कोने में चुपचाप बैठे थे, तभी एक भारतीय पुलिसकर्मी ने उसका नाम पुकारा, ''योगेश्वर तुम... कोई मिलने आया है... आओ चलो।'' ''अन्य कैदियों ने, जिनमें से कुछ खड़े थे और कुछ फर्श पर बैठे थे, उसकी ओर देखा।

''जाओ... जाओ...'' उनमें से एक ने फर्श पर लेटते हुए कहा।

वह जल्दी से खड़ा हुआ और अपने सफेद जेल के कपड़े झाड़ने लगा। पुलिसकर्मी ने लोहे के गेट का ताला खोला और योगेश्वर छोटी कोठरी से बाहर आने के लिए झुके। वह हथकड़ी लगाकर उसके पीछे हो लिया। जेल के अंदर दोनों तरफ सैकड़ों भारतीय कैदी थे, कुछ बैठे हुए और खड़े थे, अपने प्रियजनों को बुलाने के लिए तरस रहे थे।

वह शनिवार 21 जुलाई था जब श्री जवाहर सान्याल अपने बेटे से मिलने दिल्ली जेल पहुंचे। उन्होंने अधिकारियों को सूचित किया, अनुमति ली और हॉल में इंतजार करने लगे। कैदियों और आगंतुकों के लिए कुछ बेंच लगाए गए थे। काफी समय से उन्होंने अपने बेटे को नहीं देखा था। उसे पुलिस वाले के साथ आते देख कर वह उठ कर उसकी ओर लपके।

''केवल पाँच मिनट'' पुलिसकर्मी ने कहा और योगेश्वर को श्री सान्याल के पास छोड़ दिया।

मिस्टर सान्याल ने उनका कंधा पकड़ लिया और अश्रुपूर्ण आँखों से उसने उस पर सवालों की झड़ी लगा दी।

''क्या हुआ मेरे बेटे? तुम इस सब में कैसे पड़ गए! ये अंग्रेज धरती पर नर्क लाए हैं। तुम्हारी माँ अस्वस्थ हैं।

योगेश्वर उत्सुकतावश बोले। ''मैं अच्छा हूँ एक लंबी कहानी है... माँ को क्या हुआ?''

श्री जवाहर सान्याल उनके साथ बेंच पर बैठ गए और उनका हाथ पकड़े हुए कहा, ''वह किसी भी तरह आपको वापस चाहती हैं। मैं आपका केस लड़ रहा हूं, अब मैं अदालत जाऊंगा क्योंकि वे आपको इस तरह के तीन महीने के लिए कैद नहीं कर सकते एक छोटे अपराध के लिए। मत भूलो कि तुम एक वकील के बेटे हो।''

''मेरे मन में अभी भी माँ के लिए एक नरम कोना है। मैंने कुछ लोगों को शिमला में पीछे छोड़ दिया है। उन्हें आपकी सहायता की आवश्यकता हो सकती है। बेचारी लड़कियां... मुझे यकीन है कि वे खुद को किसी परेशानी में डाल चुकी होंगी, मिरांडा और एलिस दो अंग्रेज लड़कियां एक वास्तविक कारण के लिए लड़ रही हैं।'' कृपया उनकी सर्वोत्तम संभव तरीके से मदद करें यदि आप कभी भी उनसे मिलते हैं ... उनकी मदद करें, ''उन्होंने अपने झुके हुए चेहरे के साथ कहा।

''आपके आश्चर्य होगा, आजकल मेरे घर पर कुछ मेहमान आए हुए हैं।''

''कौन हैं वे?'' उसने आश्चर्यचकित होकर पूछा।

''बेशक, मिरांडा, ऐलिस और जेनी। वे तुम्हारा सामान वापस करने के लिए मेरे पास आए थे। उनकी समस्याएँ सुनने के बाद, मैंने उन्हें ऊपर दो कमरे देने की पेशकश की है। वे हमारी जगह पर सुरक्षित हैं।''

योगेश्वर ने अपने पिता को गले लगाया और कहा, ''आज मेरे साथ जो सबसे अच्छी बात हो सकती थी, वह यह है:

मेरे पास आपको शुक्रिया बोलने के लिए कोई शब्द नहीं बचे हैं। मुझे उनके लिए चिंता हो रही थी। मैं जानता था कि वह अपने पिता का स्थान छोड़ देगी।''

''समय समाप्त हो गया है। अब चलो चलें!'' पुलिसकर्मी ने उससे दो टूक कहा।

वह बेंच से उठा और अपने पिता को फिर से गले लगा लिया।

''बस एक मिनट,'' उसने पुलिसकर्मी से कहा और योगेश्वर की ओर मुड़ा, ''तुम मेरे बेटे हो। मुझे तुम्हारे मामले में कुछ असाधारण घटनाक्रम महसूस हो रहे हैं। मिरांडा एक जमीन से जुड़ी लड़की है और मुझे आशा है कि तुम गंभीरता से शामिल नहीं हो रहे हो।'' जवाहर थोड़ा गंभीर हो गया। ''उपनिवेशवाद समाप्त होने वाला है और गोरे वापस हों।''

''टाइम ओवर'' उसने एक गंभीर भाव के साथ कहा और उसे जेल की कोठरी की ओर खींच लिया। श्री सान्याल ने उन्हें हाथ हिलाकर अलविदा कहा।

भयानक रात के बाद, मिरांडा जल्दी उठी और अपने पुराने ऑक्सफ़ोर्ड जूतों के साथ एक गुलाबी पोशाक पहनी। उसने ऐलिस को सुबह नहीं जगाया लेकिन जेनी को सूचित करना पसंद किया। उसने उसके कंधे हिलाकर कहा ''मैं जा रही हूँ और मुझे लगता है कि ऐलिस और तुम्हें कुछ और नींद की ज़रूरत है ... अलविदा ... ध्यान रखना, मैं आज थोड़ी देर से वापस आ सकती हूँ।'' उसने उसके गाल पर एक चुम्बन दिया, जेनी अपनी आँखें मलते हुए उठी और हाथ हिलाकर उसे अलविदा कहा।

वह श्रीमती सान्याल से मिलने के लिए नीचे आई। उसने उनके कमरे पर दस्तक दी और उनके द्वारा गर्मजोशी से स्वागत किया गया। वह बिस्तर पर बैठी शीशे की खिडकी से ऊंचे पेडों और पक्षियों को देख रही थी। वह उसकी ओर मुड़ी और उससे पूछा,

''आप कहां जा रही हैं?''

''मुझे कुछ और काम करना है और मैं शाम तक फ्री हो जाऊँगी। मुझे उम्मीद है कि मेरी अनुपस्थिति में जेनी और ऐलिस आपसे बात करती रहेंगी। जब भी

आपका मन करे उन्हें बुला लें। ऐलिस अस्वस्थ है, उसे आपके साथ की आवश्यकता हो सकती है। ध्यान रखिएगा, मैडम।''

मिरांडा को जाने की जल्दी थी। वह जल्दी से गेट के पास पहुंची और एक रिक्शा किराए पर लिया। वह पंद्रह मिनट के भीतर पहुंच गई और कार्यालय जाने वाली सड़क पर मुड़ने ही वाली थी कि उसने देखा कि सड़क लगभग बंद थी। उनमें उत्साह का भाव भर गया और इससे उनके चेहरे पर विजयी मुस्कान आ गई। सुबह के 8.30 बज रहे थे और सैकड़ों महिलाएं सड़क पर जमा हो गई थीं। सभी ने सफेद साड़ी और टोपी पहन रखी थी। यह दृश्य मुक्ति के लिए उसके परीक्षण को दर्शाता है।

वह रिक्शे से उतरी और पैसे थमा दिए। वह कार्यालय तक पैदल चलना पसंद करती थी। नेता अपने समूह के सदस्यों के नाम पुकार रहे थे और उनकी उपस्थिति की पुष्टि कर रहे थे। भारतीय महिलाएं उसे देखकर एक-दूसरे की कारों में कानाफूसी करने लगीं, मिरांडा उनके पास से चलकर ऑफिस पहुंच गई। वे हजारों की संख्या में थे, निडर होकर अपने देश और इसकी महिलाओं को बचाने के लिए आगे बढ़ रहे थे। उनके चेहरे देशभक्ति के जोश से दमक रहे थे। इन उग्र महिलाओं ने पीछे मुड़कर नहीं देखा।

अंदर नलिनी और सुचित्रा बैठी नेताओं से बातचीत कर रही थीं। ''गुड मॉर्निंग मैडम'' मिरांडा ने प्रवेश करते ही उन्हें विश किया। उन्होंने उनका अभिवादन किया और उसे अपने साथ बैठाया।

''मैडम मैं महिलाओं की संख्या देखकर हैरान हूं... मैं अवाक हूं... मुझे यकीन है कि हम अपने मिशन में सफल होंगे,'' मिरांडा ने अपनी आंखें और मुंह चौड़ा करके बोला।

''यह हमारे लिए गर्व का क्षण है...आपका संघर्ष नए आयामों तक पहुंच गया है... इसने नई सीमाएं प्राप्त कर ली हैं...आज सुबह हमें दिल्ली महिला संगठन से कई अन्य राज्यों में हो रहे विरोध प्रदर्शनों की खबर मिली। वे चाहते हैं कि अंग्रेज़ हमारी औरतों को आज़ाद कर दें। तैयारियाँ जारी हैं और आपने चिंगारी जलाई है... हम आज इस काम को पूरा करने की कोशिश

करेंगे, ये औरतें असली योद्धा हैं, हम विजयी सेनानी हो भी सकते हैं और नहीं भी,... संदेश सभी को बता दिया गया है। करो या मरो हमारा मिशन है।'' सुचित्रा उसके पास गई और उसे कसकर गले लगा लिया।

''मैं इन हजारों प्राचीन, बेदाग लड़कियों के लिए अपना जीवन बलिदान करने के लिए तैयार हूं ... करो या मरो।'' मिरांडा ने महसूस किया कि उसकी नसों में खून बह रहा है। वह भावनात्मक, शारीरिक और मानसिक रूप से तैयार थी।

वह एक अति सक्रिय मोड में थी और वह बिजली की तरह तेज़ी से उन समूह के नेताओं की ओर बढ़ी जो उनके द्वारा तैयार की गई वस्तुओं को वितरित कर रहे थे। उसने चीजें बांटने में उनकी सहायता की। महिलाओं के झुंड इकट्ठा हो रहे थे और उन्हें समय पर रैली शुरू करनी पड़ी। भीड़ जमा हो रही थी और 10 बजे तक वे बेकर स्ट्रीट की ओर अपना आंदोलन शुरू कर देंगे। आधे नेता आगे बढ़ गए, कुछ बीच में रह गए जबकि बाकी पीछे रह गए।

यह दृश्य मनमोहक था और एक हजार से अधिक महिलायें ऊंचे स्वर में नारे लगा रही थीं: ''हमारी बेटियां वापस करो''

''अंग्रेजो भारत छोड़ो''

मिरांडा, नलिनी और सुचित्रा आगे की ओर बढ़ीं।

उन्हें उन्हें गंतव्य की ओर ले जाना था, बेकर स्ट्रीट दो किलोमीटर की ढलान पर थी और भीड़ उसकी ओर बढ़ रही थी। एक अनजान, अनसुनी, चमत्कारी महिला के समर्थन में हजारों महिलाएं खड़ी थीं। उसका जादू काम कर गया था। कोई खिड़की से झाँक रहा था तो कोई दहलीज पर खड़ा होकर उन्हें देख रहा था। सड़कों पर दोनों तरफ पुरुषों और महिलाओं का कब्जा था और उनमें से कई रास्ते में शामिल हो गए। पैंतालीस मिनट के भीतर वे बेकर स्ट्रीट पहुंच गए। आवाजें तेज हो गईं और लगभग सड़क को हिला दिया।

थोड़ी दूर से अचानक सायरन की आवाज़ सुनाई दी और कहीं से सेना की गाड़ियों की कतार लग गई। सैकड़ों ब्रिटिश सेना के जवान उतरे और उन्होने

स्थिति संभालनी शुरू कर दी। उन्होंने उनका रास्ता रोकना शुरू कर दिया और आंदोलन ठप हो गया। खूब हंगामा हुआ, फिर भी नारेबाजी बंद नहीं हुई। ये महिलाएं घुटनों के बल नहीं बैठीं, बल्कि वे चिंतित और आत्मविश्वास से खड़ी रहीं।

योजना को अमल में लाना था। समर्थक एकं कदम भी पीछे नहीं हटे... अंग्रेजों ने उन्हें आदेश दिया, ''आगे मत बढ़ो... वापस जाओ ... वापस जाओ।''

मिरांडा को देखकर, अंग्रेजों में से एक लेफ्टिनेंट उसके पास आया और कटुता से बोला। ''देशद्रोही... अपने लोगों को छोड़कर इन खूनी भारतीयों के साथ खड़ी हो ...तुम्हें इसकी कीमत चुकानी पडेगी ...तुम्हें फांसी पर लटका दिया जाना चाहिए।''

भीड़ चिल्ला रही थी, ''अंग्रेजों जाओ... भारत छोड़ो और आगे बढ गई।

''हम आखिरी चेतावनी दे रहे हैं।''

''नहीं नहीं, हम आज अपनी बेटियों को ले जाएंगे, हमारी बेटियां,'' भीड़ में से उनमें से एक बोलीं।

अन्य लोगों ने उसे दोहराया ''हमारी बेटियों को छोड़ दो...छोड दो। उन्हें आजाद करो।'' ''हमारी बेटियों को आज़ाद करो... आज़ाद करो''

मिरांडा, नलिनी, सुचित्रा और औरतें बेधड़क एक-एक कदम आगे बढ़ती गईं। सिपाहियों ने उन्हें धक्का दिया लेकिन वे नहीं रुकी।

तीनों महिलाएं भीड़ की ओर मुड़ीं और चिल्लाईं। ''आगे बढ़ो।'' भीड़ ने सैनिकों को नीचे फेंक दिया और तीन घरों की ओर भागी। सब कुछ योजनाबद्ध था और उन्होंने तीन घरों को निशाना बनाया। मिरांडा एक तिहाई महिलाओं के साथ मकान नंबर 21 की ओर दौड़ी। नलिनी दूसरे आधे हिस्से के साथ तेजी से चलकर मकान नंबर 23 की ओर चली गई और सुचित्रा बाकी के साथ मकान नंबर 22 की ओर चली गई। अंग्रेजों ने उनका पीछा किया लेकिन अब उन्हें कोई नहीं रोक सकता था।

गेट पर मौजूद गार्ड भीड़ को देखकर सहम गए। उन्होंने गेट को मजबूती से पकड़ लिया लेकिन भीड़ ने गेट खोल दिया और सैकड़ों महिलाएं तीनों घरों में घुस गईं। सैनिकों ने उनका पीछा किया और हर जगह अराजकता और घबराहट थी। उन्होंने मुख्य द्वार खोल दिए और सैकड़ों बंदी बनी युवतियां इधर-उधर भागने लगीं। वे इन पूर्ववर्ती मामलों से अनजान थीं। महिलाएं उन्हें इन सब घटनाओं का कारण बताने लगीं।

''तुम अब आज़ाद हो... आजाद हो... भागो... भागो... भागो।''

उनमें से अधिकतर के चेहरे पर मुस्कान थी। कुछ ने रोना शुरू कर दिया तो कुछ चिल्लाने लगे और दूसरों को सूचित करने के लिए दौड़ पड़े। उन्होंने दरवाजा खोलकर लड़कियों को बाहर निकाला।

शयनागार, अस्पताल, छात्रावास लड़कियों से भरे हुए थे। उनके पास सैकड़ों पीड़ित, रोगग्रस्त, मरने वाले काले और सफेद गुलाम थे। हालात बेकाबू होते जा रहे थे कि जवानों ने घुसकर महिलाओं को गिरफ्तार करना शुरू कर दिया। अधिकांश लड़कियां मुख्य द्वार की ओर बढ़ने लगी थीं क्योंकि महिलाएं जोर-जोर से चिल्ला रही थीं। ''भागों... भागो बाहर... भागों ... तुम सुरक्षित हो।''

अंदर फंसे लोगों को बाहर निकालने के लिए महिला कार्यकर्तियाँ बंद दरवाजों को धक्का दे रही थी। उन्होंने अपने साथ आए कुछ लोगों की मदद ली। पुरुषों ने दरवाजे तोड़ दिए और वहां कई श्वेत-श्याम लड़कियां थीं। भारतीय लड़कियाँ भागीं जबकि अंग्रेज दुविधा में थी। उनके पास जाने के लिए कोई जगह नहीं थी।

भारतीय महिलाओं ने उन्हें मना लिया और उन्हें बाहर धकेल दिया, ''जाओ...-जाओ... घर... सुरक्षित।''

मिरांडा गुलामों के अस्पताल में दाखिल हुई। गुलाम अस्पताल में ज्यादातर लड़कियां बीमार पड़ी थीं। कुछ गंभीर रूप से बीमार थी जबकि अन्य अभी भी ठीक हो रहे थी। मिरांडा ने मुख्य भूमिका निभाई और प्रवेश द्वार पर खडी रही। उसने दरवाजा बंद कर दिया और महिलाओं को उनकी मदद करने

और उन्हें मुख्य दरवाजे की ओर लाने के लिए कहा। जैसे ही सैंकड़ों लड़कियां, व्यावहारिक रूप से सभी, इकट्ठी हुई उन्होंने दरवाजा खोल दिया और जो चलने में असमर्थ थीं, उन्हें पकड़ कर बाहर निकल गईं। उन्होंने कुछ रिक्शा भी किराए पर लिए थे। सैनिक इन महिलाओं को पीछे धकेलते रहे लेकिन भर गए क्योंकि इनकी ताकत और आत्मविश्वास ज्यादा था।

दूसरों की मदद से, उसने बीमार लडकियों को एक-एक करके उठाया एक-एक करके रिक्शे में बैठाया।

उनमें से एक ने कमजोर तरीके से कहा। आप एक देवदूत हैं मैडम।'' उसने आँखों में आँसू लिए आगे कहा, ''इस दुनिया में कुछ दिन और हैं और मैं मर जाऊंगी ... मेरा जीवन छोटा है ... मैं रोगी हूं ... अब मैं अपने परिवार के साथ शांति से मर जाऊँगी।''

मिरांडा ने उसे रिक्शे में बिठाते हुए कहा, ''हिम्मत मत छोड़ो... अब तुम आज़ाद हो... भगवान अब तुम्हारे जीवन में केवल खुशियां लाएंगे।'' उसने आँखों में आँसू भरते हुए कहा, ''अब आप एक आजाद पक्षी हैं ...अपना जीवन जीये।''

एक-एक करके लड़कियों को खुले में भगा दिया गया। जो अंग्रेज उन्हें पकड़ने की कोशिश कर रहे थे, उन्होंने उन्हें नीचे गिरा दिया। असंख्य समर्थकों को देखकर बंदियों को बल मिला था। उनके पास अपने साथ ले जाने के लिए कोई कीमती सामान नहीं था, लेकिन अब वे अपनी मर्जी की मालिक और कल्पना मुक्त थी। अंग्रेज़ों को उनके साथ उदार होना पड़ा क्योंकि वे महिलाएँ थीं। उन्होंने समर्थकों को गिरफ्तार करना शुरू कर दिया, एक घंटे में एक सौ को मुक्त कर दिया गया और गिरफ्तार कर लिया गया।

स्थिति तनावपूर्ण और तनावपूर्ण हो गई क्योंकि सबसे पहले गिरफ्तार होने वाली नलिनी थी। वह गर्ल्स हॉस्टल में घुस गई थी। समर्थकों ने जवानों पर पथराव शुरू कर दिया। एक बड़ा पत्थर अचानक नलिनी के माथे पर लग गया और वह बहुत खून बहने लगा नलिनी ने उन्हें रोकने के लिए अपने हाथ

उठाए और चिल्लायी, ''रुको... रुको... रुको...'' किसी को चोट मत पहुंचाओ हम यहां अपनी लड़कियों को बचाने के लिए हैं। हम अपने राष्ट्र के लिए अपना बलिदान दे सकते हैं। संदेश पास होते ही उन्होंने पत्थर गिरा दिए।

भीड़ में से दो औरतें दौड़ कर आगे बढ़ीं और नलिनी को एक बेंच पर बैठा दिया। उसने अपनी शाल नलिनी के माथे पर लपेट दिया।

दूसरी ओर सुचित्रा ने बचे हुए कमरों के दरवाजे खोल दिए। उसने हमदर्दों को हर कोने और नुक्कड़ पर दौड़ाया और लड़कियों को छुड़ाया। वह चिल्लाई, ''एक मिनट बर्बाद मत करो... जल्दी से दरवाजे खोलो... बाहर आओ... लड़कियों हम तुम्हें बचाने के लिए यहां हैं... बाहर आओ।''।''

काले और सफेद रंग के मिश्रण वाली युवतियां एक विशाल जनसमूह को अंदर आते और चारों ओर भागते हुए देखकर हैरान रह गईं। ये वो थे जिनकी आपूर्ति और उपयोग पहले ही किया जा चुका था। महिलाएं अनिश्चित थीं कि उन्हें कैंपस छोड़ना चाहिए या नहीं। सैनिकों ने उनका पीछा किया और महिलाओं ने साहसपूर्वक उनका सामना किया। उनका लक्ष्य किसी भी तरह हासिल किया जाना था। उन्होंने सुचित्रा का पीछा किया जो कमरों की अंतिम जांच कर रही थीं। सिपाहियों ने उसे पकड़ लिया और वह चिल्लाती रही, ''भागो...भागो, अपनी जान बचाओ, पीछे मुड़कर मत देखो।''

दोपहर तक स्थिति और खराब हो गई और बेकर स्ट्रीट बदहाल नजर आने लगी। अपनी जान बचाने के लिए लडकियों ने एक गेट बना लिया। शिमला की महिलाओं के अपार समर्थन ने इन पीड़ितों को एक नया जीवन दिया है। वे हवा पर चल रही थी और तेज धूप से भरी नई दुनिया में प्रवेश कर चुके थे। इन खुशमिजाज महिलाओं ने शक्ति, आनंद और सफलता का पाठ सीखा था।

शाम तक तीनों घर लगभग खाली हो गए। वे चारों ओर बिखरे सामानों के साथ प्रेतवाधित घरों की तरह लग रहे थे। तीनों घरों में सेना तैनात हो गई। कमरे अब एक विपरीत कहानी बयान कर रहे थे। एक ऐसी कहानी जहां

लड़की अब पीड़ा से आराम की ओर, द्वेषपूर्ण से प्यार की ओर, दासता से मुक्ति की ओर आगे बढ़ गई थीं। यह पड़ाव समाप्त हो चुका था और वे कभी भी पीछे मुड़कर नहीं देखने के लिए एक दिव्य स्थान की ओर बढ़ रहे थे।

सैकड़ों अन्य रक्षकों के साथ सुचित्रा को शिमला जेल में कैद कर दिया गया था। मिरांडा की तलाश की जा रही थी लेकिन उसका कहीं पता नहीं चला।

अध्याय 11. बंदी

''मदद ... मदद ... उह ... मैं कहाँ हूँ ... उह,'' मिरांडा रोते हुए मदद के लिए पुकार रही थी। उसने धीरे से अपनी आँखें खोलीं और खुद को कथित तौर पर एक अटारी में फर्श पर पड़ा हुआ देखा। वह अपने हाथों और पैरों को हिला नहीं सकती थी क्योंकि वे एक रस्सी से कसकर बंधे हुए थे। उसने बाहर निकलने की कोशिश की लेकिन वह असफल रही। उसने फिर से पुकारा। ''क्या कोई मदद कर सकता है'' उसने दरवाजे को चरमराते हुए सुना और अपनी आँखें फिर से बंद कर ली। सीढ़ियों के नीचे टूटी हुई खिड़की में चाँदनी के प्रवेश से कमरे में रोशनी नहीं थी। मौसम नम था और वह अपने कपड़ों पर पसीने की गंध महसूस कर सकती थी।

उसने पुरुषों के काले जूतों की एक जोड़ी पर ध्यान दिया और कोई दबे पाँव अंदर खडा था। उसने उस व्यक्ति की एक झलक पाने के लिए अपनी आधी आँखें खोलीं लेकिन असफल रही। उसने कसकर अपनी आँखें बंद कर लीं क्योंकि उसे लगा कि कोई उसके ऊपर झुक रहा है।

वह आदमी बैठ गया और उसके बाल पकड़ लिये। वह अपने कर्कश स्वर में बोला ''उठो धोखेबाज ... तुम कुतिया।'' उसने उसके गाल पर जोर से थप्पड़ मारा और मिरांडा ने कराहते हुए अपनी आँखें खोलीं और उस आदमी को देखा। वह शायद गंजे सिर और तनी हुई त्वचा के साथ अपने चालीसवें वर्ष में एक अंग्रेज व्यक्ति था। अपनी तीक्ष्ण आँखों से उसने अपनी तेज नज़रों से उस पर ललचाई दृष्टि डाली। ''आप हमें नीचा दिखाने के लिए यहाँ आए थे ... आप ऐसा कैसे कर सकते थे?'' उसने उसके जबड़े को कसकर पकड़ते हुए कहा।

''दर्द हो रहा है ... ओह ...आह ... मैंने क्या किया है?''

'तुम अपने देश और लोगों के खिलाफ हो गई, आखिरकार तुम जाग गयी ... तुम इन गंदे कपड़ों में एक असली सुंदरता हो, उसने कहा, और उसके चेहरे और गर्दन को सहलाना शुरू कर दिया।

उसने अपना चेहरा दूर कर लिया लेकिन उसने उसकी पीठ को सहलाना शुरू कर दिया, ''आशा है कि अब आप बेहतर महसूस कर रही हैं, अब आपको खुद को पेश करना होगा ... अब मैं आपको चखता हूं, उसने कहा और उसके बगल में लेट गया, उसने उससे विनती की, ''मुझे छोड़ दो। .. छोड़ो... मेरे हाथ पैर खोलो ... दर्द होता है,'' लेकिन उसने बेशर्मी से उसे कसकर गले लगा लिया।

''मैं तुम्हारे हाथ और पैर खोल रहा हूँ... तुम बाईं ओर के शौचालय का उपयोग कर सकती हो,'' उसने एक मिनट के बाद कहा और उसे फर्श पर बिठा दिया। उसने रस्सियों को खोल दिया और वह अपने शरीर की हर हड्डी और मांसपेशियों में दर्द के साथ खड़ी हो गई। उसने अपने आप को और अपनी पोशाक को सीधा किया। यह वही पोशाक थी जो उसने उस सुबह पहनी थी, लेकिन अब वह अस्त-व्यस्त थी। वह दौड़कर शौचालय गई और दरवाजा बंद कर दिया। उसने दरवाजे के हैंडल को पकड़ लिया और रोने लगी। आखिरी बात उसे याद आई कि दो अंग्रेज लड़कियां उसे पिछवाड़े में पकड़ कर रूमाल से कुछ सूंघा रही थीं। इससे काफी हद तक साफ हो गया कि उसका अपहरण कर लिया गया है। अब उसके मन में अनगिनत अनुत्तरित प्रश्न उठ खड़े हुए। वह चाहती थी कि कोई उसे उसके ठिकाने और लड़कियों की स्थिति के बारे में बताए।

''वह अब कहाँ थी! कितने दिन बीत चुके थे? क्या उन्होंने उसे छूने की कोशिश की थी?'' अपने कौमार्य को खोने और अपने शरीर को दुष्ट अंग्रेजों को परोसने के विचार मात्र से ही वह बीमार हो गई थी। उसने अपने जीवन के प्यार योगेश्वर को याद किया। वह हर जगह अपने शरीर से छटपटाने लगी। अगर किसी ने कुछ असामान्य किया होगा तो वह इसे एहसास जरूर करती लेकिन उसने राहत की सांस ली।

क्या काली और गोरी दासियाँ अंततः आज़ाद हो गईं? क्या वे सुरक्षित थीं? नलिनी और सुचित्रा को क्या हुआ था?'' वह एक अजीब जगह पर पहुंच गई थी, जहां से निकलने का कोई रास्ता नहीं था। उसने पूरे छोटे शौचालय पर नजर डाली। गीली ईंटों की दीवारों से पेशाब की दुर्गंध आ रही थी और एक कोने पर केवल एक छोटा सा वेंटिलेटर था। उसने मफलर से अपनी नाक ढक ली और हाथ-पैर धोने के लिए नल खोल लिया। पानी ठंडा था और उसके मन में विचार आया कि वह शिमला में नहीं है। मौसम की स्थितियाँ भिन्न थीं। आधा घंटा बीतते ही अचानक दरवाजे पर दस्तक हुई और वह बाहर आकर खुद को उस मनहूस राक्षस के सामने पेश करने से डर रही थी। बाहर निकलने का कोई रास्ता न होने पर उसने दरवाज़ा खोला और बाहर आ गई।

उसे यह देखकर आश्चर्य हुआ कि वहाँ दो पुरुष और दो महिलाएँ उसका इंतजार कर रहे थे। मिरांडा ने अपने दिमाग पर दबाव डालने की कोशिश की और उसने उन्हें पहचान लिया। ये वही लड़कियां थीं, जिन्होंने उसे शिमला में फंसाया था। वह दो कदम आगे बढ़ी और उन्हें धक्का दे दिया। उसे लगा कि वह जोर से नहीं बोल सकती, लेकिन फिर भी, उसने अपनी आवाज बाहर निकालने की कोशिश की और कहा, ''धोखेबाज... धोखेबाज... तुम फिर मेरे पीछे क्यों पड़ी हो... मैंने तुम्हें कोई नुकसान भी नहीं पहुंचाया और तुम भी एक महिला हैं।'' दो महिलाओं ने उसे पकड़कर लकड़ी की कुर्सी पर बैठा दिया। ''हम तुम्हारे लिए खाना लाए हैं... बेहतर होगा कि तुम खाओ वरना तुम मर जाओगी... तुमने तीन दिनों से कुछ नहीं खाया।''

''तीन दिन? वह कहाँ थी? उन्होंने उसे कहाँ पहुँचाया था?''

वह विभिन्न विचारों में डूबी हुई थी जब वे आये और उसे एक प्लेट में जैम के साथ दो बन और एक कप चाय सौंपी। उसने उसे पकड़ लिया और उसे खाना शुरू कर दिया क्योंकि वह भूख से मर रही थी।

कुछ ही घंटों में उसे होश आ गया तो वह अपने बारे में विचार करने लगी। उसे यह बिल्कुल स्पष्ट हो गया कि वह फिर से फंस गयी है। वह जानती थी कि अंग्रेज उसे वापस लंदन ले जाने की पूरी कोशिश करेंगे, वह जानती थी कि

उसे भागने के लिए खुद को तैयार करना होगा। उसे हार का सामना नहीं करना पड़ रहा था। इस देश और उसके साथी का उसके दिल में एक विशिष्ट स्थान था जो लगभग उसका दूसरा घर था।

कुछ घंटों के बाद, वे फिर से प्रवेश करते हैं और कहते हैं। ''खड़े हो जाओ और हमारे पीछे आओ। वे उसे बगल के कमरों में ले गए और उसे लगा कि रात हो गई है। लकड़ी की खिड़की से, उसने हल्की पीली पृष्ठभूमि के साथ चमकते हुए पूर्णिमा के चाँद को देखा।

''बेहतर होगा कि तुम चालाकी ना करो.... कुछ ही दिनों में आपको आपकी मंजिल तक पहुंचा दिया जाएगा।'' लम्बी लड़की ने कहा और बाहर से दरवाज़ा बंद कर दिया। यह कमरा तुलनात्मक रूप से बेहतर था और वह एक कोने में फर्श पर लेटी हुई थी। ''कौन सा गंतव्य?''

उसका दिल धक-धक करने लगा। वह इस जगह की खोज कैसे कर सकती थी। उसने सोचा कि इसका कोई सुराग या कोई गुप्त दरवाजा नहीं था। उसकी आँखों में नींद नहीं थी।

एक महीना बीत गया और वह सुस्त और कमजोर दिखने लगी। उसकी आँखें सूज गई थीं, उसके बाल अस्त-व्यस्त हो गए थे, और उसका रंग सांवला हो गया था, हर दिन वे आते थे और उसे भोजन देते थे और उसे दो जोड़ी कपड़े दे दिये थे। कमरा उसके घर जैसा हो गया था और वह अपना आधा दिन प्रार्थना करते हुए बिताती थी। उसे सर्वशक्तिमान पर पूरा भरोसा था और उसे पूरा यकीन था कि उसकी परेशानी एक दिन खत्म हो जाएगी। एक सुबह दरवाजा खुला और दोनों लड़कियों ने उसे पहनने के लिए कपड़े का एक नया सेट दिया। उसकी जिंदगी ठहर सी गई थी।

उनमें से छोटे कद वाली ने कहा, ''तुम तैयार हो जाओ... कुछ ही घंटों में तुम यहां से चली जाओगी।''

''कौन सी जगह? मैं कहाँ हूँ? तुमने अभी तक मुझे नहीं बताया।

कृपया, मुझे बताओ... मुझे कहाँ ले जाया जा रहा है?''

उसने उसके बाल पकड़ लिए और उसके कानों के पास जाकर चिल्लाते हुए बोली, ‘‘यह राज़ है...तुम्हें तुम्हारे अपराध की सज़ा मिलेगी।’’

कुछ घंटों में, उसे कमरे से बाहर निकाला गया और इन दो लड़कियों, एक ड्राइवर और दो सेना कर्मियों के साथ एक वैन में बैठाया गया। मिरांडा ने बाहर देखा क्योंकि इस अनदेखी जगह के बारे में जानने के लिए उसकी जिज्ञासा हर मिनट बढ़ती जा रही थी। कुछ मिनटों के बाद, उसकी नज़र एक दुकान के बाहर एक पेंट किए हुए बोर्ड पर पड़ी और आखिरी पंक्ति में ‘दिल्ली’ लिखा हुआ था।

सबसे पहली बात जो उनके दिमाग में आई वह योगेश्वर थे। वह उसके बहुत करीब था लेकिन फिर भी मीलों दूर था। वह कल्पना करने लगी कि वह एक नायक की तरह निडर होकर आएगा और इन लोगों को वैन से बाहर फेंक देगा। फिर वह उसका हाथ मजबूती से पकड़ लेगा और उसे दूर ले जाएगा। इसके बाद वे सुखपूर्वक जीवन व्यतीत करेंगे।

मौसम चिपचिपा था और वे खाना खाने के लिए एक छोटे होटल में रुके। मिरांडा बस उन्हें देख रही थी, उनका मूल्यांकन कर रही थी, और भागने के लिए एक पल की तलाश कर रही थी लेकिन वह असफल रही। अगले एक घंटे में वे रेलवे स्टेशन पहुँच गये। वैन से नीचे उतरते ही उसके हाथ-पैरों में पसीना आने लगा।

‘‘अब वे उसे कहाँ भेज रहे थे?’’ उसका दिमाग परेशान स्थिति में था। ‘‘शायद घर वापस... वेश्यालय... कारावास... पिता।’’

वह समझ नहीं पा रही थी लेकिन उसे कुछ गड़बड़ की गंध आ रही थी।

उसकी रखवाली करने वाले चार लोग उसे रेलवे स्टेशन के अंदर ले गए। स्टेशन पर भारतीय और अंग्रेजी यात्रियों की भीड़ थी और वे प्लेटफॉर्म पर खड़े होकर शायद ट्रेन का इंतजार कर रहे थे। पांच मिनट के भीतर ट्रेन आ गई और उन्होंने उसे लगभग अंदर फेंक दिया। वह उठ खड़ी हुई और दोनों महिलाओं ने उसे कमर से पकड़ कर एक खाली बर्थ पर बिठा दिया। पांच मिनट में ट्रेन या गई और उसने देखा कि एक भी सीट खाली नहीं थी। उसने

ऊपर देखा और बंबई को काले रंग में रंगा हुआ देखा। पूरी यात्रा के दौरान वह एक शब्द भी नहीं बोल सकी। वह खिड़की के पास मुँह करके खाली बैठी रही, नियति को अपने करवट लेती देख रही थी।

मिरांडा दो दिन की थकाने वाली यात्रा के बाद बंबई पहुंची और उसे सीधे बंदरगाह पर लाया गया। बंदरगाह पर भीड़ थी और सैकड़ों यात्री अपनी बारी का इंतजार कर रहे थे। सब कुछ स्पष्ट और पारदर्शी था अब वे उसे वापस घर भेज रहे थे। वे उसके साथ बंदरगाह के एक कोने में लकड़ी की बेंच की ओर बढ़े। उसने देखा कि पीठ पर कोई सूटकेस और दो बैग लिए बेंच पर बैठा है। दोनों पहरेदारों ने आवाज लगायी, ''सर... हम उसे ले आए हैं।''

वह आदमी घूमा और मिरांडा अपने पिता श्री हेरोल्ड क्लेमेंस को मुस्कुराते हुए देखकर चौंक गई।

वह उछल पड़ा और उसकी ओर दौड़ा, ''ओ बेटी... मिरांडा... मेरी बच्ची... मेरा गौरव'' मेरी जान ''पिताजी... यह आपकी योजना थी... आप इतने निर्दयी कैसे हो सकते हैं! क्या आपने उस स्थिति की कल्पना भी नहीं की थी जिस हालात में मैं थी ... ? एक महीने के लिए मैं नरक में थी ...... आप मुझे घर वापस ले जाना चाहते थे।''

''आप इस देश में क्या करेंगी? औपनिवेशिक शासन एक वर्ष में खत्म हो जाएगा, हमें समय पर छोड़ देना चाहिए। स्थिति दिन-ब-दिन बिगड़ती जा रही है। इस देश ने आपको अंधेरे भविष्य में खाली छोड़ दिया है। आप यहाँ कुछ योग्य करने के लिए आयीं लेकिन तुमने कहीं का नहीं छोडा। हम आखिरकार अब वापस जा रहे हैं।''

''आप मेरे साथ ऐसा कैसे कर सकते हैं... क्या आपने एलिस के बारे में सोचा है? मैंने उसकी ज़िम्मेदारी ली है... वह मेरा इंतज़ार कर रही होगी... वह जाने के लिए तैयार नहीं है।'' वह गुस्से से बोली।

मिस्टर क्लेमेंस ने उसके हाथ को मजबूती से पकड़ लिया और उसके सूटकेस को उठा लिया। उसने एक कुली को बुलाया और उसे अपना बैग दिया। मिरांडा के पास ले जाने के लिए कुछ नहीं था। उसने अपने पिता को समझाने

की कोशिश की। ''डैडी कृपया मुझे ऐलिस को वापस लाने दें... वह मर जाएगी... वह बिल्कुल अकेली है।''

जहाज की ओर बढ़ते समय हेरोल्ड ने उसका हाथ नहीं छोड़ा और उसे जवाब देने के लिए घेर लिया, ''वह वापस आ जाएगी क्योंकि अंग्रेज अभी यहाँ जाने की तैयारी कर रहे हैं और वे उसकी देखभाल करेंगे। लड़कियों की स्वतंत्रता की दिशा में आपका कदम उल्लेखनीय नहीं थाI अगले ही दिन नौकरी से निकाल दिया गया। वे आपको एक साल के लिए सलाखों के पीछे भेजना चाहते थे लेकिन मुझे आपके लिए भीख मांगनी पड़ी। मैंने उच्च अधिकारियों से आपको वापस ले जाने का वादा किया है। मुझे आगे के निर्देशों के लिए इंतजार करना पड़ा। तुम्हें उनकी हिरासत में रहना था और मुझे उस दिन सौंपते जिस दिन जहाज लंदन के लिए रवाना होगा। टिकट पच्चीस अगस्त के लिए बुक किए गए थे। मैं तुम्हारे लिए जी रहा हूं और मैं तुम्हारे लिए मरूंगा क्योंकि तुम मेरी दुनिया हो। समुद्री यात्रा शुरू होने वाली है .... चलो अपनी भूमि पर खुशी से लौटें।''

उसने अपनी आँखों में आँसू के साथ उसे रोका, ''डैड मैं वादा करती हूँ कि मैं वापसी करूंगी... लेकिन ऐलिस के साथ ... कृपया मुझे मजबूर मत करो... वह भी आपकी बेटी है... आप उसे इन दुष्कर्मियों के साथ कैसे छोड़ सकते हैं... कृपया मेरी मदद करें।''

मिस्टर हेरोल्ड क्लेमेंस को उस पर दया आ गई। अपनी बेटी के साथ उनकी घनिष्ठता एक किनारे पर थी लेकिन उनकी चुनौतियाँ दूसरी तरफ थीं। मिलने के लिए उन्हें तूफान का सामना करना होगा, ज्वार-भाटा को सहना होगा और बर्फ से ठंडे ग्लेशियरों को छूना होगा। एक बेटी के रूप में वह सबसे कीमती रत्न थी, लेकिन अगर वह धर्म की ओर मुड़ी तो उसे अपने रास्ते पर बिना रुके चलना चाहिए। वह उसका रास्ता कभी नहीं रोकेंगे। वह एलिस के साथ अन्याय कर रहे थे लेकिन अपनी बेटी के साथ न्याय कर रहा था। उसने अपनी जेब में हाथ डाला, कुछ भारतीय मुद्रा निकाली और उसे सौंप दी। उसने उसका हाथ छोड़ दिया और धीरे से उसके सिर पर हाथ रखा और कहा, ''इस समय मैं तुम्हें आशीर्वाद के अलावा और कुछ नहीं दे सकता। तुम

अपने दोस्त को बचाने के लिए स्वतंत्र हो और मैं तुम्हारे पत्र की प्रतीक्षा करूंगा। तुम इस मामले में कूद नहीं रही हो फिर से और मैं आपका बेसब्री से इंतजार करूंगा। लव यू'' उसने उसे अलविदा कहा और जहाज की सीढ़ियों पर चढ़ गए। उन्हें अंतिम विदाई दी। उसकी प्रार्थना।ओं का उत्तर दिया गया और उसने एक बार भी पीछे मुड़कर नहीं देखा।

वह बिल्कुल अकेली थी और उसे उसी के अनुसार चीजों का प्रबंधन करना था। वह अपनी पहचान नहीं बताएगी। जब वह बंबई पहुंची तो उसके दिमाग में सबसे पहला विचार आया कि श्री रोडरिक कैबरल का सामान इकट्ठा किया जाए। एलिस के लिए यह एक बहुमूल्य उपहार होगा। उसने बंदरगाह से एक टैक्सी किराए पर ली और ब्रिटिश मुख्यालय पहुँची। उसने अपना परिचय ऐलिस के रूप में दिया। वरिष्ठ अधिकारियों ने उसे फॉर्म भरने और दो घंटे और इंतजार करने को कहा। लगभग तीन घंटे के बाद एक सेना अधिकारी दो कनिष्ठ अधिकारियों के साथ एक काला ट्रंक और एक हरा कपड़ा लेकर आया।

''मैडम, मैं चाहूँगा कि आप इसे देखें और जांचें यह खुल सकता है।''

''हां, मैं करूंगी'' वह ऐलिस को उसका सामान देना चाहती थी ताकि वह उन्हें अपने साथ वापस ले जा सके। उसका लक्ष्य हासिल हो गया था और वह जानती थी कि ऐलिस पृथ्वी पर सबसे खुश इंसान होगी। उसने एक कैब किराए पर ली और जूनियर अधिकारियों ने उसे सामान रखने में मदद की।

उसने ड्राइवर से पूछा, ''क्या मुझे रहने के लिए एक सस्ता होटल मिल सकता है।''

"हाँ मैडम, यह गेटवे के पास है ... सस्ते दामों पर अच्छे होटल।''

''मुझे ले चलो मैं एक नजर देख लेती हूँ।''

होटल नटराज अच्छे स्वच्छ कमरों वाला एक तीन सितारा होटल था। रिसेप्शनिस्ट ने आवश्यक पूछताछ की और उसने विवरण भर दिया। नाम के कॉलम में उसने ऐलिस कैबरल लिखा। वह बिना खोजे शिमला पहुंचना

चाहती थी। शायद उन्हें इस बात का पता चल गया था कि वह जहाज पर नहीं सवार हुई थी।

जल्दी से स्नान करने के बाद, उसने बाजार जाने का फैसला किया क्योंकि उसके पास पहनने के लिए उचित कपड़े नहीं थे। उसने अपने लिए लंच ऑर्डर किया। उसके कमरे में खाना लाया गया और उसने भारतीय व्यंजनों का लुत्फ उठाया। उसके पिता ने उसे काफी पैसा दिया था इसलिए वह पास की दुकानों पर गई और अपने लिए एक जोडी कपड़े खरीदे। वह एक घंटे में होटल पहुंच गई और एक कप चाय पी। वह बहुत थकी हुई थी और तकिए के साथ मुलायम सफेद बिस्तर इतना लुभावना लग रहा था कि वह बंबई के इस घुटन भरे मौसम की अभ्यस्त नहीं थी। वह मिनटों में सो गई।

''दरवाज़ा खोलो'', कोई चिल्लाया और मिरांडा जाग गई।

दरवाजे पर जोरदार दस्तक के साथ उसकी नींद खुल गई। उसने अपनी चप्पल पहनी और पर्दा खींचा, यह देखने के लिए कि बाहर घना अंधेरा था। उसने बत्ती जलाई और देखा कि दीवार घड़ी में पाँच बज रहे थे। ''सुबह-सुबह कौन होगा उसे अपना वास्तविक रूप छुपाना पड़ा... उसने अपने बालों को बांधा और सिर को ढकने के लिए अपना मफलर निकाला, उसने सोचा। उन्होंने दरवाजा पीटना शुरू कर दिया और किसी ने पुकारा, ''मैडम मैडम! वह दरवाजे पर पहुंची और उसे खोल दिया।

उसके आश्चर्य करने के लिए, उसने सेना के चार अधिकारियों को कुछ कागजात के साथ देखा। उनमें से एक बोला। ''आपको परेशान करने के लिए क्षमा करें मैडम लेकिन हम सिर्फ एक अंग्रेज लड़की की तलाश में हैं जो कल जहाज पर चढ़ने वाली थी लेकिन किसी तरह चूक गई। आपका नाम क्या है मैडम?''

उसके हाथ-पैरों में पसीना आने लगा लेकिन उसे खुद को संतुलित करना था। उसका दिमाग सही दिशा में काम कर रहा था और उसने बेधड़क जवाब दिया। ''मैं ऐलिस हूं, मैं यहां अपने पिता का सामान लेने के लिए हूं।''

''मैडम क्या आपके पास कोई सबूत है... जिसे हम जांचना चाहते हैं... कृपया हमारा समय बर्बाद न करें।''

उसने उन्हें अंदर जाने दिया और उन्हें एक कोने में पड़े ट्रंक और बैग की ओर ले गई। उनमें से दो ने उसे खोला और कपड़े और निजी सामान को फैंकने लगे। उनमें से एक ने धीमे स्वर में कहा। ''मिस्टर रोडरिक कैबरल... मर चुका है...एक साल पहले मुझे यकीन नहीं हो रहा था।'' उसके बगल में खड़ा दूसरा व्यक्ति उत्सुकता से कमरे के चारों ओर देख रहा था, वह ट्रंक के बगल में बैठे व्यक्ति से सहमत था।

''वेरी सॉरी मैडम हमने चेक किया... सॉरी'' लेकिन हम अपना कर्तव्य निभा रहे हैं।''

वह दरवाजे को बंद करने के लिए दौड़ी और फर्श पर घुटनों के बल बैठकर प्रार्थना करने लगी, ''मुझे सभी बाधाओं को पार कराने के लिए धन्यवाद।'' उसे जल्द से जल्द यहां से निकलना था।

वह अपनी नई पीली पोशाक पहन कर ट्रेन के समय के बारे में पूछताछ करने के लिए रिसेप्शन पर गई। शिमला पहुँचने के लिए उसे दिल्ली पहुँचना पड़ा। यह रास्ता अब उसे कुछ जाना-पहचाना लग रहा था। रिसेप्शनिस्ट ने उसे बताया कि टिकट का इंतजाम उसे खुद करना होगा। मिरांडा ने उससे अनुरोध किया लेकिन वह नहीं माना इसलिए उसने उससे समय के बारे में पूछताछ करने के लिए कहा। उसने अपना दिन अपने कमरे में बिताया और शाम को, दरवाजे पर दस्तक हुई, उसने दरवाजा खोला और एक लिफाफे के साथ एक वेटर को देखा। उसने उसे लिफाफा देते हुए कहा, ''मैडम कृपया ट्रेन का समय देखें, आपकी ट्रेन परसों सुबह 10 बजे है और दिल्ली पहुंचने में दो दिन लगेंगे। आपको रेलवे स्टेशन पर टिकट मिल जाएगा।'' ''

''धन्यवाद... धन्यवाद,'' उसने राहत की सांस लेते हुए कहा। उसने जल्दी से एक धमाके के साथ दरवाजा बंद कर दिया।

अगला दिन कमरे के अंदर बिताया गया क्योंकि उसे अभी भी एक अज्ञात पहचान के साथ रहना था। उसने एक टैक्सी किराए पर ली और सुबह-सुबह

स्टेशन के लिए निकल गई। वह आठ बजे वहां पहुंचीं। टिकट खिड़की पर भीड़ थी और लोग एक-दूसरे को धक्का दे रहे थे। मिरांडा ने खिड़की के करीब जाने की कोशिश की और बड़ी कोशिशों से दिल्ली का टिकट हासिल कर लिया। उसने प्लेटफॉर्म पर एक ट्रेन खड़ी देखी तो वह एक साथी से पूछने के बाद उसकी ओर बढ़ी।

यात्री ने ट्रेन का नाम बताया तो उसने झोला उठाया और उसमें सवार हो गयी। उसे ऊपर की बर्थ मिली और लगभग एक घंटे के बाद ट्रेन चल दी। वह किसी की निगाह में आए बगैर और बगैर किसी नुकसान के पहुंचना चाहती थी।

दो दिन का सफर बीत गया और तीसरे दिन वह दिल्ली स्टेशन पहुंची। आगे की यात्रा स्पष्ट नहीं थी क्योंकि वह केवल शिमला का नाम जानती थी और एकमात्र ट्रेन जो उसे वहाँ ले जाती थी। वह टिकट लेने वाली खिड़की पर गई और आवश्यक पूछताछ की। उसने डिपो से कालका के लिए एक बस पकड़ी। उसने जो कुछ भी उपलब्ध था खा लिया और अपने पिता के लिए उसके द्वारा दिए गए पैसे के लिए आभारी थी। अगर उसने उसे पैसे नहीं दिए होते तो वह फंस जाती।

उसी ट्रेन में एक बदली हुई लड़की तीन महीने के बाद संघर्ष और बलिदान की कहानी पेश कर रही थी। पहाड़ और वादियाँ मनमोहक और सुहावनी नहीं लग रही थीं, लेकिन उसे ऐसा लगता था जैसे वे उन्हें अपनी ओर खींच रहे हों। उन्होंने उसे परिपक्व और दृढ़ बना दिया था। पूरे आत्मविश्वास के साथ, वह एक अनजान देश में अजीबोगरीब लोगों का सामना कर रही थी। यात्रा अंतहीन लग रही थी और उसने कल्पना की कि योगेश्वर, एलिस और जेनी उसकी ओर दौड़ रहे हैं। वह जानती थी कि उसके पिता अब उसका समर्थन करने के लिए नहीं हैं उसे यकीन नहीं था कि अब कौन उसकी सहायता करेगा। वह योगेश्वर को अधिक से अधिक प्यार करना चाहती थी।

सितंबर का महीना शुरू हो चुका था बारिश हल्की हो रही थी और तापमान थोड़ा कम हो रहा था। ऐलिस अपनी गर्भावस्था के साथ कई जटिलताओं का

सामना कर रही थी और डिलीवरी की तारीख नजदीक आ रही थी। वह जेनी और श्रीमती सान्याल के साथ अपने अंतिम चेक-अप के लिए गई थीं।

डॉक्टर ने उसे चेतावनी दी थी कि उसकी खराब होती सेहत के कारण डिलीवरी में जटिलताएँ उत्पन्न हो सकती है। मिरांडा के गायब होने के डेढ़ महीने हो गए थे और उस दिन से ऐलिस अपने स्वास्थ्य के प्रति अधिक लापरवाह हो गई थी, जेनी समान रूप से देखभाल कर रही थी और एक बहन के साथ-साथ एक दाई की भूमिका निभा रही थी।

श्री सान्याल उनके लिए पिता तुल्य थे और उन्होंने उनकी जिम्मेदारी ली थी। जिस दिन से उन्होंने ऐलिस की देखभाल शुरू की, उसी दिन से श्रीमती सान्याल के स्वास्थ्य के मुद्दों ने एक अलग मोड़ ले लिया था। दुनिया में आने से पहले ही उसे अपने बच्चे से प्यार हो गया था। जेनी और एलिस को बगल का कमरा दिया गया था। मिरांडा के बारे में पूछताछ करने के लिए श्री सान्याल हर दिन भारतीय और अंग्रेजी सेना मुख्यालय गए। उसे पूरा यकीन था कि वे उसे किसी गुप्त स्थान पर ले गए थे या शायद उन्होंने उसे वापस लंदन भेज दिया था। जवाहर भी योगेश्वर के लिए समान रूप से चिंतित थे और बार-बार उनसे मिलने जाते थे। अक्टूबर के पहले सप्ताह में उन्हें रिहा किया जाएगा।

यह सितंबर का दूसरा दिन था और उस रात ऐलिस सो नहीं सकी क्योंकि उसे बेचैनी महसूस हो रही थी और पीठ में हल्का दर्द हो रहा था। वह पीली पड़ गयी थी और मिरांडा को गहराई से याद कर रही थी। उसने जेनी को नहीं जगाया और सुबह-सुबह, वह श्रीमती सान्याल के पास गई और धीरे से उसका दरवाजा खटखटाया।

''अंदर आओ... आओ,'' श्रीमती सान्याल बोलीं।

उसने दरवाजा खोलते हुए कहा, ''आंटी मेरी पीठ में दर्द हो रहा है... और उह... कुछ तकलीफ़ है... सांस लेने में भी।''

उसने उसे अपने कमरे में कुर्सी पर बिठाया और उसकी पीठ सहलाने लगी। इस बीच श्री सान्याल भी जाग गए और उनके पास आए। ''क्या मुझे डॉक्टर को बुलाना चाहिए?'' उन्होंने संयोगिता से पूछा।

''मुझे लगता है कि हमें उसे अस्पताल ले जाना चाहिए, तारीख नजदीक है।''

''मैं तैयार हो जाऊंगा ... दस मिनट रुको,'' जवाहर ने कहा और तैयार होने चले गए। संयोगिता ने रामदीन को बुलाया और चाय बनाने और फलों, बिस्कुट और छोटे तौलिया के साथ एक टोकरी पैक करने के लिए कहा।

जेनी ने कमरे में प्रवेश किया और एलिस के पास गई। ''मुझे आशा है कि आप ठीक हैं... मैडम... आपने मुझे नहीं जगाया।'' उसकी पीठ का दर्द और भी गंभीर हो गया और उसने जेनी का हाथ पकड़ लिया। वह जोर-जोर से सांस लेने लगी और आंखों में आंसू लिए उससे बोली, ''जेनी मैं मिरांडा को देखना चाहती हूं... अगर मैं वापस नहीं आती हूं तो मेरे बच्चे का ख्याल रखना...''

''इतनी निराशावादी मत बनो... सब कुछ ठीक हो जाएगा...तुम स्वस्थ्य होकर वापस आओगी।'' जेनी अभी भी उसका हाथ अपने हाथों में पकडे थी।

मिस्टर और मिसेज सान्याल तैयार हो गए, और जेनी ने एलिस को पकड़ लिया और वे कार की ओर बढ़ गए। अस्पताल पाँच किलोमीटर की दूरी पर था और वे लगभग आधे घंटे में पहुँचे जब तक वे पहुँचे एलिस को बहुत दर्द हो रहा था वह प्रवेश द्वार पर लगभग बेहोश हो गई थी। जल्दी से एक स्ट्रेचर लाया गया और वार्ड बॉय और नर्सों ने उसे उस पर लिटा दिया। संयोगिता और जेनी ने उसके गाल थपथपाए लेकिन एलिस ने कोई जवाब नहीं दिया। नर्सों ने महिला डॉक्टर को इसकी जानकारी दी। वह स्टेथोस्कोप लगाकर अपने कमरे से बाहर निकली और उसे लेबर रूम में ले गई। पांच मिनट बाद वह घबराकर बाहर निकली।

''मिस्टर सान्याल, आपकी मरीज़ ठीक से प्रतिक्रिया नहीं कर रही है। हमें उसे ऑक्सीजन पर रखना होगा,'' उसने जल्दी से कहा।

''हम अपने स्तर पर सर्वश्रेष्ठ प्रयास कर रहे हैं।''

''जवाहर ने विनती करते हुए कहा, ''अपना सर्वश्रेष्ठ प्रयास करें ... प्लीज ...प्लीज।''

आँखों में आँसू भरे दोनों महिलाओं ने डॉक्टर के सामने हाथ जोड़ लिए। ''डॉक्टर कृपया ऐलिस का ख्याल रखें... वह यह सब अनुभव करने के लिए बहुत छोटी है।''

इन महीनों में दंपति ने ऐलिस के लिए गहरा लगाव विकसित कर लिया था। इकलौता पुत्र होने के कारण योगेश्वर को अपार प्रेम मिला था, लेकिन उनकी पुत्री का स्थान अभी भी खाली पड़ा हुआ था। मिरांडा की अनुपस्थिति में उन्होंने हर एक बात का ध्यान रखा था। इन महीनों में ऐलिस उनके साथ हंसी और रोयी थी, नस्ल, जाति और पंथ कभी हस्तक्षेप नहीं करते थे और उन्होंने उसे सुरक्षित रखा था। उनके घर में उनकी उपस्थिति के बारे में अंग्रेजों को कभी पता नहीं चला। अब उन्हें बच्चे का बेसब्री से इंतजार था।

एक घंटा बीत गया और जब उनकी धड़कने तेज हो रही थी जब डॉक्टर लाल रंग की रज़ाई में लिपटे एक छोटे से चुलबुले शिशु के साथ बाहर आई। उसने कहा, ''मिस्टर सान्याल, मुझे बहुत खेद है कि ऐलिस अब नहीं रही, बच्चे के जन्म के दौरान उसकी मृत्यु हो गई, हमने अपने स्तर पर पूरी कोशिश की... उसमें खून की कमी थी ... उसे होश भी नहीं आया और बच्चे को बचाना भी मुश्किल था... लेकिन हम कामयाब रहे... यह लड़का है।''

''ओह... ऐलिस!'' जेनी उछल कर बेंच पर बैठ गई। वह बेकाबू हो गई और बोली। ''तुमने मुझसे वादा किया था कि हम हमेशा साथ रहेंगे... मैं मिरांडा को क्या कहूंगी? ऐलिस वापस आओ... मिरांडा आओ और अपने दोस्त को देखो ... तुमने कहा था कि हम लंदन वापस जाएंगे... मेरे दोस्त तुमने मुझे बिल्कुल अकेला छोड़ दिया है।'' संयोगिता ने बच्चे को पकड़ लिया और उसकी आँखों में आँसू बह निकले। जो उसे इस संसार में लेकर आई थी उसे

खोने की अजीब सच्चाई को जाने बगैर, खुशी की एक छोटी सी पोटली उसकी आँखों में चमक उठी।

जवाहर भी खुद पर काबू नहीं रख सके और जेनी के बगल में बैठ कर उसे सांत्वना देने लगे।

कुछ घंटों के बाद, एलिस का शव उन्हें सौंप दिया गया और उसे एंबुलेंस में श्री सान्याल के आवास पर ले जाया गया। मिसेज सान्याल ने बच्चे को अपने दिल से लगा लिया। यह उसके जीवन का सबसे कीमती उपहार था जो एलिस ने उसे दिया था। उन्होंने अंतिम संस्कार के लिए सभी जरूरी इंतजाम किए। अब अंग्रेजों से छिपाने के लिए कुछ भी नहीं था।

ताबूत में सफेद पोशाक में सफेद चेहरे वाली एलिस शांत लेती हुई मनमोहक लग रही। वह इस दुनिया को छोड़कर दूसरी दुनिया में आ गई थी जहां न कोई डर था और न ही शर्म। उसने अजन्मे बच्चे का गर्भपात करके पाप नहीं किया था बल्कि उसने दुनिया को एक मासूम बच्चा दिया था। उसने मूक, अजन्मे को नहीं मारा, बल्कि बिन ब्याही माँ बन गई। मरने से पहले उसने इस दुनिया को जीवन दे दिया।

कुछ ही समय में पादरी पहुंच गए और श्री सान्याल को ईसाई दफनाने के संबंध में मार्गदर्शन किया। संयोगिता और जेनी बच्चे को एलिस के ताबूत के पास ले जाकर ताबूत के पास खड़ी होकर रो रही थी। ऐलिस पर एक आखिरी नज़र डाली और वह हमेशा के लिए चली जाएगी। उसने अपना कर्तव्य उसी प्रकार आज्ञाकारी ढंग से निभाया था जैसा मिरांडा ने आदेश दिया था।

गेट खुले थे और वह एक हाथ में बक्सा और दूसरे हाथ में झोला लिए बाहर खड़ी थी। अन्त्येष्टि वाहन को देखकर वह हैरान रह गई। वहाँ एकदम सन्नाटा था और उसका स्वागत करने के लिए कोई नहीं था। उसने सोचा कि शायद उन्होंने सोचा होगा कि या तो वह नहीं रही या शायद खो गई। उनके दिमाग में जो पहला नाम आया वह था श्रीमती सान्याल। जब मिरांडा ने उसे छोडा था, तब वह बीमार और उदास थी। गार्ड ने आगे बढ़कर सामान संभाल लिया।

गार्ड ने टूटी-फूटी अंग्रेजी में कहा, ''मैडम ... अंदर ...ड्रॉइंग रूम में जाईए।'' वह चुप रही और बड़ी-बड़ी आँखों से घर की ओर बढ़ी, उसे बाहर कोई नज़र नहीं आया तो वह ड्राइंग-रूम की ओर चली गई। कमरे में कुछ ही लोग थे और बीच में ताबूत रखा था।

उसने पुकारा, ''एलिस... जेनी...मैं वापस आ गई हूं।''

हर कोई मिरांडा की ओर मुड़े और जेनी उसकी ओर दौड़ी, ''ओ मैडम... आप कहां थीं... हम हर जगह ढूंढ रहे थे कि आप हमें क्यों छोड़ गईं, हमें आपकी याद आती है।'' उसने उसे कसकर गले से लगा लिया और रोना शुरू कर दिया।

''क्या हुआ जेनी ... रोओ मत... मुझे पहले ऐलिस के पास ले चलो पहले वह अस्वस्थ होगी और उसकी डिलीवरी की तारीख भी नजदीक है।'' जेनी ने अपना एक हाथ मुंह पर रखकर सिसकते हुए उसका हाथ पकड़ा और ताबूत की ओर ले गई, ''वह यहीं लेटी है ...देखो मैडम... वह चली गई, आओ और देखो ... हमने कुछ कीमती खो दिया है।''

मिरांडा हैरान और स्तब्ध थी और उसका दिल तेजी से धड़क रहा था जब श्रीमती सानयाल एक नवजात शिशु को गोद में लिए ताबूत के पास खडी रो रही थी और मिरांडा ने उन्हें देखा और जोर से चिल्लायी, ''ऐलिस... ऐलिस ... वापस आओ ... देखो मैं तुम्हारे लिए आयी हूं... देखो मैं क्या लायी हूँ।'' वह रोती गई और तेजी से ट्रंक की ओर चली गई और बैग लेकर आई और उसे खोला। वह पागलों जैसा व्यवहार कर रही थी और जेनी उसे पकडने में व्यस्त थी।, ''मैडम डॉक्टरों ने अपनी पूरी कोशिश की ... कृपया।'' उसने ट्रंक से एक-एक करके सभी कपड़े, तस्वीरें और स्टेशनरी निकाली। देखो एलिस ... तुम्हारे डैडी ने तुम्हारे लिए बहुत सारी चीजें छोडी हैं .... मैं उन्हें तुम्हारे लिए लेकर आई हूँ, तुम मुझे धोखा नहीं दे सकती।'' उसने झुक कर उसका माथा चूमा और उसके पिता द्वारा खरीदे हुए कपड़े उसके पैरों के पास रख दिए।

वह श्रीमती सान्याल के पास गई और शिशु को गोद में ले लिया। उसने उसे अपने दिल के करीब रखा और फूट-फूट कर रोई और जोर से बोली, ''ऐलिस तुम हमेशा हमारे दिमाग में जिंदा रहोगी, हमारे दिल में तुम अभी भी जिंदा हो। हमारे साथ रह रही हो ... तुम हजारों लड़कियों को बचाने का कारण हो ... हम तुमसे प्यार करते हैं। तुम्हें याद करेंगे, मेरे प्यारे दोस्त।''

उसके शव को अन्त्येष्टि वैन में समर हिल के कब्रिस्तान में ले जाया गया। परिवार ने अपनी कार से उनका अनुसरण किया। कब्रिस्तान में इसकी तैयारी पहले से ही कर दी गई थी। ऐलिस को एक विदेशी भूमि में आराम करने के लिए रखा गया था लेकिन उसने अपने बेटे के रूप में अपनी छाप छोड़ी थी। मिरांडा और जेनी ने अपने कांपते हाथों से, अपने पसंदीदा गुलदाउदी के फूल कब्र पर रख दिए।

पहली अक्टूबर 1945 को पक्षियों ने चहचहाकर एक नई कहानी रची। जेल की कोठरी के द्वार खोल दिए गए और योगेश्वर की हथकड़ी खोल दी गई। उसे मुक्त कर दिया गया। वह सुस्त लग रहा था और अपनी हंसी खो चुका था। श्री सान्याल बाहर बाहें फैलाए प्रतीक्षा कर रहे थे, उन्होंने उसे गले लगाया और उसकी पीठ थपथपाई। वे कार की ओर बढ़े और योगेश्वर ने धीरे से पूछा, ''दुनिया इन महीनों में बदल गई होगी ... आशा है कि घर पर सब कुछ ठीक है ... माँ, मिरांडा ... एलिस ... जेनी।''

''कई उतार-चढ़ाव आए हैं... तुम्हारी माँ के स्वास्थ्य में सुधार हुआ है ... मिरांडा अपने मिशन में सफल रही।''

योगेश्वर ने पूरे जोश के साथ जवाब दिया, ''आखिरकार, उसने हजारों लडकियों को आजाद करा दिया... मुझे अपनी कैद का कभी अफसोस नहीं होगा ... यह सार्थक साबित हुआ ... वह अतुलनीय है।''

श्री जवाहर सान्याल को इस तथ्य का एहसास होने लगा कि उनका बेटा मिरांडा के साथ प्रेम संबंध में है। जब भी वह उसके बारे में बात करता तो उसकी आँखों में प्यार की आग और एक अनोखी चिंगारी देखी जा सकती थी।

''एलिस के बारे में क्या ... जेनी, उसका स्वास्थ्य कैसा है? ''

उसने अपने बेटे को कार में बिठाया और धीरे से बोला। ''जेनी आपकी माँ के साथ भारतीय संस्कृति के साथ खुद को अच्छी तरह से समायोजित कर रही है। एलिस ने एक महीने पहले एक बच्चे को जन्म दिया था... डाक्टर उसे बचा नहीं सकी... प्रसव के दौरान उसकी मृत्यु हो गई।''

''ओह... ये कैसे हो सकता है... ओह माय गॉड!'' उसने अपने सीने पर हाथ रखकर फिर पूछा। ''मिरांडा को गहरा दुख हुआ होगा ... उसे इस दुख को सहन करने में कठिनाई हो रही होगी ... उसने अपने प्रिय मित्र को खो दिया है ... उसकी आत्मा को शांति मिले।''

श्री सान्याल आगे की चर्चाओं में नहीं जाना चाहते थे क्योंकि वे उन्हें मानसिक स्थिरता देना चाहते थे। सड़क मार्ग से दिल्ली से शिमला पहुंचने में दो दिन लग गए। असमतल सड़के, स्वतंत्रता सेनानियों की रैलियां जोरों पर थीं और ब्रिटिश उपनिवेशवाद समाप्त होने में कुछ ही महीने और लगेंगे। जल्द ही उन्हें अंतिम विदाई दी जाएगी।

1945 का क्रिसमस मिरांडा और योगेश्वर के लिए शादी की घंटियों के साथ सान्याल परिवार में आनंद के क्षण लेकर आया। संयोगिता अपनी बीमारी से उबर गई और एलिस के बेटे के लिए अपना सारा प्यार बरसा दिया। मिस्टर और मिसेज सान्याल ने महसूस किया था कि उनके बेटे को मिरांडा से गहरा प्यार था, उनके रिश्ते को एक नाम दिया जाना था और मिरांडा की स्वीकृति को प्रमुखता दी गई थी।

सान्याल के घर लौटने के बाद वह कुछ दिनों के बाद नलिनी और सुचित्रा से उनके कार्यालय में मिलीं। उन्होंने उसका स्वागत किया और उसकी अनुपस्थिति में हुई घटनाओं की व्याख्या की। उनके मिशन ने देश को हिला दिया था और सरकार ने उनके प्रयासों की प्रशंसा की थी। मासूम हसीनाएं अपने गंतव्य तक पहुंच चुकी थीं। उसने काबिले तारीफ काम किया था।

25 दिसंबर, 1945, योगेश्वर और मिरांडा के लिए सबसे प्रतीक्षित दिन था। क्रिश्चियन वेडिंग रिज स्थित सेंट जूड चर्च में होनी थी। श्री सान्याल और

योगेश्वर ने आवश्यक व्यवस्था की क्योंकि वे उसे सभी सुख देना चाहते थे। वह अधिक अंतर्मुखी थी और अपने लिए कुछ नहीं चाहती थी।

क्रिसमस होने के कारण वे सभी सुबह 10 बजे तक चर्च पहुंच गये। लोग प्रार्थना के लिए चर्च में एकत्रित हो रहे थे। जब मिरांडा अपने सफेद शादी के गाउन में चर्च में प्रवेश कर रही थी और उसकी बाहें मिस्टर सान्याल के चारों ओर थीं। वह बहुत सुंदर लग रही थी। उन्होंने उसके पिता की भूमिका निभाई थी। योगेश्वर अपने ग्रे सूट में बहुत खूबसूरत लग रहे थे और उन्होंने अपनी माँ के साथ प्रवेश किया। भीड़ में कुछ ने उन्हें मुस्कुराते हुए देखा, जबकि कुछ ने विचित्र दृष्टि से देखा। पादरी ने उनका स्वागत किया और अंगूठियों के साथ विवाह की शपथ ली गई। वे आधिकारिक तौर पर शादीशुदा थे। चर्च के बाहर रूई के फाहे समान बर्फ़ के टुकड़े उन पर गिर रहे थे और पहाड़ उनका स्वागत कर रहे थे। वे गाडी में बैठ के पति-पत्नी के रूप में घर चले गए।

वह भारतीय संस्कृति और परंपराओं की आदी हो रही थीं। हिंदू विवाह भी उसी दिन होना था और एक महीने से तैयारियां चल रही थीं। उन्हें भारतीय दुल्हन की तरह सजना बहुत पसंद था। श्री सान्याल के आवास पर बहुत कम मेहमानों को आमंत्रित किया गया था।

शादी की रात, मिरांडा सुर्ख जोड़े में एक मोहिनी और योगेश्वर भारतीय शेरवानी में एक मनोरम दूल्हा दिख रहे थे। पुजारी आये और सात परिक्रमा के साथ सात वचन लिये गये। उन्होंने एक-दूसरे को मालाएं पहनाईं और जेनी बच्चे के साथ उसके पीछे बैठ गई। ऐलिस उन्हें अपने बेटे की नज़र से देख रही थी। श्रीमती सान्याल ने उनका खुले दिल से स्वागत किया।

अगली सुबह मिरांडा ने अपनी आँखें खोलीं और उसे अपने बगल के बिस्तर पर लेटे हुए देखकर मुस्कुराई। वह बहुत गर्म, शांत और आत्मविश्वासी लग रहा था। वह उसका पति था. उसने खुद को उसकी बाहों में समेट लिया। उसने उसे सांत्वना देते हुए कहा, ''अब मुझे कभी मत छोड़ना...तुम मुझे मुकम्मल करते हो...तुम्हारे बिना वो दिन नरक जैसे थे...मुझे तुम्हारी याद आती थी।'' उसने उसकी आँखों में देखा और उसके गालों पर हाथ रखते हुए

कहा, ''जिस दिन मैंने तुम्हें देखा था उसी दिन मुझे तुमसे प्यार हो गया था... लेकिन एक-दूसरे और भगवान में हमारे विश्वास ने हमें एक साथ ला दिया है... मेरा पहला और आखिरी प्यार ।'' वह इस दिन का इंतजार कर रही थी और उसे अपने इतने करीब देखकर गर्व से भर गई थी। उसने उसका हाथ चूमा और कहा, ''जब तक मौत हमें अलग नहीं कर देती... मैं तुमसे प्यार करती रहूँगी।''

1945 का क्रिसमस सबसे शुभ क्रिसमस था और ईश्वर उस पर बहुत दयालु थे। वे अब समाज की भलाई के लिए एक साथ चलेंगे और हमेशा अपने सुख-दुख साझा करेंगे। मिरांडा और योगेश्वर एक नई जिंदगी की शुरुआत कर रहे थे और नाजायज बच्चों को जन्म देने वाली महिलाओं के लिए बेहतर जीवन का लक्ष्य बना रहे थे। वंचितों के लिए अस्पताल, अनाथालय और स्कूल हैं, लेकिन इन बच्चे पैदा करने वाली पति रहित महिलाओं के लिए दुनिया में एक भी जगह नहीं है। वे गुमशुदा हैं, शर्मिंदा हैं और अपने परिवारों द्वारा अस्वीकार्य हैं। उन्हें एक घर, आश्रय और अपने बच्चे के लिए एक नाम की ज़रूरत है। महिलाओं के उत्थान की दिशा में उनकी पहली परियोजना एकल माताओं के लिए एक निवास स्थान होगी।

अध्याय 12. चंडीगढ़ 1970

मेहर कौर मनमोहक सुन्दरी थी। यदि कोई सुंदर पैदा हुआ है तो खुशी इस बात में है कि भविष्य में उसके लिए सभी अच्छी चीजें संग्रहीत हैं। लेकिन नियति अज्ञात है। मेहर श्रीमती और श्री सिद्धू की इकलौती संतान थी। चंडीगढ़ के सैक्टर पैंतीस में अपनी वृद्ध विधवा माँ के साथ बिताए वर्षों तक, उन्होंने अपनी ज़रूरतों को पूरा करने के लिए उन्हें दिन-रात संघर्ष करते देखा था। जब वह चार साल की थी तब उसके नाना-नानी की मृत्यु एक बस दुर्घटना में हो गई थी। उसकी मां एक प्लास्टिक फैक्ट्री में काम करती थी और पिता की पेंशन पर गुजारा करती थी। वह देर शाम अपने काम से लौटती और अपनी बेटी को भरपूर समय देती।

अपने स्नातक स्तर की पढ़ाई के बाद, मेहर एक अच्छे स्कूल में काम करना चाहती थी, एक दिन जब श्रीमती सिद्धू काम से लौटीं तो मेहर उनके पास आई और कहा ''माँ मैं एक शिक्षिका की नौकरी के लिए आवेदन करना चाहती हूँ... ताकि मैं कुछ मदद कर सकूँ।'' ''यह बेहतर होगा यदि आपको एक अच्छे स्कूल में नौकरी मिल जाए जहाँ वे अच्छी तनख्वाह देते हैं। मैं अस्वस्थ हूँ और अब आपका खर्च उठाने में असमर्थ हूँ। यह बेहतर होगा कि आप सरकारी नौकरी करें,'' उसकी मां ने तनाव भरे अंदाज में जवाब दिया।

मेहर दसवीं कक्षा तक के एक प्रसिद्ध स्कूल सनबीम्स एकेडमी में अध्यापन की नौकरी पाने में सफल रही। उसने अप्रैल में नए सत्र से अंग्रेजी का प्रशिक्षण शुरू किया और जल्द ही कक्षा आठ के अपने छात्रों की पसंदीदा टीचर बन गई। एक दिन शिक्षकों को सूचित किया गया कि दोपहर में शिक्षकों की बैठक आयोजित की गई है।

स्कूल के बाद लगभग तीस शिक्षक, स्टाफ रूम में इंतजार कर रहे थे। स्कूल के प्रिंसिपल श्री चरनजीत सिंह ने एक अतिथि के साथ प्रवेश किया, लंबा कद, संतुलित और उग्र आँखें, शिक्षक उन्हें देखते ही स्तब्ध रह गए। मेहर उससे आँखें नहीं हटा पा रही थी। शिक्षकों ने उन्हें बधाई दी और प्रिंसिपल ने शिक्षकों को संबोधित किया ''नमस्ते शिक्षकों, मैं चाहूंगा कि हम अपने स्कूल के नए अध्यक्ष श्री निशांत सान्याल का परिचय कराएं। हम आपका स्वागत करते हैं, सर। वह जल्दी ही स्कूल में होने वाले आगे के विकास के बारे में आपसे चर्चा करेंगे। स्टाफ ने खड़े होकर उनका अभिवादन किया।

श्री सान्याल खड़े हुए और सिर हिलाकर माइक पकड़ लिया। ''शुभ दोपहर। मैं यहां अपने स्कूल के कर्मचारियों के बीच आकर खुश हूं। यह जगह मेरे लिए नई है और आपके समर्थन के बिना, मैं नई शिक्षण विधियों को स्थापित करना जारी नहीं रख सकता। आने वाले वर्षों में, कक्षा दस के बोर्ड, स्कूल में ही आयोजित किए जाएंगे। हम एक विशाल खेल के मैदान और पुस्तकालय के साथ बेहतर बुनियादी ढांचे के लिए योजना बना रहे हैं। कल सुबह, मैं सभी शिक्षकों के लिए व्यक्तिगत साक्षात्कार आयोजित करूँगा। आप सभी कृपया अपने दस्तावेज़ ले आयें। मैं आप सभी को कल देखूंगा धन्यवाद।'' कर्मचारी खड़े हो गए और उन्हें बधाई दी और एक-एक करके चले गए, शिक्षक आश्चर्यचकित रह गए। उन्हें अगले दिन के लिए अपने दस्तावेज तैयार करने थे और बैठक के लिए मानसिक रूप से तैयार होना था।

मेहर घर पहुंच गई लेकिन मिस्टर सान्याल का मोहक रूप उसके दिमाग से नहीं निकला। अगली सुबह, उसने एक सुंदर सादी लाल साड़ी पहनी और अपनी फाइल लेकर ऑफिस के बाहर बैठ गई और अपनी बारी का इंतजार करने लगी।

"मेहर कौर मैडम, आपको बुलाया जा रहा है,'' चपरासी ने कहा। उसका दिल तेजी से धड़कने लगा, और उसके हाथ पहले से ही पसीने से तर हो गए थे। वह उसके कार्यालय में दाखिल हुई और वह बोलने वाले पहले व्यक्ति थे, ''कृपया अपनी सीट पर बैठें।''

उसने कहा, ''गुड मॉर्निंग सर, धन्यवाद'' और अपनी फाइल टटोलते हुए बैठ गई। उसने उसे फ़ाइल सौंपी और श्री सान्याल उसके चेहरे के भावों से समझ गए कि वह घबराई हुई थी। उन्होंने दस्तावेजों को देखना शुरू किया और उनकी ओर देखते हुए पूछा, ''तो मिस मेहर कौर आपने अभी-अभी अपना शिक्षण करियर शुरू किया है... हम्म ... क्या आपको यह पेशा पसंद है?''

उसने थोड़ा साहस जुटाया और उत्तर दिया, ''बेशक सर, मुझे बच्चे बहुत पसंद हैं और यह एकमात्र पेशा है जिसे मैं अपने जीवन में हमेशा के लिए चुनूंगी।''

''अच्छा... मैम.. क्या आप आज के बच्चों में कोई बदलाव लाना चाहेंगी... कुछ... नई अवधारणाएँ... जिससे हमारे स्कूल को चमकाया जा सके?''

वह अधिक सहज और कम झिझक महसूस कर रही थी और उसने त्वरित उत्तर दिया, ''सर, मूल्यों में अत्यधिक जीवन शक्ति होती है, और मुझे लगता है कि हमें शुरुआती लोगों के बारे में अधिक चिंतित होना होगा। यदि बुनियादी ज्ञान को सूक्ष्मता से समझ लिया जाए तो भविष्य की पढ़ाई आसान हो जाती है।'' उसने देखा कि लाल टाई के साथ ग्रे सूट में वह कितना सराहनीय लग रहा था।

''मैं आपके उत्तर से प्रसन्न हूं... लेकिन मुझे आशा है कि आप अपने शब्दों पर कायम रहेंगी।''

''मैं अपनी तरफ से पूरी कोशिश करूंगी सर,'' उसने सीधे उनकी ओर न देखने की कोशिश करते हुए जवाब दिया।

अगली सुबह, वह स्कूल के लिए एक साधारण पीली साड़ी पहनकर तैयार हुई। उन्हें प्रिंसिपल के ऑफिस में बुलाया गया। मेहर अपने मन में विभिन्न प्रकार की घटनाओं के साथ पहुंची। वह थोड़ी परेशान थी. ''सुश्री मेहर, आपके लिए अच्छी खबर है... आपको स्कूल के वाइस प्रिंसिपल के रूप में चुना गया है,'' प्रिंसिपल ने उसे सुखद मुस्कान देते हुए कहा।

मेहर आश्चर्यचकित होकर खड़ी रह गई और बिना कुछ सोचे बोली, "थैंक यू सर... लेकिन कैसे... कब... क्या यह संभव है... क्या मैं इसे संभाल सकती हूं?" वह बड़बड़ाती रही क्योंकि यह उसके लिए सबसे बड़ा आश्चर्य था। प्रिंसिपल ने समझाया, "मिस मेहर आपको मिस्टर सान्याल ने चुना है और वह आज स्कूल के बाद स्कूल की प्रगति के संबंध में आपके साथ गंभीर चर्चा करेंगे।"

उसके माथे पर पसीना आने लगा और उसके पेट में तितलियां उड़ने लगीं। उसके साथ दोबारा आधिकारिक मुलाकात में उसे कोई रुचि नहीं लगी क्योंकि वह नादान थी। उसे दोपहर में फिर से बुलाया गया और वह अपनी काली शर्ट और पैंट में बहुत शांत और व्यवस्थित दिख रहे थे। उसने उसका अभिवादन किया और उसके ठीक सामने बैठ गई। वह अपनी आँखें झुकाकर बैठी थी और उसे महसूस हो रहा था कि वह उसकी ओर देख रहा है। उन्होंने स्कूल के आगामी प्रोजेक्टों से जुड़े विषयों पर बातचीत शुरू की। वे जल्द ही स्कूल के प्रिंसिपल से जुड़ गए। कुछ ही मिनटों में उसमें स्थिरता आ गई और उसका असली रूप दिखने लगा। वह एक प्रतिभाशाली शिक्षिका थीं और निशांत ने उनकी क्षमताओं की गणना कर ली थी। देर शाम बैठक ख़त्म हुई और वह बाहर आईं और चपरासी से कहा कि वह उनके लिए टैक्सी का इंतजाम करें।

दस मिनट के बाद टैक्सी आ गई और वह चली गई। ऑफिस की खिड़की से निशांत उसे देखता रहा।"

"क्यों उसकी तरफ आकर्षित हो रहा था? क्या वो उसके लिए सही थी? उसे बाऊजी से बात करनी होगी ताकि वे जीवन भर के रिश्ते के बारे में आगे बात कर सकें।"

मेहर अगले दिन नहीं आई और दूसरे दिन उन्हें संदेश मिला कि उसने अपनी मां को खो दिया है। निशांत से रहा नहीं गया और उसी शाम वह स्कूल के प्रिंसिपल के साथ उसके घर पहुंच गए। मेहर सफेद सलवार सूट में एक कोने में सफेद दुपट्टा, खाली सूजा हुआ चेहरा, उभरी हुई आंखें और खुले बाल बांधे हुए अपने रिश्तेदारों के साथ बैठी थी। वे छोटे से कमरे में दो कुर्सियों पर बैठ

गए। निशांत को घर से पता चल गया था कि वे मध्यमवर्गीय लोग थे। उसके दो चचेरे भाई उनके पास आए और पूछा, ''सर। मुझे लगता है कि आप उसके स्कूल से हैं।''

''हाँ, हमें उसकी माँ के खोने के बारे में सुनकर दुख हुआ.... क्या वह अस्वस्थ थी?''

''हाँ सर वो कैंसर से पीड़ित थी लेकिन उसने अपनी बीमारी मेहर से छुपाई थी...अब वो बेचारी अकेली है।''

निशांत उठकर उसके पास गया और चुपचाप हाथ जोड़कर खड़ा हो गया। ''मुझे लगता है कि मेहर आपको काफी मजबूत होना होगा.... मुझे पता चला है कि आपने अपने माता-पिता दोनों को खो दिया है.... स्कूल के अधिकारी हमेशा आपके समर्थन के लिए हैं... शांत रहें।'' मेहर खुद पर काबू नहीं रख पाई और जोर-जोर से रोने लगी और कुछ ही सेकंड में वह बेहोश हो गई। उसके रिश्तेदार एक गिलास पानी लाए और उसके चेहरे पर छिड़क दिया। उसे होश आ गया और उसे बिस्तर पर लिटा दिया गया। उसकी हालत देखकर निशांत को बेचैनी हुई और वह जल्दी से निकल गया। वह बहुत प्रभावित हुआ और उसकी हालत पर दया आ गई।

वह पूरी रात बिस्तर पर करवटें बदलता रहा और उसके भविष्य के बारे में गंभीरता से सोचता रहा। उसके प्रति उसकी आत्मीयता का कारण अभी भी सघन था। दस दिन बीत गए और उसे मेहर से कोई समाचार नहीं मिला। उसे दिन वर्षों जैसे लग रहे थे और एक शाम उसने उसके घर जाने का फैसला किया क्योंकि वह चाहता था कि वह स्कूल आना शुरू करे। उसने सोचा कि शायद इससे उसका ध्यान भटक जाएगा। वह कार से उतरा और हिम्मत जुटाकर गेट तक गया और घंटी दबा दी। दो मिनट बाद दरवाजा खुला और एक बुज़ुर्ग महिला गेट खोलने आई।

''आप कौन हैं?'' उसने सवाल किया.

''मैं उस स्कूल का अध्यक्ष हूं जहां वह काम करती है...मेहर घर पर है?''

महिला ने उसे ऊपर से नीचे तक देखा और कहा, ''अंदर आओ... उसकी तबीयत ठीक नहीं है।''

निशांत अंदर गया और मेहर पहले कमरे में बिस्तर पर अपनी आँखें आधी खुली करके लेटी हुई थी। वह उसे कमज़ोर लेकिन सुंदर और अधिक सुंदर लग रही थी। वह खुद को रोक नहीं सका और उसके पास गया और उसके बगल वाली कुर्सी पर बैठ गया और बोला, ''आप कैसी हैं? यह नुकसान असहनीय है और माता-पिता भगवान द्वारा दिया गया सबसे अनमोल उपहार हैं।'' उसे पता ही नहीं चला कि कब उसने उसका हाथ पकड़कर अपने गाल पर रख दिया। उसे महसूस हुआ कि गर्म आँसू उन पर गिर रहे हैं और वह उन्हें अपने दूसरे हाथ से पोंछने लगा। उसकी चाची चाय का कप लेकर अंदर आई और उसके बगल में बैठ गई। वह आधे घंटे और बैठा रहा और आने वाले रविवार को आने का वादा करके चला गया।

निशांत को अपने आप पर काबू पाने में काफी परेशानी हुई और रविवार की शाम वह फिर आ गया। मेहर ने दरवाजा खोला और बिल्कुल अकेली थी। उसकी मौसी घर पर नहीं थी। वह लापरवाही से अंदर घुसा और पहले कमरे में कुर्सी पर बैठ गया। मेहर उसे देखकर मुस्कुराई और बोली। ''सर क्या आप कॉफी लेना चाहेंगे?'' ''हाँ बिल्कुल, अगर आप आराम से हैं।'' उसने अपना सिर हिलाया और कॉफी बनाने के लिए अंदर चली गई। निशांत ने उसका पीछा किया और उसे अपनी पीठ के पीछे खड़ा देखकर घबरा गयी।

''ओह, सर'' वह लगभग उस पर गिर पड़ी और निशांत ने उसे थाम लिया।

वह उसके शरीर के इतने करीब थी कि वह उसके सुगठित पैरों और छाती को अपने शरीर से महसूस कर सकती थी। वह उसे छोड़ना नहीं चाहती थी क्योंकि वह उसकी सख्त बाहों में सुरक्षित महसूस करती थी। वह उसकी कमीज पर लगे महँगे इत्र की महक महसूस कर सकती थी और उसकी आँखें उसकी ओर नहीं देख पा रही थीं। उसने अपनी आँखें बंद कर लीं और उसने अचानक उसे कसकर गले लगा लिया।

''मुझे छोड़ दो ... कृपया?'' उसने उससे एक विचित्र तरीके से अनुरोध किया, हालाँकि वह चाहती थी कि वह उसे पकड़े रहे।

निशांत ने मोहक अंदाज में कहा, ''मेहर, मैं तुम्हें पहले दिन से प्यार करता हूं, जिस दिन से मैंने तुम्हें देखा था। मैं तुमसे शादी करना चाहता हूं... मुझे अपना जीवन साथी चाहिए।''

उसने उसे एक तरफ धकेला और कहा। ''हम अलग-अलग ध्रुव हैं.... असंभव धन.... रुतबा कुछ भी.... मेल नहीं खाता.... सर।'' वह सुबकने लगी और उसका चेहरा उसके बहुत करीब था। उसने हल्के से अपना सिर उसकी छाती पर रख दिया और वह रोती रही। वह अभी भी उसके बालों वाली छाती पर अपना हाथ रखे हुए थी, ''मैं बिल्कुल अकेली हूँ जिसका कोई संरक्षक नहीं है।'' वह उसे अंदर ले गया और बिस्तर पर बिठा दिया। ''मत रो... मैं तुम्हारे लिए हूं।'' उसने कहा, और वह उसे कस कर पकड़े रही।

''मैं कल शिमला के लिए निकल रहा हूँ और मेरे पिताजी से बात करो... अब आप अकेले नहीं रहोगी।'' उसे उसके भरे हुए होंठ और लंबे बाल देखना बहुत पसंद था। उसने उसे बिस्तर पर लिटाया और जाने के लिए उठ गया। उसने उसका हाथ खींच लिया और वह लगभग उसके ऊपर गिर ही गया। उन्होंने अपना नियंत्रण खो दिया और उसने धीरे से उसके शरीर को सहलाया। उन्होने प्यार की सभी सीमाओं को पार कर लिया। एक घंटे के बाद वह बिना किसी पछतावे के घर से निकल गया।

अगली सुबह निशांत शिमला के लिए निकल गया। सुबह-सुबह शिमला से आई ट्रंक कॉल से उसे पता चला कि उसके दादा गंभीर रूप से बीमार थे इस खबर ने उसे तोड़ दिया था। शाम को वह सीधे अस्पताल पहुंच गया और अपने पिता से मिला। योगेश्वर ने नम आंखों से कहा, ''निशांत, बाऊजी की तबीयत ठीक नहीं है और वह आपका इंतजार कर रहे हैं।'' वह दौड़कर अंदर गया और देखा कि श्री जवाहर सान्याल अस्पताल के बिस्तर पर लेटे हुए हैं और उनके बगल में एक नर्स और डॉक्टर खड़े हैं। बिस्तर के पास वाली बेंच पर एक पुराने मित्र मिस्टर गर्ग बैठे थे। मिस्टर सान्याल निशांत को देखकर

मुस्कुराए और उसका हाथ उठाया जैसे उसे बुला रहे हों। निशांत बेंच पर बैठ गया और वह धीमी आवाज में बोलने लगे, ''निशु, तुम मेरी जिंदगी हो और आंखें बंद करने से पहले मैं तुम्हें शादीशुदा देखना चाहता हूं... मेरे दोस्त रत्नाकर से मिलो... इनकी एक खूबसूरत बेटी है।'' उन्हें खांसी होने लगी और डॉक्टर उसके पास आया और उसे चुप रहने की सलाह दी लेकिन जवाहर ने कहा, ''मैंने तुम्हारी शादी तय कर दी है... निशु.. क्योंकि मेरे पास बहुत कम समय बचा है.... रत्नाकर, अपनी बेटी को बुलाओ।''

योगेश्वर और निशांत स्तब्ध थे क्योंकि अब उनके पास कोई विकल्प नहीं बचा था। उसने मेहर के बारे में सोचा और अस्पताल के कमरे की दीवारों को खुली आँखों से देखता रहा। ''क्या उसे प्यार में पड़ने का कोई अधिकार नहीं था? मेहर पहले से ही शोकनीय स्थिति में थी। उसके वादे झूठे साबित होंगे।

उसे अपनी सुखद मुलाकातें याद आ गई। पिछली रात के रिश्ते में उसने सारी हदें पार कर दी थीं। अगर उसे अपने दादाजी के स्वास्थ्य के बारे में पहले से थोड़ा भी पता होता तो वह कभी उनके पास नहीं जाता।

औसत कद की आराधना, छोटे बालों के साथ सजी-धजी, अस्पताल के कमरे में दाखिल हुई। जवाहर ने धीरे से पुकारा, ''निशांत... आराधना, इधर आओ।'' कोई विकल्प नहीं बचा था और वह धीरे-धीरे आगे बढ़ गया। उसने निशांत का एक हाथ और आराधना का एक हाथ पकड़ा और एक को दूसरे के ऊपर रखा। उसका ठंडा हाथ उसके गर्म हाथ पर कांप रहा था और जवाहर बोला, ''बेटा अब से तुम जीवन साथी हो... अब मैं शांति से मर सकता हूं'' मिरांडा एक भूरे रंग की साड़ी में दिखाई दी और योगेश्वर के पास गई और पूछा, ''क्या बाऊजी ठीक हैं... मुझे बताओ।'' वह जवाहर के बिस्तर की ओर बढ़ी और आश्चर्यजनक रूप से निशांत और आराधना को हाथ में हाथ डाले देखा। उसने बाओजी की अंतिम इच्छाएँ अच्छी तरह समझ ली थीं और उन्हें देखकर मुस्कुरा दी। उन्होंने आराधना को गले लगाया और कहा, ''सान्याल परिवार में आपका स्वागत है।'' संयोगिता की मृत्यु के एक वर्ष बाद उसी शाम श्री जवाहर सान्याल की मृत्यु हो गई। एक हफ्ते बाद निशांत की शादी आराधना से हो गई। उसे मेहर को भूलना पड़ा।

इस जोड़े की शादी को करीब दो महीने ही हुए थे कि अचानक एक सुबह मिरांडा आई और निशांत के कमरे में दस्तक दी। वह बाहर आया और उसने कहा, ''चंडीगढ़ के स्कूल से कोई टीचर है... वह आपसे बात करना चाहती है... बहुत जरूरी है।'' शादी की गहमागहमी के कारण निशांत अपने कारोबारी मामलों के बारे में कुछ हद तक भूल गया था, उसने अपना काला नाइटगाउन पहना और ड्राइंग रूम में आया। वह मेहर को देखकर चौंक गया क्योंकि इन महीनों में उसके मन में उसके बारे में कोई भी विचार नहीं आया था। वह आराधना से बेहद प्यार करता था।

मेहर अपने लाल कोट और काली पैंट में आकर्षक लग रही थी, वह उसके पास आया और उस पर नजरें गड़ाकर बैठ गया। वह घबरा गई और बोलने लगी, ''सर, उम्मीद है कि सब ठीक हो जाएगा, मैंने स्कूल ज्वाइन कर लिया है।'' इतने में एक नौकर दो कप चाय लेकर आया और मेज़ पर रख दिया। बातचीत शुरू हुई और निशांत हक्का-बक्का बैठ गया और उसने सोचा कि वह उससे कितना प्यार करता है... वह उससे कभी मिला ही क्यों, उसने उससे प्यार क्यों किया?

निशांत ने चाय परोसी और वह बोली, ''सर, मुझे अब बहुत सारी समस्याओं का सामना करना पड़ रहा है क्योंकि मैं बिल्कुल अकेली हूं, आप नहीं आए इसलिए मैंने आपसे मिलने का फैसला किया।'' आराधना कमरे में दाखिल हुई और निशांत थोड़ा सचेत हो गया। वह मेहर के पास गई और उसने खड़े होकर उसका स्वागत किया और कहा, ''हैलो, मैं आराधना हूं, निशांत की पत्नी और आप?'' मेहर को ऐसा लगा मानो भूकंप आ गया हो और पूरा कमरा घूम रहा हो। मेहर स्तब्ध रह गई और निशांत की ओर देखने लगी। उसने अजीब सा रूप दिखाया और ऐसे शब्द बोले जो उसके मुँह से मुश्किल से निकल रहे थे, ''हाँ मेहर, यह आराधना है, मेरी पत्नी, और... वह मेहर है, चंडीगढ़ में हमारे स्कूल की वाइस-प्रिंसिपल।'' इसी बीच मिरांडा अंदर आई और उनके स्कूल के बारे में पूछताछ करने लगी। मेहर निशांत के साथ अकेले रहना चाहती थी लेकिन कोई मौका नहीं दिख रहा था।

दोपहर के भोजन के बाद, मेहर को निकलना पड़ा और निशांत ने उसे रेलवे स्टेशन ले जाने का फैसला किया। मिरांडा ने हाथ हिलाकर अलविदा कहा और शुभकामनाएं दीं। रास्ते में मेहर निशांत के साथ सामने की सीट पर बैठ गई और जैसे ही वे घर से बाहर निकले उसने उसकी बांह पकड़ ली, ''मैं तुम्हारे जीवन को नरक नहीं बनने दूंगी लेकिन... मैं गर्भवती हूं'' वह उसकी बांह कसकर पकड़कर रोने लगी। निशांत ने अचानक ब्रेक लगाया और कार झटके से सड़क किनारे रुक गई।

उसने उसे सांत्वना देने की कोशिश की और उसे गले लगाते हुए कहा, ''क्या? क्या यह सच है? हे भगवान... ये मैंने क्या किया?'' उसने अपना एक हाथ अपने माथे पर रखा और बोला, ''मैंने उस रात अपने जीवन की सबसे बड़ी गलती की है... अब मैं क्या करूंगा?'' मेहर ने अपना सिर उसकी जाँघ पर रख दिया और उसने उसके बालों को टटोलते हुए कहा, ''मैं तुमसे प्यार करता था... लेकिन जिस दिन मैं वापस आया तो मेरे दादाजी मृत्यु शय्या पर थे... उन्होंने मेरी शादी तय कर दी... मैं नहीं कर सका मैं अपने लोगों को कुछ नहीं बता सका... मुझे क्षमा करें... मेरे प्रिय।''

''मैं अपनी मां को बताऊंगा और वह समझने की कोशिश करेगी...वही एक है जिसके मैं करीब हूं... कभी भी बच्चे को गिराने के बारे में मत सोचना... आप हमेशा मेरे दिल और आत्मा में रहेंगी.. आप अब उस घर में नहीं रह रही हैं लेकिन आप चंडीगढ़ में हमारे घर में रहेंगी।'' मेहर मासूम थी और ऐसी परिस्थितियों से अनजान थी लेकिन अब वह उसके लिए जिएगी। यह उनका अंतिम निर्णय था। उसका प्यार पवित्र था और उसे इस अजन्मे बच्चे के लिए अपना जीवन जीना था।

कुछ महीनों के बाद मिरांडा अपने व्यस्त कार्यक्रम से कुछ समय निकालकर चंडीगढ़ चली गईं। वह कुछ महीनों तक मेहर के साथ रही। वह उनके रिश्ते को समझ चुकी थी और मेहर को पसंद करती थी। उन्होंने महत्वपूर्ण महीनों के दौरान उनकी मदद की और यह उनके लिए सबसे खुशी का क्षण था जब उन्होंने एक प्यारी बेटी को जन्म दिया। मेहर ने उनका नाम मेहरुनिसा रखा क्योंकि वह चाहती थीं कि उनका नाम उनके नाम मेहर और निशांत से

मिलकर बने। मिरांडा ने सोचा कि अविवाहित माताओं से पैदा होने वाले बच्चों की विरासत जारी रहेगी।

अध्याय 13 आशीर्वाद 1992

ख़ूबसूरत होना पाप नहीं है, लेकिन बिन ब्याही माँ द्वारा पाला जाना पाप है। मेहरुनिस्सा आज इक्कीस साल की थी, सुंदरता और दिमाग का मिश्रण, लंबी, भूरी आंखों वाली और लंबे काले बाल, उसका नाम उसे परिभाषित करता था। मेहरुनिस्सा की खूबसूरती मुगल रानी जैसी थी। लाल मर्सिडीज़ बाहर रुकी। उसके गाल गुलाबी और आंखें सूजी हुई थीं, उसने अपना गुलाबी सूटकेस उठाया और चुपचाप कार में बैठकर अनजान लोगों के साथ एक अजीब देश की यात्रा पर निकल पड़ी। रविवार देर शाम हो चुकी थी जब मेहरुनिसा शिमला पहुंची। जैसे ही मर्सिडीज़ ने इस स्वर्ग जैसी खूबसूरत हवेली में प्रवेश किया, वह स्तब्ध होकर बैठी रही। चंडीगढ़ और शिमला के मौसम में काफी अंतर था। थोड़ी ठंड थी इसलिए रास्ते में उसने अपनी माँ द्वारा दिया गया हाथ से बुना हुआ अच्छा सा नीला कार्डिगन पहन लिया।

इन इक्कीस सालों में उसने अपने पिता की बस कुछ ही तस्वीरें देखी थीं। उसने उन्हें तुरंत पहचान लिया क्योंकि वह एकमात्र व्यक्ति था जो उसका स्वागत करने के लिए पोर्च पर खड़ा था। वह उसके चेहरे के हाव-भाव से संतुष्टि और आनंद की अनुभूति महसूस कर सकती थी। उसने बस उसे गले लगाया और अंदर ले गया।

गार्ड टेकचंद उसका सूटकेस अंदर ले गया। वह विशाल ड्राइंग रूम में सफेद सोफे पर सावधानी से बैठी और निशांत उसके बगल में बैठा। यह पहली बार था जब वह उस आदमी के सामने बैठी थी जिसे वह उस दर्दनाक जीवन के लिए जिम्मेदार मानती थी जो उन्होंने जिया था। निशांत ने चिंतित स्वर में उससे पूछा, ''मुझे उम्मीद है यात्रा सुखद रही।''

मेहरुनिस्सा सोचने लगी कि क्या वह उसका नाम जानता है या नहीं, और उसने नरम स्वर में उत्तर दिया।

''हाँ, मैं पहली बार शिमला आ रही हूँ, बहुत ठंड है।'' जंग बहादुर बिस्कुट और कॉफी के दो गर्म कप लेकर अंदर दाखिल हुआ।

फिर निशांत उसे उसके कमरे में ले गया। इस बड़े गलियारे की तुलना उस पाँच सितारा होटल से की जा सकती है जिसे उसने फिल्मों में देखा था। छह शयनकक्ष थे, तीन बायीं ओर और इतने ही दायीं ओर।

उन्होंने उससे कहा, ''आज से यह तुम्हारा कमरा होगा, मेरा कमरा सामने वाला है, और यदि कोई समस्या आती है तो तुम इंटरकॉम पर एक मेरे कमरे के लिए और दो रसोई के लिए दबा देना। रात का खाना तुम्हारे कमरे में परोसा जाएगा। अब आप आराम कर सकती हैं। गुड नाईट''

उसने अपना बैग खाली किया और कमरे में कुछ जगह बनाई। उस रात उसे नींद नहीं आई क्योंकि वह अपनी माँ के बिना कभी नहीं सोई थी। उसके आँसुओं से तकिया भीग गया। इतने सालों बाद उसने अपने पिता को देखा था. उसकी माँ ने हमेशा उसकी प्रशंसा की थी और उसके लिए अपना जीवन जिया था।

इतने सुन्दर कमरे में वह कभी नहीं रुकी थी। नए लोगों और परिवेश के साथ एक नई जगह ने उसे एक असहज एहसास दिया। तभी उसकी माँ के शब्द उसके कानों में गूँज उठे, ''मेहरू कभी हार मत मानो, इस पुरुष प्रधान समाज में जीवित रहने के लिए तुम्हें एक योद्धा बनना होगा। भगवान मानव जीवन लाखों वर्षों में एक बार देता है, उसके प्रति आभारी रहो और हमेशा दूसरों के लिए एक उदाहरण स्थापित करो।''

मेहर ने मेहरुनिस्सा को स्वस्थ माहौल में पाला था और उसने किशोरावस्था से ही मन बना लिया था कि इक्कीस साल की होने पर वह अपने पिता के साथ रहेगी।

अगली सुबह दस बजे वह कॉलेज जाने के लिए तैयार थी। उन्होंने एक सुंदर सफेद सलवार-सूट और रंगीन फुलकारी दुपट्टा पहना। उसने अपना नाश्ता छोड़ने का फैसला किया। वह भोजन कक्ष में पहुँची और उसने देखा कि चार लोग नाश्ता कर रहे हैं। वह वहां अजनबी की तरह खड़ी थी लेकिन निशांत उसका परिचय कराने के लिए खड़ा हुआ। उन्होंने चिंतित स्वर में कहा, ''मेहरुन्निसा मेरी पत्नी आराधना, बेटे सिद्धार्थ और बेटी शिमोना से मिलो।'' उनमें से किसी ने भी उसका अभिवादन नहीं किया, उन्होंने बस एक अप्रिय मुस्कान दी और निशांत को छोड़कर किसी ने भी उसे नाश्ते के लिए आमंत्रित नहीं किया। शायद वे कड़वी सच्चाई जानते थे। उसने उसे इंतजार करने का इशारा किया और फिर वे कॉलेज चले गए।

हल्की बूंदाबांदी में पहाड़ों का मनमोहक दृश्य दिलचस्प लग रहा था। शिमला में 'ऐलिस कैब्रल कॉलेज ऑफ साइंस एंड ह्यूमैनिटीज़' उल्लास से भरा हुआ था। सीधे स्कूल से आए नए विद्यार्थियों को अपने आवंटित कक्षाओं की तलाश में नोटिस बोर्ड पर भीड़ लगाते देखा जा सकता है। नये लोग परिचित चेहरे ढूंढने की कोशिश कर रहे थे और पुराने छात्र अपनी वरिष्ठता का दिखावा कर रहे थे। अचानक एक घोषणा हुई: ''यह सभी छात्रों के लिए एक बहुत ही महत्वपूर्ण घोषणा है।''

छात्रों ने अपनी सारी गतिविधियाँ रोक दीं और सुनने लगे, ''हम चाहते हैं कि सभी छात्र अपनी-अपनी कक्षाओं में जाएँ, क्योंकि हम अपने कॉलेज के निदेशक श्री निशांत सान्याल का स्वागत करने वाले हैं।'' छात्रों और प्रोफेसरों को अपनी-अपनी कक्षाओं में भागते देखा जा सकता है। श्री निशांत सान्याल एक ऐसा नाम था जिसके साथ जुड़कर लोग खुशी महसूस करते थे।

वह सैंतालीस वर्षीय, लंबा, परफेक्ट जॉलाइन वाला, सांवला लुक और माथे के पास भूरे बालों की धारियाँ वाला मनमोहक युवक था। शिमला की कई संभ्रांत महिलाएं उनके मोहक रूप पर फिदा हो गईं।

सुबह 11 बजे एक सफेद पोर्श कॉलेज के मुख्य द्वार में दाखिल हुई। कुछ छात्र अपनी खिड़कियों से झाँकते देखे जा सकते थे। कॉलेज के प्रिंसिपल मिस्टर रोहन डेनियल उन्हें लेने के लिए बाहर गए और कार से दो लोग उतरे।

मिस्टर डेनियल ने हाथ जोड़कर कहा, "गुड मॉर्निंग सर, हमें कॉलेज के पहले दिन आपको यहां पाकर खुशी हुई है।"

मिस्टर सान्याल के बगल में खड़ी लड़की ने सबका ध्यान अपनी ओर खींचा। वह भगवान की रचना थी, पाँच फुट छह इंच, सीधे काले बाल, गोरा रंग और स्वप्निल भूरी आँखें। श्री सान्याल ने टोकते हुए कहा, "मिस्टर डैनियल, मैं आज आपको अपनी एक दूर की रिश्तेदार मेहरुनिसा से मिलवाने आया हूँ। वह अब हमारे कॉलेज से स्नातकोत्तर की पढ़ाई जारी रखेगी।" वह अपने परिचय से आश्चर्यचकित हो गई और कनखियों से निशांत की ओर देखने लगी।

"सर, क्लर्क आपके रिश्तेदार के प्रवेश का प्रबंध कर देंगे, उसे बस कला, वाणिज्य और विज्ञान स्ट्रीम के बीच चयन करना होगा," श्री डैनियल ने समझाया।

मेहरुनिस्सा उनके साथ निदेशक के कार्यालय तक गईं। श्री निशांत सान्याल निदेशक की कुर्सी पर बैठ गए और बाकी लोग कार्यालय के काम में व्यस्त हो गए। श्री सान्याल द्वारा कॉलेज प्रवेश के संबंध में पूछताछ की गई और इस बीच मेहरुनिसा ने अपना प्रवेश फॉर्म भरा। उन्होंने आर्ट्स स्ट्रीम को चुना क्योंकि वह अंग्रेजी साहित्य में अपनी पढ़ाई करना चाहती थीं। उसने अगले दिन से कॉलेज ज्वाइन करने का मन बना लिया।

घर वापस जाते समय, श्री सान्याल ने अनौपचारिक स्वर में मेहरुनिसा से कहा, "मुझे आशा है कि आप निराश नहीं होंगी क्योंकि मैंने आपको अपने रिश्तेदार के रूप में पेश किया था, मैं यहां एक प्रतिष्ठित पद पर हूं इसलिए शायद आप हमेशा एक छिपी हुई अध्याय बनी रहेंगी।"

उसने कोई उत्तर नहीं दिया, केवल सिर हिला दिया। वह जन्म से ही पुरुषों के प्रति प्रबल पूर्वाग्रह से ग्रस्त थी। वह हर उम्र के पुरुषों के साथ कभी भी सहज

नहीं हो सकती थी। वह उन्हें भ्रष्ट, संवेदनहीन और बीमार समझती थी। उसने अपनी माँ के अकेलेपन को महसूस किया था और उसे अकेले ही सब कुछ संभालते हुए देखा था।

हाईवे पर स्थित आलीशान मकान के पास पहुंचकर वह सीधे अपने कमरे में चली गई। उसने रसोइये को बुलाया और दोपहर का भोजन उसके कमरे में भेजने को कहा। घर में दस लोग थे, लेकिन मिस्टर सान्याल को छोड़कर कोई भी उससे परिचित नहीं होना चाहता था।

उसे कॉलेज आने जाने के लिए एक लाल मर्सिडीज और ड्राइवर राकेश दिया गया था। स्कूल के बाद कॉलेज में यह उसका पहला दिन था, कोई पुराना दोस्त नहीं था। क्लर्क श्री रवि ने उन्हें संबंधित व्याख्यान कक्ष दिखाया। यह एक सुव्यवस्थित कक्षा थी जिसमें सभी छात्र गपशप कर रहे थे। वह दो लड़कियों के साथ आखिरी पंक्ति में बैठीं। अंग्रेजी प्रोफेसर डॉ मीरा कुमार ने प्रवेश किया और अपना परिचय दिया और पाठ्यक्रम पर चर्चा की। क्लास के बाद दोनों लड़कियों ने अपना परिचय रागिनी और रूबीना के रूप में दिया। मेहरुनिसा नहीं चाहती थी कि उन्हें उसके परिवार के बारे में पता चले। वह जानती थी कि यदि रहस्य खुल गया तो वे झिझकेंगे।

उनकी कॉलेज लाइफ और पढ़ाई अच्छी तरह से शुरू हुई। वह घर की अपेक्षा कॉलेज में अधिक सहज रहती थी। एक सप्ताह ठीक-ठाक बीत गया जब एक रात वह अचानक बगल के शयनकक्ष से कराहने की आवाज सुनकर नींद से जाग गई।

वह अपने बिस्तर से बाहर निकल गयी, अपनी चप्पलें पहनीं, अपना उपरना लपेटा और अपने कमरे से बाहर आ गईं। मार्ग अंधकारमय था। छत पर बीच में एक छोटा सा नाइट बल्ब लगा हुआ था। वह बंद दरवाजे के बाहर खड़ी रही लेकिन जल्द ही चीखें तेज हो गईं। उसने जाँच करने के लिए धीरे से दरवाज़ा खोला लेकिन अचानक किसी ने पीछे से आकर उसका हाथ पकड़ लिया। वह ज़ोर से चीखने ही वाली थी कि उस आदमी ने उसका मुँह अपनी हथेली से बंद कर दिया। मेहरुनिस्सा बेहोश हो गई।

अगली सुबह, पिछली रात हुई सभी अजीब घटनाओं के कारण उसे तेज़ सिरदर्द हुआ। इन गंदे अमीरों की दीवारों के पीछे कुछ असामान्य चल रहा था। लोग उनकी विलासितापूर्ण जीवनशैली की ओर आकर्षित होते हैं। वे इस तथ्य से अनभिज्ञ हैं कि यदि उनके कुकर्मों को सार्वजनिक रूप से खोला गया तो उनके मन में नफरत पैदा हो जाएगी।

कॉलेज जाते समय वह उसी रास्ते से गुजरी लेकिन दरवाजा खोलने की हिम्मत नहीं हुई। वह श्री निशांत सान्याल को बताना चाहती थी लेकिन उसने अपना मुंह बंद रखना पसंद किया।

अगले दो दिन तो ठीक से गुजर गए लेकिन तीसरे दिन उसे फिर वही आवाज सुनाई दी। वह अपनी माँ की तरह एक निडर लड़की थी। उसने जाकर कमरे का दरवाज़ा खोला। उसने जो दृश्य देखा वह हृदय-विदारक था। बिस्तर पर शायद सत्तर साल की एक बूढ़ी औरत लेटी हुई थी। वह नीली आंखों और चमकती त्वचा के साथ खूबसूरत लग रही थी लेकिन उसके बिखरे हुए बाल और गाउन में वह दयनीय लग रही थी।

वह स्तब्ध खड़ी रही लेकिन अचानक उसने बुढ़िया को उसे बुलाते हुए सुना। ''आप कौन हैं, मैं आपको पहली बार देख रही हूँ और आप बहुत सुन्दर हैं।'' डर गायब हो गया और उसने जवाब दिया, ''मैं मेहरुन्निसा हूं, मेहर की बेटी, मैं पिछले हफ्ते चंडीगढ़ से आई हूं।''

''ओह मेहरुनिस्सा... तुम कब आई मेरी बच्ची... इक्कीस साल... तुम्हारी माँ को अपना वादा याद आया... आओ मेरी जान... इधर आओ,'' वह उसे देखते ही रोने लगी। वह बिस्तर की ओर बढ़ी और बुढ़िया ने उसका हाथ कसकर पकड़ लिया। ''मुझे मत छोड़ो... मत जाओ... तुम अपनी मां जैसी लगती हो; इक्कीस साल हो गए तुम्हारा इंतजार करते-करते। मैं अब शांति से मर जाऊँगी,'' बुढ़िया ने दुखी स्वर में कहा।

जैसे ही उसे बाहर कुछ हलचल सुनाई दी तो वह परदे के पीछे छिप गई। उसे आश्चर्य हुआ जब उसने सिद्धार्थ को अंदर आते देखा। उसने बुढ़िया के कंधों को पकड़ लिया और सख्त लहजे में पूछा, ''आप इतनी रात को किससे बात

कर रही थीं? बेहतर होगा कि आप कल तक कागजात पर हस्ताक्षर कर दें।'' उसने उसका जबड़ा पकड़ लिया और उससे कहा, ''तुम चंडीगढ़ से आई कुतिया के साथ मेरी संपत्ति साझा नहीं कर रही हो... चुप रहो, तुम रोने की हिम्मत मत करो।'' कुछ ही देर में वृद्धा बेहोश हो गई। सिद्धार्थ के जाते ही मेहरुनिस्सा ने आकर बुढ़िया के गाल थपथपाये। उसने उसे थोड़ा पानी पिलाया और बिस्तर पर लिटा दिया। वह अपने बिस्तर के पास बैठ गई और पंद्रह मिनट के भीतर उसे नींद आ गई। फिर वो भी चुपचाप अपने कमरे में चली गयी।

अगले दिन मेहरुनिसा ने निशांत से पूछा, ''अंकल, क्या आप मुझे मेरे बगल वाले कमरे में उस बूढ़ी औरत के साथ बैठने की इजाजत दे सकते हैं, मुझे लगता है कि उसे किसी कंपनी की जरूरत है।'' ''अंकल'' शब्द सुनकर निशांत हक्के-बक्के रह गए क्योंकि उनमें इतनी हिम्मत नहीं थी कि वो अपनी बेटी से कह सकें कि वह उन्हें डैडी पुकारे।

उसने दुखी स्वर में कहा, ''वह बीमार बुढ़िया तुम्हारी दादी है... मेरी माँ है और मेरे पिता की मृत्यु के बाद पिछले दो वर्षों से वह इस घर से बाहर नहीं निकली है।

वह धीरे-धीरे अवसाद की ओर बढ़ रही है। अकेलापन उसे मार रहा है और उसे अच्छी संगति की ज़रूरत है... किसी से बात करने के लिए। मेरा परिवार उससे नफरत करता है. मुझे उसके साथ बैठने का मुश्किल से ही समय मिलता है यह विश्वास करना कठिन है कि मेरी माँ कभी बेकार बैठी होगी... वह एक लौह महिला रही हैं... मैं उन्हें स्वस्थ और स्वस्थ देखना पसंद करूँगा। उन्होंने मेरे पिता के साथ सारा कारोबार संभाला...मुझे भी उसी के अनुरूप तैयार किया। लेकिन मुझे उसके मार्गदर्शन की जरूरत है। मेरी बच्ची, अगर उसकी देखभाल के लिए कोई होगा तो वह खुश होगी।'' शाम को उसे उसके साथ बैठने की इजाजत मिल गई।

उस शाम वह जंगबहादुर के साथ अपनी दादी के कमरे में दाखिल हुई। उन्होंने बड़ी मुश्किल से उन्हें व्हीलचेयर पर बैठाया। उसने उसे अच्छी तरह लपेटा और बाहर बगीचे में ले गई। उससे निपटना मुश्किल था लेकिन वह

किसी तरह कामयाब रही।' श्रीमती मिरांडा सान्याल बाहर की चीज़ों को घूरती रहीं। पहाड़ियां, घाटियां उसे एक नया रूप देती नज़र आ रही थी। उसके हाव-भाव से पता चल रहा था कि उसका कायाकल्प हो रहा है। उसने मेहरुनिस्सा को एक खूबसूरत मुस्कान दी।

श्रीमती आराधना सान्याल एक सोशलाइट थीं। वह अपनी हाई-प्रोफाइल जीवनशैली का आनंद लेती थी। वह एक अलग कमरे में सोती थी जो निशांत के साथ उसके तनावपूर्ण रिश्ते को दर्शाता है। मेहरुनिस्सा ने शायद ही उसे देखा हो और अगर संयोग से वह सामने आ भी जाती, तो श्रीमती सान्याल उसे अनदेखा कर देतीं।

शिमोना सान्याल पंद्रह साल की औसत दिखने वाली लड़की थी। वह अपनी पढ़ाई में अधिक व्यस्त थी और ज्यादा बातचीत नहीं करती थी। वह एक हँसमुख, मौज-मस्ती करने वाली लड़की थी लेकिन कोई भी यह कह सकता है कि वह अपने पिता की तरह थी। निशांत ने सिद्धार्थ से ज्यादा उन पर ध्यान दिया।

सत्रह साल के सिद्धार्थ सान्याल अपनी माँ की तरह सबसे खराब तरीके से व्यवहार करते थे।

एक अहंकारी, उसने उनके पास मौजूद अपार धन को हवा दी। वह मेहरुनिस्सा को बर्दाश्त नहीं कर सका क्योंकि चीजें साझा करना उसके जीवनकाल में आखिरी काम होगा। वह इस तथ्य से अवगत था कि उनकी संपत्ति की एकमात्र मालिक उसकी दादी थीं।

एक महीने में ही वह अपनी दादी से काफी घुल-मिल गई। हर शाम वह मेहरुनिस्सा का बेसब्री से इंतजार करती थी। कभी-कभी वह शांत हो जाती थी और कोई प्रतिक्रिया नहीं देती थी। उसने जल्द ही अपनी दवाओं और आहार का ध्यान रखना शुरू कर दिया। उसने प्रतिक्रिया देना शुरू कर दिया था और यह निश्चित रूप से एक अच्छा संकेत था। जो डॉक्टर उससे मिलने आए थे, वह उसकी हालत देखकर काफी संतुष्ट थे। एक शाम निशांत आया और अपनी माँ के पास वाले कमरे में बैठ गया और उनके स्वास्थ्य के बारे में

पूछा। उसने अपनी माँ को बिस्तर पर आराम से बैठाया और उससे पूछा, "शुभ संध्या माँ, मैं आपको बहुत बेहतर स्थिति में देखकर बहुत खुश हूँ... क्या मुझे मेहरुनिस्सा को बुलाना चाहिए... ताकि वह कुछ दस्तावेज़ों पर हस्ताक्षर कर सके उन्हें खत्म करो और तुम उसे सारी बातें विस्तार से समझाओ।"

उसकी मां ने संतुष्ट स्वर में कहा, "हां... निशांत मेरे बेटे, मैं बहुत खुश हूं कि तुम उसे लेकर आए। उसकी मां ने उसे बहुत अच्छे से पाला है। तुम्हें हर सुख-दुख में उसके साथ खड़ा रहना होगा। मुझे लगता है कि मैं एक और जिंदगी जीना चाहती हूँ।"

उसने मेहरुनिस्सा को बुलाया और अपने बिस्तर पर बिठाया। उसने उसका हाथ पकड़ लिया और निशांत की ओर इशारा करते हुए प्रसन्न स्वर में कहा, "मेरे बच्चे, मुझे पता है कि तुमने बहुत कष्ट सहा है, लेकिन अब तुम्हारे पिताजी तुम्हारे लिए हैं। पाप के कारण हम इन इक्कीस वर्षों में नरक से गुज़रे हैं हमने प्रतिबद्धता जताई लेकिन अब घास फिर से हरी हो जाएगी।"

निशांत ने भारी आवाज में कहा, "मां मैं भी इस दिन का इंतजार कर रहा था, अब समय आ गया है जब हमें उनसे जुड़े सभी तथ्य स्पष्ट कर देने चाहिए। पापा ने संपत्ति के संबंध में जो भी फैसले लिए हैं, उन्हें अब स्पष्ट कर देना चाहिए।"

मेहरुनिसा अपने मुँह में शब्द फँसाए खड़ी थी लेकिन अपने पिता को कसकर गले लगाना चाहती थी। उसने कभी पिता की गर्मजोशी महसूस नहीं की थी। वह इतनी बड़ी नहीं थी कि ऐसे मामलों पर चर्चा कर सके लेकिन परिस्थितियों ने उसे परिपक्व बना दिया।

श्रीमती मिरांडा सान्याल ने दस्तावेजों पर हस्ताक्षर किए और उन्हें मेहरुनिसा को सौंप दिया और खुशी से कहा, "आज मैं तुम्हें सान्याल के स्वामित्व वाली संपत्ति का पचास प्रतिशत सौंप रही हूं। इसमें समर हिल में पचास एकड़ जमीन शामिल होगी जहां तुम रेशम के उत्पादन की देखभाल करोगी।" चिंता न करो... तुम्हें निशांत से पूरा मार्गदर्शन मिलेगा ताकि तुम इसे

कुशलतापूर्वक ले जा सको। मैं तुम्हें बेकर स्ट्रीट में मकान नंबर 21 उपहार में दे रही हूं, जो मेरे दिल के बहुत करीब है, जिसका नाम रखा गया है ऐलिस कैब्रल का आशीर्वाद।'' यह देश भर की अविवाहित माताओं के लिए एक घर है। लेकिन यह सब तब सौंपा जाएगा जब आप अपने पिता के साथ व्यवसाय के विभिन्न पहलुओं को समझने के लिए पर्याप्त रूप से फिट होंगी।''

मेहरुनिसा एक अजीब स्थिति में थी क्योंकि उसने स्कूल में अमीर बनने की कहानियाँ पढ़ी थीं लेकिन कभी नहीं सोचा था कि वे सच होंगी। वह एक राजकुमारी की तरह महसूस कर रही थी। उसकी माँ ने कभी भी उसके साथ इन सभी वित्तीय मामलों पर चर्चा नहीं की थी।

दरवाज़ा एक धमाके के साथ खुला और सिद्धार्थ और उसकी माँ अंदर आये और वह तेज़ आवाज़ में चिल्लाने लगा। ''तुम दोनों की हिम्मत कैसे हुई संपत्ति का पचास प्रतिशत हिस्सा उसे सौंपने की।

उसे बाहर फेंक दो, एक लड़की अचानक एक अनजान देश से आती है और करोड़पति बन जाती है।''

मिरांडा और निशांत इस खराब आचरण के लिए पहले से ही तैयार थे। निशांत ने अपना काम कर दिया था, अब उसे कोई पछतावा नहीं था। उसे बस मेहरुनिसा पर प्यार और गर्मजोशी बरसाने की जरूरत थी। श्रीमती आराधना सान्याल मेहरुनिसा के पास आईं और उसका हाथ पकड़कर खींचते हुए बोलीं, ''तुम्हारी मां और तुमने हमारी जिंदगी खराब कर दी है... धोखेबाज़... निशांत तुम्हें कल तक तलाक के कागजात मिल जाएंगे... सिद्धार्थ मेरे साथ जा रहे होंगे और शिमोना तुम्हारे साथ रहेगी। मुझे हमारा हिस्सा चाहिए।''

निशांत भावहीन हो गया और मिरांडा के चेहरे पर मुस्कान आ गई। बाईस साल पहले आराधना का सान्याल घर में बहू के रूप में स्वागत करना सबसे बड़ी गलती थी। वह कभी भी अच्छी बहू, मां या पत्नी साबित नहीं हुईं। शुरुआत में मिरांडा ने बेकर स्ट्रीट के तीन घरों की ज़िम्मेदारी उन्हें सौंपने की कोशिश की लेकिन यह व्यर्थ साबित हुआ। शुरू से ही, आराधना की रुचि

एक सभ्य आजीविका के बजाय धन और विलासिता में थी। उसने मिरांडा के साथ कभी भी स्वस्थ संबंध विकसित नहीं किए इसलिए संपत्ति उसे कभी नहीं सौंपी गई।

उन्हें योगेश्वर के साथ बिताए अपने पुराने अच्छे दिन याद आए। उनकी शादी के तुरंत बाद पुरस्कार और सम्मान के क्षण आए। मिरांडा एक भारतीय बहू थी और औपनिवेशिक शासन समाप्त होने के ठीक बाद 1947 में राज्य द्वारा उसे बेकर स्ट्रीट में तीन घर उपहार में दिए गए थे। इसका उपयोग उन्हें महिलाओं की सद्भावना के लिए करना था। मकान संख्या 21 का नाम ''ब्लेसिंग्स ऑफ ऐलिस कैब्रल'' रखा गया, जो अविवाहित माताओं के लिए एक घर था। वे इस्तेमाल किए गए लोग थे, ऐसे पीड़ित जिनके पास जाने के लिए कोई जगह नहीं थी। उसने उन्हें एक नया घर दिया और जेनी ने चार्ज संभाल लिया। हाउस नंबर 22 का नाम ''एलिस कैब्रल मैटरनिटी हॉस्पिटल'' था, जिसे शुरुआत में श्रीमती संयोगिता सान्याल ने संभाला था।

हाउस नंबर 23 ''एलिस कैब्रल कॉलेज ऑफ साइंस एंड ह्यूमैनिटीज'' बन गया। श्रीमती मिरांडा सान्याल और योगेश्वर सान्याल रेशम के उत्पादन में लग गये। उसने ऐलिस की एक विशाल मूर्ति बनवाई और उसे प्रवेश द्वार पर रखवाया।

ऐलिस ने उसे नेक बनना सिखाया था और मनुष्य को जो सबसे बड़ा उपहार मिला है वह मानवता है। ऐलिस को बचाने के उसके संघर्ष ने उसे गिरी हुई महिलाओं की कठिनाइयों के बारे में गहराई से सोचने पर मजबूर कर दिया। श्रीमती मिरांडा सान्याल ने लोकप्रियता हासिल की और वह शिमला की प्रसिद्ध हस्तियों में से एक बन गईं।

औपचारिकताएँ पूरी हो गईं और निशांत और अनुराधा की शादी खत्म हो गई। उन्हें अपना हिस्सा मिल गया और वे सान्याल हाउस से बाहर चले गये। सुश्री शिगोना सान्याल ने अपने पिता के साथ रहना पसंद किया और उन्होंने मेहरुनिसा को अपनी सौतेली बहन के रूप में दिल से स्वीकार कर लिया। मिरांडा ने निशांत का गहरा उदास रूप देखा। उसने अपने परिवार को बचाए

रखने के लिए हर संभव कोशिश की थी लेकिन आराधना की क्रूरता के कारण असफल रहा।

मिरांडा ने मेहर को फोन किया क्योंकि वह चाहती थी कि वह उसके कॉलेज की देखभाल करे और उसे लगा कि वह निशांत के लिए सबसे अच्छी जीवन साथी साबित होगी। मेहर बिना कारण जाने सान्याल के घर पहुंची। स्टेशन पर मेहरुनिसा ने उनका स्वागत किया। वह दौड़कर अपनी माँ से कसकर लिपट गई। घर पहुंचकर वह सीधे मिरांडा के कमरे में पहुंची।

उसने खुली बांहों से उसका स्वागत किया, ''ओह... मेहर मेरी जान... इन वर्षों में मैंने तुम्हें बहुत याद किया... तुमने हमारी खातिर अपना जीवन बलिदान कर दिया ... मैं आपकी बहुत एहसानमंद हूं।''

मेहर दौड़कर उसके पास आई और प्यार से अपने दोनों हाथ उसके गालों पर रख दिए और उसकी आंखों से आंसू बह रहे थे। ''तुम निशांत की हो और तुम्हारा प्यार सच्चा है... अगर बाऊजी ने ऐसा वादा न किया होता... तुम्हारी शादी खुशी-खुशी होती...तुम्हारे रिश्ते को एक नाम मिलेगा ... आपकी बेटी अब ऐसा नाम नहीं रखेगी... वह कानूनी तौर पर मेहर और निशांत की बेटी है,'' मिरांडा बोली।.

आने वाले हफ्ते में मेहर और निशांत की शादी एक मंदिर में हो गई। वह गुलाबी साड़ी में बेहद खूबसूरत लग रही थीं और शादी में परिवार के सदस्य भी शामिल हुए थे। ''डैडी...डैड,'' मेहरुनिसा ने पुकारा और उसके चारों ओर लिपट गई। वह अब अधिक सुरक्षित और स्नेही महसूस कर रही थी। उस रात श्रीमती मिरांडा सान्याल ने एक पारिवारिक रात्रिभोज का आयोजन किया और उन्होंने उन सभी को रात्रिभोज के बाद बुलाया और अपने आसपास बैठाया।

दीवार पर दो विशाल चित्र टंगे थे, एक योगेश्वर सान्याल का और दूसरा जवाहर और संयोगिता का। वे उसके पथ प्रदर्शक थे।

उन्होंने कहा, ''मेरे प्यारे परिवार को शुभ संध्या... मैं और क्या मांग सकती थी... एक खुशहाल... संतुष्ट परिवार। भगवान ने मुझे सर्वश्रेष्ठ दिया है। अब

मुझे कोई पछतावा नहीं है... मैंने बहुतों को घर दे दिया है। एक माँ की गोद उन लोगों के लिए जो अजन्मे या मृत हो गए होते। तुम्हारे पिताजी ही थे जिनके लिए मैंने जिया और मैं अपने लोगों के लिए अपनी आखिरी सांस तक जीवित रहूंगी। निशांत यहां आओ... तुम मेरी कमजोरी हो और मेरी ताकत।''

निशांत अपनी कुर्सी से उठकर उसके पास आया और उसके सामने घुटनों के बल बैठ गया। ''हाँ माँ... मैं हमेशा तुम्हारे लिए हूँ... तुम्हें चिंता करने की ज़रूरत नहीं है।''

''नहीं मेरे बच्चे... आज मैं उस रहस्य का खुलासा करना चाहती हूं जिसके साथ मैं इतने सालों से जी रही हूं, अब यह मेरे दिल पर भारी है...आओ मेरे बच्चे।'' उसकी आँखें आँसुओं से भरी थीं और उसने उसका हाथ अपने गाल पर रखते हुए कहा, ''मैं तुमसे प्यार करती हूँ... लेकिन तुम्हें सच जानना चाहिए... तुम्हारी असली माँ ऐलिस कैब्रल है।''

''क्या? मैं इस पर विश्वास नहीं करता,'' निशांत बोला और खड़ा हो गया लेकिन मिरांडा ने उसका हाथ पकड़ रखा था। ''हाँ, मेरे बच्चे तुम ऐलिस... योगेश्वर द्वारा दिया गया सबसे मूल्यवान उपहार हो और जिस दिन हमारी शादी हुई उसी दिन मैंने तय कर लिया था कि तुम हमारी इकलौती औलाद होगे। अगर मेरा अपना बच्चा होता हो सकता है कि वह उपेक्षित होता ... मैं आपको खोना नहीं चाहती थी, हो सकता है कि दुख या उपेक्षा के क्षण आए हों, जिसके लिए मुझे खेद है,'' मिरांडा लगातार सिसक रही थी और निशांत उसके उसके आँसू पोंछने लगा। बाकी लोग उन्हें घूर रहे थे और इन खुलासों से हैरान थे, लेकिन उनके पास आए और उन्हें सांत्वना दी।

निशांत ने धीरे से अपनी हथेली अपनी माँ के होठों पर रखी और मेहर भी उसके साथ हो ली। बहते हुए आँसुओं के साथ उसने कहा, ''माँ आप सबसे अच्छी हैं... सबसे महान हैं... इतना बड़ा बलिदान है... अगर यह रहस्य बना भी रहता तो शायद ही कोई फर्क पड़ता... आप मेरी जिंदगी और मेरी ताकत हैं। मैं आपके बिना जीने के बारे में कभी सोच भी नहीं सकता। अतीत, वर्तमान या आने वाले वर्षों में ऐसी कोई महिला नहीं है जो तुम्हारे जैसी होगी

श्रीमती मिरांडा सान्याल.. मेरी माँ एक बुद्धिमान महिला हैं... ज्ञान की देवी ... मैं तुम्हें प्यार करता हूँ, माँ।''

अगली सुबह मिरांडा ने मेहर सान्याल को जाकर अस्पताल के फाईनेन्स को संभालने के लिए कहा। वह कार में बैठी और ड्राइवर को आदेश दिया, ''मुझे मकान नंबर 22 बेकर स्ट्रीट पर ले चलो।''

कार तेजी से नीचे की ओर जाने लगी और अचानक ड्राइवर घबरा गया। ''क्या हुआ राजेश? धीरे करो...'' मेहर चिल्लाई, कार की टेढ़ी-मेढ़ी गति देखकर चकित हो गई। राजेश चिल्लाया, ''मैडम मुझे लगता है कि ब्रेक फेल हो गयी है... सीट को मजबूती से पकड़े रहो... मैं कोशिश कर रहा हूं मैडम... कोशिश कर रहा हूं।'' घने कोहरे में कार गायब हो गई।